网络嵌入、动态能力与新创企业绩效关系研究

WANGLUO QIANRU,
DONGTAI NENGLI
YU XINCHUANG QIYE
JIXIAO GUANXI YANJIU

袁媛 著

项目策划：刘　畅
责任编辑：刘　畅
责任校对：于　俊
封面设计：璞信文化
责任印制：王　炜

图书在版编目（CIP）数据

网络嵌入、动态能力与新创企业绩效关系研究 / 袁媛著. — 成都：四川大学出版社，2021.9
ISBN 978-7-5690-4507-9

Ⅰ．①网… Ⅱ．①袁… Ⅲ．①互联网络－关系－企业绩效－研究 Ⅳ．①F272.5

中国版本图书馆 CIP 数据核字（2021）第 013761 号

书　　名	网络嵌入、动态能力与新创企业绩效关系研究
著　　者	袁　媛
出　　版	四川大学出版社
地　　址	成都市一环路南一段 24 号（610065）
发　　行	四川大学出版社
书　　号	ISBN 978-7-5690-4507-9
印前制作	四川胜翔数码印务设计有限公司
印　　刷	郫县犀浦印刷厂
成品尺寸	170mm×240mm
印　　张	14.5
字　　数	275 千字
版　　次	2021 年 9 月第 1 版
印　　次	2021 年 9 月第 1 次印刷
定　　价	68.00 元

◆ 版权所有　◆ 侵权必究

◆ 读者邮购本书，请与本社发行科联系。
　电话：(028)85408408/(028)85401670/
　(028)86408023　邮政编码：610065
◆ 本社图书如有印装质量问题，请寄回出版社调换。
◆ 网址：http://press.scu.edu.cn

四川大学出版社
微信公众号

前　言

随着全球经济的发展，创业活动在世界范围内越来越活跃，创业型经济已成为新时代社会的重要特征。清华大学二十国集团创业研究中心发布的《全球创业观察 2018/2019 中国报告》中的数据显示，新创企业已经成为我国经济持续增长的重要驱动力量，其在促进经济发展，推动与稳定就业方面发挥着举足轻重的作用。然而，我国新创企业因创立初弱性（Liability of Newness）和规模小弱性（Liability of Smallness）面临着严重的资源和能力约束问题和高度的环境不确定性，从而难以在竞争激烈的市场环境中谋求生存和实现成长。随着创业活动的广泛开展，新创企业的生存和发展问题已经引起学术界和企业界的广泛关注。

有研究表明，随着经济全球化和组织网络化的发展，新创企业向组织外部网络搜寻资源是解决其资源约束窘境的思路之一。通过对社会网络的嵌入成为新创企业获取资源最直接、最快速、最有利的重要手段和方式之一。通过社会网络嵌入，新创企业能够从组织外部搜索、整合和利用创业所需的机会和资源，学习标杆企业的管理经验和技术知识，从而克服企业创业面临的成长劣势或弱性，提升绩效水平和竞争优势。目前一些研究基于传统的资源基础理论和社会网络理论视角证实了网络嵌入对新创企业绩效的直接影响，但缺少关于网络嵌入对新创企业绩效影响的中间路径的深入研究，并没有揭开网络嵌入影响新创企业绩效水平的中间路径这一"黑箱"，对于新创企业实现有效管理和充分利用外部资源无法给予有效指导。尽管如此，战略管理研究领域的已有研究仍提供了有益的研究思路。动态能力理论学派认为，企业关键的知识和技术等资源具有的核心刚性和相对黏性等特征会使其难以适应动态变化的外部环境而丧失竞争力和生存优势，因此，企业要将资源有效转化为可持续竞争优势和企业绩效，离不开动态能力作用的发挥。由此可推测，动态能力能将企业从外部网络中获取的静态资源动态地转化为企业需要的资源和能力以应对环境变化从而获取持续竞争力。

基于此，本研究立足战略管理和创业管理中关于网络嵌入和动态能力的已有研究，以中国新创企业为研究对象，以网络嵌入为切入点，以动态能力为中间路径，以提企业绩效为导向，遵循"网络嵌入—动态能力—新创企业绩效"这一理论逻辑，详细阐释了"网络嵌入如何影响新创企业绩效"这一核心问题。具体来讲，本研究主要围绕以下几个部分展开：

（1）文献综述。本研究对新创企业概念进行了界定，系统地对新创企业绩效、网络嵌入、动态能力和环境不确定性四个关键变量的发展脉络、概念内涵、维度划分和相关实证研究等进行文献回顾与述评，一方面对关键变量的概念内涵和维度划分进行界定，另一方面发掘目前研究中存在的不足或者尚待进一步探索的空间，为后续研究的开展奠定理论基础。

（2）理论分析与研究假设。本研究通过理论分析和推演构建网络嵌入、动态能力与新创企业绩效关系的理论模型，并围绕网络嵌入对新创企业绩效的影响，动态能力对新创企业绩效的影响，动态能力在网络嵌入与新创企业绩效关系间的中介作用，环境不确定性在动态能力与新创企业绩效关系间的调节作用，共提出23项研究假设。

（3）研究设计与研究方法。在研究设计方面，本研究主要借鉴成熟量表，结合相关领域专家学者和新创企业管理人员的建议，确定变量测量方法和问卷内容，并根据小规模调查与分析的结果修订问卷。在研究方法方面，本研究主要采用描述性统计分析、信度分析、效度分析、相关分析和回归分析等实证方法对正式调查数据进行分析。

（4）实证研究与分析讨论。本研究通过问卷发放与回收工作，最终获取有效问卷308份，有效问卷回收率为54.60%。结合有效数据首先对样本的基本情况进行描述，然后运用SPSS22.0和AMOS21.0软件对样本进行描述性统计分析、量表的信度与效度分析、验证性因子分析，最后进行回归分析以检验假设，并对假设检验结果进行分析与讨论。

通过以上研究工作的开展，本研究主要得到以下研究结论：

（1）网络嵌入对新创企业绩效有正向影响。具体来讲，结构嵌入和关系嵌入均会对新创企业绩效产生积极的影响。结构嵌入对新创企业绩效的影响程度要略高于关系嵌入对新创企业绩效的影响程度。因此，新创企业在构建社会关系网络时既要重视网络结构的优化，也要重视关系质量的提高，通过优化和提高网络结构和网络关系获取高质量的机会、信息和资源等来应对变化，适应环境，最终获得成长和发展。

（2）网络嵌入对动态能力有正向影响。具体来讲，关系嵌入对感知能力的影响程度要略高于结构嵌入对感知能力的影响程度，结构嵌入对整合能力的影响程度要略高于关系嵌入对整合能力的影响程度，结构嵌入对重构能力的影响程度要略高于关系嵌入对重构能力的影响程度。因此，新创企业可以通过社会网络的结构嵌入和关系嵌入不同的作用基础，在获取、鉴别和利用信息和资源的过程中，促进感知能力、整合能力和重构能力的构建和开发。

（3）动态能力对新创企业绩效有正向影响。具体来讲，新创企业的感知能力、整合能力和重构能力均对其绩效有显著影响。在感知能力、整合能力和重构能力中，重构能力对新创企业绩效的影响程度最高，感知能力对新创企业绩效的影响程度次之，整合能力对新创企业绩效的影响程度最弱。因此，新创企业在构建和开发动态能力时，可以有侧重、有选择地对感知能力、整合能力和重构能力进行不同程度的资源投入。

（4）动态能力在网络嵌入与新创企业绩效关系间起部分中介作用。具体来讲，感知能力、整合能力和重构能力分别在结构嵌入与新创企业绩效关系间起部分中介作用，感知能力、整合能力和重构能力分别在关系嵌入与新创企业绩效关系间起部分中介作用。因此，动态能力是新创企业资源转化为绩效的中间路径，新创企业通过构建和开发感知能力、整合能力和重构能力能够实现对静态资源的动态管理和转化，进而促进企业绩效的提升。

（5）环境不确定性在动态能力与新创企业绩效关系间起调节作用。具体来讲，环境动态性分别在感知能力与新创企业绩效关系间、整合能力与新创企业绩效关系间起正向调节作用，而在重构能力与新创企业绩效关系间不起正向调节作用。环境竞争性分别在感知能力与新创企业绩效关系间、重构能力与新创企业绩效关系间起正向调节作用，而在整合能力与新创企业绩效关系间不起正向调节作用。因此，环境不确定性特征在动态能力与新创企业绩效关系间发挥着不同的影响作用。

上述研究结论深化了网络嵌入对新创企业绩效作用过程的阐释。总的来讲，本研究的创新之处可归纳为以下四个方面：

（1）构建了"网络嵌入—动态能力—新创企业绩效"的理论模型。本研究结合资源基础理论、动态能力理论和社会网络理论三大理论，选择新创企业作为研究对象，以网络嵌入为出发点，以提升新创企业绩效为导向，从动态能力视角构建了研究的理论模型，提出了相关研究假设；通过实证检验方法逐层深入剖析了网络嵌入、动态能力与新创企业绩效三者之间的关系，以及环境不确定性在动态能力与新创企业绩效关系之间的调节作用；针对假设检验结果进行分析与讨论，研究结论在理论上能够深化网络嵌入影响新创企业绩效的作用机制研究，拓展动态能力理论和网络嵌入理论相关方面研究，丰富环境不确定性下新创企业经营管理行为研究，在实践上能够引起新创企业对社会网络构建和优化的重视，对动态能力培育和提升的关注，对外部环境差异和特征的考虑，以及促进政府部门加强对新创企业的扶持和引导。

（2）进一步明晰了动态能力的维度划分。经过近二十年的发展与完善，目前学术界关于动态能力的研究已取得了一定成果，但是需要指出的是，关于动态能力的维度划分尚未形成共识，存在一定的随意性，对动态能力相关实证研究的开展有一定的阻碍。本研究继承Teece等学者关于动态能力概念内涵的解读和阐释的观点，吸收和借鉴国内外学者的已有研究成果，结合研究对象新创企业的特点，进一步明晰和确定了动态能力的划分维度——感知能力、整合能力和重构能力，并通过探索性因子分析和验证性因子分析验证了动态能力三维度测量模型的建构效度和判别效度，从理论上为战略管理研究领域推动动态能力理论的进一步深入研究提供了一定的借鉴和参考，也为本研究后续研究的展开奠定了理论基础。

（3）揭开了网络嵌入影响新创企业绩效的中间机理。目前研究成果主要基于资源基础理论和社会网络理论视角检验网络嵌入与企业绩效之间的关系，对网络嵌入影响新创企业绩效的内在机理缺乏关注。本研究在文献回顾和理论分析的基础上，从动态能力理论视角切入，创造性地提出"网络嵌入（结构嵌入和关系嵌入）—动态能力（感知能力、整合能力和重构能力）—新创企业绩效"的理论模型和理论框架。并且通过实证分析，不仅验证了已有研究中提出的网络嵌入（结构嵌入和关系嵌入）对新创企业绩效的直接影响，还进一步验证了网络嵌入（结构嵌入和关系嵌入）通过动态能力（感知能力、整合能力和重构能力）对新创企业绩效的间接影响。因此，本研究对于揭开网络嵌入影响新创企业绩效的中间机理这一"黑箱"具有一定的理论意义和价值。

（4）进一步丰富了网络嵌入、动态能力与企业绩效关系的研究情境。以往研究大多对企业绩效的影响因素进行笼统研究，或者多以成熟企业为样本，探索其绩效的影响因素。鉴于新创企业的特殊性，本研究从资源基础理论、社会网络理论和动态能力理论的整合视角出发，结合我国新创企业生存与成长的现实背景，研究变量的选择均体现了中国情境下的新创企业特点，适合我国新创企业的管理实践，为新创企业提升绩效提供了理论和实践指导。探索"网络嵌入—动态能力—新创企业绩效"的关系，为新创企业构建可持续竞争优势提升企业绩效提供切实可行的路径；探讨环境不确定性在动态能力与新创企业绩效关系间的调节作用，为新创企业根据环境不确定性特征的不同情况有针对性地

前言

发挥动态能力的作用提供了方法和依据。

综上，本研究针对我国新创企业的管理运营实践，以网络嵌入为切入点，以动态能力为中间路径，以提升企业绩效为导向，探讨其生存和成长的相关问题，为新创企业克服成长劣势和弱性，实现长足发展提供理论支撑和现实指导；为政府有关部门制定和完善政策，更好地服务新创企业发展提供科学依据。但是，因受笔者个人能力和经验的限制，在未来研究中，在样本选择和数据获取方面，在行业和地域差异的影响方面，在量表设计和修订方面还有待完善。

目 录

1 绪 论 …………………………………………………………（ 1 ）
  1.1 研究背景 ……………………………………………………（ 1 ）
  1.2 问题提出 ……………………………………………………（ 6 ）
  1.3 研究意义 ……………………………………………………（ 7 ）
  1.4 研究设计 ……………………………………………………（ 10 ）
  1.5 创新之处 ……………………………………………………（ 13 ）
  1.6 本章小结 ……………………………………………………（ 14 ）

2 文献综述 ………………………………………………………（ 15 ）
  2.1 新创企业绩效研究综述 ……………………………………（ 15 ）
  2.2 网络嵌入研究综述 …………………………………………（ 22 ）
  2.3 动态能力研究综述 …………………………………………（ 35 ）
  2.4 环境不确定性研究综述 ……………………………………（ 54 ）
  2.5 本章小结 ……………………………………………………（ 63 ）

3 理论模型与研究假设 …………………………………………（ 65 ）
  3.1 网络嵌入与新创企业绩效 …………………………………（ 65 ）
  3.2 网络嵌入与动态能力 ………………………………………（ 70 ）
  3.3 动态能力与新创企业绩效 …………………………………（ 77 ）
  3.4 动态能力的中介作用 ………………………………………（ 84 ）
  3.5 环境不确定性的调节作用 …………………………………（ 87 ）
  3.6 假设汇总与模型构建 ………………………………………（ 90 ）
  3.7 本章小结 ……………………………………………………（ 92 ）

4 研究设计与研究方法 …………………………………………（ 93 ）
  4.1 问卷设计 ……………………………………………………（ 93 ）

1

4.2 变量测量 …………………………………………………………（94）
4.3 预试问卷分析 ……………………………………………………（101）
4.4 主要实证方法介绍 ………………………………………………（114）
4.5 本章小结 …………………………………………………………（115）

5 实证研究与分析讨论 ……………………………………………………（116）
5.1 问卷统计与样本描述 ……………………………………………（116）
5.2 量表信度与效度分析 ……………………………………………（120）
5.3 回归分析与假设检验 ……………………………………………（132）
5.4 检验结果汇总与分析 ……………………………………………（155）
5.5 本章小结 …………………………………………………………（162）

6 研究结论与研究展望 ……………………………………………………（163）
6.1 本研究主要研究结论 ……………………………………………（163）
6.2 理论贡献与实践启示 ……………………………………………（166）
6.3 研究局限与未来展望 ……………………………………………（173）

参考文献 …………………………………………………………………（175）

1 绪 论

本章从理论和现实两个角度对整篇论文的研究背景进行了介绍，在此基础上提出研究问题，阐述了研究的理论意义和现实意义；并从研究对象、研究方法、技术路线和章节安排对研究设计进行了说明；最后提出了本研究的创新之处。

1.1 研究背景

1.1.1 现实背景

中国经济发展已经取得了举世瞩目的成就，毋庸置疑，新创企业在经济增长与促进就业方面起到了举足轻重的作用。根据清华大学二十国集团创业研究中心发布的《全球创业观察2018/2019中国报告》的数据显示，中国已成为全世界创业活动最活跃的地区之一。新创企业已逐渐成为驱动中国经济持续增长的重要的新生力量，成为创新的主要源泉，在强调竞争与创新的环境中占据越来越重要的地位。我国政府和社会各界也高度重视创业活动的发展。党的十九大提出"就业是最大的民生，鼓励创业带动就业"。2019年的《政府工作报告》提出，进一步把大众创业、万众创新引向深入，鼓励更多社会主体创新创业，拓展经济社会发展空间，加强全方位服务，发挥双创示范基地带动作用。

但是随着创业活动的广泛开展，新创企业后续的成长问题随之而来。成长率较低，死亡率较高成为一个普遍存在的棘手问题（吕一博和苏敬勤等，2008）[1]。国外某发达国家的统计调查数据显示，新创企业在成立18个月内倒闭的比重占到50%，而且只有20%的新创企业能存活10年以上的时间。《全球创业观察2016/2017中国报告》的数据也显示，虽然我国有70.29%的受访者认为创业是个好的职业选择，但是企业不能盈利却是创业者中止创业的主要原因，我国有38.91%的新创企业因为不盈利而中止发展；同时，数据还显示，虽然我国创业活动的质量在提高，但是与发达经济体和G20经济体的平均水平相比，2016年我国创业环境得分只有2.58，与美国（3.30）、德国（3.35）和加拿大（3.39）等国家相比还存在较大差距。究其原因，新创企业通常因缺乏足够的资本、物质或专业人员开发机会（Shane & Cable, 2002; Baker & Nelson, 2005）[2,3]而导致创立初弱性（Liability of Newness）（Freeman, Carroll & Hannan, 1983; Shane & Cable, 2002; Zahra, 2008; Desa & Basu, 2013）[4-6]问题；或因相对较高的管理费用、外部股东问题及难以达到有效经济规模而导致规模小弱性（Liability of Smallness）（Stinchcombe, 1965; Aldrich & Auster, 1986）[7,8]问题，使其难以在竞争激烈的市场环境中谋求生存和发展（Stinchcombe, 1965; Carroll, 1983; Freeman, Carroll & Hannan, 1983）[4,8,9]。新创企业如何度过当前的成长之痛，发挥应有的活力，以更好地实现自身成长和推动经济发展，已成为我国学术界和企业界不容忽视的现实问题。

　　嵌入社会网络是新创企业从组织外部获取人才、技术、知识和信息等资源的重要途径，是提升企业绩效的关键。资源基础理论（RBV）强调有价值、稀缺的、不可模仿和不可替代的资源是企业获得卓越绩效的基础（Barney, 1991）[10]。新创企业拥有有限的初始资源，通过网络嵌入获取创业所需的关键资源有利于降低制度压力和合法性不足的影响，克服新生弱性和小而弱性的缺陷。社会网络是新创企业赖以生存的环境，网络嵌入已成为其实现生存和发展，以及获得和维持竞争优势的战略选择之一（朱秀梅和李明芳，2011）[11]。对于处于转型经济时期的企业创业活动而言，良好的网络嵌入尤其重要，是新创企业获取稀缺资源、寻求支持和认同的重要渠道（Leyden, Link & Siegel, 2014）[12]。

　　新创企业欲将嵌入在网络中的资源转化为可持续竞争优势和企业绩效，有赖于动态能力作用的发挥。动态能力对新创企业的生存和发展具有重要的积极影响，是新创企业适应动态变化环境并获取和维持可持续竞争优势的来源。中小新创企业的生存和发展主要取决于其动态管理和开发网络关系的动态能力（Warren, 2004）[13]。然而让我们感到困惑的是，虽然现实中不乏通过网络嵌入获得关键资源和机会推动新创企业获得长足发展的先例，但同样也存在大量构建了优质的社会网络结构和关系的新创企业在发展中却遭遇失败或未能取得预期成效的案例。因此，在这种背景下，有必要探究网络嵌入是如何影响新创企业绩效的，动态能力在其中发挥了何种作用，即网络嵌入影响新创企业绩效的中间机理。有研究表明，在高度动态竞争的环境中，企业的静态资源和常规能力需要在动态能力的作用下不断被拓展、修正、更新和创造才能转化为企业的可持续竞争优势（Teece、Pisano & Shuen, 1997; Grant, 1996;

Gurisatti, 1997；梁娟和陈国宏, 2015)[14-17]。

新创企业发挥动态能力的作用提升企业绩效的过程势必会受到外部环境不确定性特征的影响。在创业实践中，外部环境一直是被重点讨论的因素，是创业活动开展的重要基础 (Zahra, 1993)[18]，对企业生存和发展具有重要作用 (Zahra, 1996)[19]。外部环境不确定性程度的日益加剧使得新创企业越来越难以持续获取和维持竞争优势，外部环境不确定性的增强使企业过去赖以生存和发展的资源、能力、竞争优势和组织惯例正在逐渐失去价值（范志刚，2010)[20]。如市场和客户需求偏好变化、产品和技术特征变化的加剧，促使新创企业需要始终保持创新和变化的灵活性和柔性；竞争程度的加剧会导致资源的稀缺，导致新创企业难以从外部网络中获取高价值的资源和机会。在这种情况下，新创企业如何动态应对环境不确定性带来的风险便显得尤其重要。有学者认为动态能力这一概念出现的背景使其与生俱来就与外部环境的不确定性有着千丝万缕的关系（陈勇, 2012；刘光宗, 2014；宝贡敏和龙思颖, 2015)[21-23]，当环境不确定性特征表现较为明显时，动态能力对于新创企业绩效所产生的积极影响效果才会显现出来（李大元和项保华等, 2009)[24]。因此在管理实践中，新创企业发挥动态能力促进其绩效提升需要考虑环境不确定性的影响。

1.1.2 理论背景

尽管目前对于网络嵌入、动态能力与新创企业绩效之间关系的研究已经取得了一定的进展，但是仍然存在一定的理论缺口，也为本研究提供了理论上研究的必要性。

第一，已有研究检验了网络嵌入对企业绩效提升具有的重要影响作用，但是这方面的研究尚不多见，尤其针对网络嵌入对新创企业绩效影响的研究还不多见。一方面，此类研究大都关注的是网络嵌入与企业绩效的直接关系 (Polidoro, Ahuja & Mitchell, 2011; Veloso & Krackhardt, 2013)[25,26]，探索网络嵌入对企业绩效的正向影响作用 (Peng & Luo, 2000; Lu, Zhou & Bruton, 2009)[27,28]或者倒U型的影响作用（杨震宁和李东红等, 2013；李德辉和范黎波等, 2017)[29,30]；另一方面，大多数研究只是将网络嵌入作为单一构念探索其对企业绩效的影响（李靖华和黄继生, 2017)[31]，或者只是选择网络嵌入的某些个别和局部特征（如网络规模/网络密度/网络中心度/关系强度/网络异质性）来表征网络嵌入并检验其对企业绩效的影响（谢洪明和赵丽等, 2011；陶秋燕和孟猛猛, 2017)[32,33]，从而难以从整体上对网络嵌入对企业绩效的影响进行系统和深入的研究。基于以上分析，本研究认为网络嵌入与企业绩效之间的关系，尤其是以新创企业为研究对象的相关研究还值得进一步深入分析和探索，以丰富和完善网络嵌入的相关理论研究。

第二，已有研究在动态能力的影响因素和作用结果方面进行了大量的探索，在动态能力的概念和内涵等理论问题的研究上已经取得了一些共识和成果，但是关于动态能力的维度划分等问题仍然存在分歧，因而可能对动态能力的相关实证研究的发展有所限制。一方面，大多数学者在实证研究中将动态能力视作单维构念（马鸿佳和宋春华等，2015；王增涛和张宇婷等，2016；周飞和孙锐，2016)[34-36]，而无论是在企业实践中还是在理论研究上，动态能力都应该是一个包含了多个单一构念的复合构念，因此在今后的研究中应该更多地将动态能力视为复合构念进行分析（Barreto，2010)[37]，这样才有可能进一步深化和细化动态能力的理论研究成果。在动态能力的影响因素和作用结果研究方面，现有研究主要集中探讨战略导向（King & Tucci，2002；Zhou & Li，2010)[38,39]、资源基础（Barney，1991；Helfat，1997)[10,40]、资源整合（董保宝和葛宝山等，2011)[41]、组织学习（Malik & Kotabe，2009；Bingham et al.，2015)[42,43]等对动态能力的影响，同时也研究了动态能力的作用结果，即动态能力对企业绩效或竞争优势的影响，未来研究可以考虑进一步拓展对动态能力影响因素的研究，并继续深化动态能力对企业绩效或竞争优势的影响。总体而言，动态能力理论从提出发展至今不过二十年，还处于理论研究的萌芽时期，因此，继续加强对动态能力概念内涵界定、维度划分和相关实证研究可以进一步丰富动态能力理论的相关研究。

第三，现有研究主要关注网络嵌入对企业绩效是否存在影响，而对于网络嵌入影响企业绩效的"黑箱"这一中间过程关注不够。目前关于网络嵌入与企业绩效关系的研究主要是基于资源基础理论和社会网络理论视角。这两种理论视角均认为企业通过网络嵌入能够获得创业资源，从而有助于促进企业的成长和发展（Lavie，2007；Eggers，2012；Cunha et al.，2014)[44-46]。然而，传统的资源基础理论和社会网络理论只是阐释了网络嵌入能够为企业带来成长和发展所需的信息、技术和知识等资源，并不能很好地回答在动态竞争环境下信息、技术和知识等资源转化为企业绩效和可持续竞争优势的中间机理。动态能力理论认为，虽然短期内企业的关键资源和机会在一定程度上能够促进企业绩效的提升，但是从长远来看，企业关键的知识和技术等资源由于具有核心刚性（Leonard-Barton，1992)[47]和相对黏性（Teece、Pisano & Shuen，1997)[16]等特征会使企业难以适应动态变化的外部环境而丧失竞争力和生存优势。动态能力作为企业的一种战略性能力,与网络嵌入有着密切的关系。从网络嵌入视角来看,企业的生存和成长与其外部环境息息相关密不可分,尤其是在开放式环境和组织网络化背景下,企业之间的信息和资源交流的频率更快,机会识别和利用的效率更高,企业利用自身所构建的网络与其他组织进行知识和信息等关键资源的交换、共享与整合,这些活动和行为本身对动态能力的形成有着重要影响(Gulati,1999;Zollo & Winter,2002;Døving & Gooderham,2008)[48-50]。因此,无论是企业竞争优势的获取,还是企业动态能力的形成,都要受到网络嵌入水平的影响。新创企业网络嵌入和动态能力对企业绩效的影响并不是孤立存在的,从动态能力视角能够更清晰地揭开网络嵌入影响企业绩效水平这一"黑箱"的中间机理。

第四,探讨动态能力与企业绩效的关系需要考虑环境因素在其中的作用机制。众所周知,外部环境是企业生存和发展的客观条件(Miller & Friesen,1982)[51],企业的生存和发展随时会受到环境因素的影响。组织与外部环境之间的互动相当频繁和密切,企业需要时刻关注和理解环境变化所传递的信号才能及时有效地感知机会和威胁(Covin & Slevin,1989)[52],并适时做出正确的经营管理决策。企业竞争战略的出发点应该是,在动态环境下如何维持企业生存以及为后续发展积累资源和能力(刘智勇和姜彦福,2009)[53]。动态能力理论认为,企业管理者以其有限的理性在超动态竞争的环境中进行决策,势必要时刻关注和洞察外部环境的变化规律和发展态势以从中获取有效的信息。虽然环境不确定性在动态能力与企业绩效关系之间的调节作用逐渐引起了学者们的广泛关注,但目前关于环境不确定性调节作用的研究结论还存在分歧。一方面,学术界关于环境不确定性的内涵界定和维度划分并没有形成一致结论;另一方面,学者们对环境不确定性在动态能力和企业绩效之间的调节作用主要存在三种观点,即环境不确定性的正向调节作用(Rindova & Kotha,2001;Zollo & Winter,2002)[50,54]、倒U型调节作用(Eisenhardt & Martin,2000;Schilke,2014)[55,56]和负向调节作用(康健,2015;吴松强和苏思骐等,2017)[57,58]。

第五,纵观当前学术界对上述问题开展的已有研究,在研究对象的选择上,学者们要么没有对企业类型进行特别限定和选择,要么主要关注的是成熟企业(李巍和许晖,2012;吴俊杰和戴勇,2013)[59,60],而普遍对以新创企业为主体的企业管理相关研究的关注不够,自然在回答网络嵌入如何发挥作用以及新创企业动态能力的影响因素和作用结果时缺乏着力点,在解释如何提高新创企业竞争优势和企业绩效问题时力度不够。而且,新创企业与成熟企业相比存在着巨大差异(李志能,2002)[61],同时又具有一般企业所不具备的特征,面临着许多新生者的不利条件，前景的不确定性、信息的不对称性以及新进入缺陷等都会使其缺乏成熟企业拥有的资源优势，而且难以利用市场交易手段获取创业资源。随着创业活动的日益活跃，新创企业这一群体的鲜明特征和独特现象也引起了众多学者对其生存和发展问题的广泛关注和研究（Covin & Miles, 1999；Acs & Armington, 2006）[62,63]。基于上述分析，本研究认为通过对我国新创企业的经营和管理现状进行调查，利用实际数据，分析网络嵌入、动态能力与新创企业绩效之间的关系，有利于丰富与新创企业相关的理论研究。

1.2 问题提出

通过上述分析可以看出，目前战略管理和创业管理领域对于网络嵌入和动态能力的相关研究已经取得了一定的研究进展，但对于剖析和揭示网络嵌入与新创企业绩效的关系机制仍存在不足和进一步探索的空间。因此，本研究基于已有研究成果和不足，尝试以我国新创企业为研究对象，探讨网络嵌入、动态能力与新创企业绩效的关系。具体来讲，主要包括以下四个研究问题：

第一，进一步明晰动态能力的概念内涵和维度划分。战略管理领域的学者们已经认识到动态能力对企业可持续竞争优势的获取至关重要，已有研究文献在动态能力的概念和内涵等理论问题的研究上已经取得了一些进展，但关于动态能力的内涵界定和维度划分等问题还存在分歧和进一步探索的空间和必要性。然而，对关键概念内涵和维度划分进行界定是后续研究工作开展的基础，因此，本研究将在文献回顾和理论推导的基础上，以新创企业为研究对象，梳理动态能力的理论渊源，界定动态能力的概念内涵，明晰动态能力不同维度的具体内容，为后续研究奠定基础。

第二，探索网络嵌入的不同维度对新创企业绩效的影响。本研究结合战略管理、创业管理和社会网络领域的相关研究，不同于已有研究简单分析和检测网络嵌入是否对企业绩效存在影响以及何种影响的思路，基于 Granovetter (1985)[64]提出的社会网络嵌入的经典分析框架，重点关注社会网络的结构嵌入特征、关系嵌入特征对新创企业绩效存在的影响差异，即分别从结构嵌入的网络规模、网络密度和网络中心度等结构特征考察其对新创企业绩效的影响，关系嵌入的关系强度、关系持久度和关系信任度等关系特征对新创企业绩效的影响，并比较二者影响的差异。

第三，剖析网络嵌入促进新创企业绩效提升的中间机制。已经有学者认识到网络嵌入对新创企业绩效提升的重要作用，并从资源基础理论和社会网络理论视角进行了一定的理论分析和实证研究,但是,这些研究并没有完全打开社会网络嵌入影响新创企业绩效的中间过程。尤其是在当前愈加动态和超强竞争的环境下,从原来较为传统的理论视角出发解释网络嵌入在促进新创企业绩效持续提升方面的作用存在困境和不足。因此,本研究尝试从动态能力的视角切入,探讨网络嵌入影响新创企业绩效的作用机制,即网络嵌入通过对不同维度的动态能力发生作用从而间接影响新创企业绩效产生的机理(这部分需要验证网络嵌入对动态能力的影响,动态能力对网络嵌入的影响),从而进一步解释网络嵌入是否会通过动态能力这一中间路径促进新创企业绩效的提升。

第四,探索环境不确定性在动态能力与新创企业绩效关系之间的调节作用。已有研究已经认识到组织与环境之间密切的互动关系,企业需要时刻关注和分析环境变化所传递的信号才能生存和发展(Covin & Slevin,1989)[52]这一客观事实。动态能力是企业通过整合、构建和重构内外部资源和技能以实现与外部环境不确定性特征动态适配的竞争能力(Teece & Pisano,1994)[65],由此可以推断,动态能力对新创企业绩效的影响势必受到外部环境不确定性的影响。因此,本研究将试图探讨新创企业如何根据不同的环境特征来构建和培育动态能力,从而提升企业绩效。

1.3 研究意义

1.3.1 理论意义

第一,本研究将从网络嵌入的角度探究为何不同新创企业之间的动态能力具有差异,以完善以往研究在探索动态能力影响因素方面和网络嵌入作用结果方面存在的不足。目前关于动态能力影响因素的研究不多,主要从理论层面探讨哪些因素会对企业动态能力的构建和开发产生影响,少数实证研究也主要从战略导向(King & Tucci,2002)[38]、资源基础(Helfat,1997)[40]、资源整合(董保宝和葛宝山,2012)[66]、组织学习(Bingham et al.,2015)[42]等方面探讨其对动态能力构建和开发的影响;而目前关于网络嵌入作用结果方面的研究主要聚焦其对创新行为、创业行为、资源获取和组织绩效等方面的影响,较少探索其对企业动态能力的影响,针对新创企业的研究更是少之又少。因此,本研究将从网络嵌入层面解释为何不同的新创企业具备的动态能力存在差异,对以往研究成果进行补充。

第二,本研究将构建"网络嵌入——动态能力——新创企业绩效"的理论模型，以揭示"网络嵌入——动态能力——新创企业绩效"关系的作用机制，深化对新创企业网络嵌入和动态能力的研究。目前研究成果主要集中于检验网络嵌入与企业绩效之间的关系，或者动态能力与企业绩效之间的关系。特别是以新创企业为研究对象，对网络嵌入、动态能力与新创企业绩效关系的关注有限，也就是说，网络嵌入对新创企业绩效产生影响的中间过程还有进一步探索和研究的空间。本研究以分析新创企业生存和发展的本质和动因为基础，认为新创企业的生存与发展离不开从外部社会网络中获取和整合机会和资源的过程，而整个过程与网络嵌入和动态能力这两个关键影响要素密不可分。因此，本研究认为有必要对这三者之间的关系进行系统的分析，通过实证研究丰富网络嵌入对新创企业绩效的作用机制研究。

第三，本研究将环境不确定性要素纳入研究框架，以完善环境不确定性作为权变因素影响动态能力与企业绩效关系的相关研究。动态能力是 Teece & Pisano（1994）[65]针对在环境快速变化下企业如何获取和维持可持续竞争优势而提出的相对于静态资源（Barney，1991）[10]的一种思想。但在后续研究中，学者们关于动态能力能否在复杂多变的环境中发挥作用这一问题一直没有形成共识（Zollo & Winter，2002；Eisenhardt & Martin，2003）[50,67]。少数研究认为环境不确定性是动态能力的驱动因素（冯军政，2012，2013；Li & Liu，2014）[68-70]，大部分研究认为环境不确定性在动态能力与企业绩效关系间起调节作用（Lumpkin & Dess，2001）[71]，一部分研究发现这种调节作用是正向的，另一部分研究发现这种作用是负向的，还有一部分研究发现这种作用是倒 U 型的（Eisenhardt & Martin，2000；Schilke，2014；Wilden & Gudergan，2015）[55,56,72]。因此，有必要系统地探索环境不确定性的不同特征在动态能力与新创企业绩效关系间的调节作用。

1.3.2 现实意义

第一，引起新创企业对社会网络构建和优化的重视。当面临资源约束时，向外部网络搜寻资源成为新创企业克服成长劣势和弱性的一种行之有效的方式（张方华，2010）[73]。组织的网络化和创新的开放性促使企业纷纷将注意力转向与客户、供应商、同类企业和其他组织的合作和交往，通过大量不断扩散的合作网络来寻找发展和创新的机会和资源（Fountain & Atkinson，1998）[74]。嵌入外部社会网络已然成为新创企业加强资源利用和提高创新效率的重要方式，尤其是在动态竞争的环境下，网络是一种理想的组织形式（Uzzi，1996）[75]。新创企业的生存、成长和发展是不断突破知识和信息等资源要素制约和制度约束,获得网络合作伙伴认可和支持的社会化过程,因此,除了充分把握和有效利用自身已经拥有的资源和能力外,更加需要从外部社会网络中获取和整合知识、信息和技能等关键资源。因此,本研究试图通过文献回顾和实证验证,引起新创企业管理者对外部社会网络构建和优化的重视,以从容应对变化和竞争,保持竞争优势。

第二,引起新创企业对动态能力培育和提升的重视。动态能力可以有效增强企业的柔性,促进企业动态适应环境和灵活应对变化(Teece,2007)[76],是企业持续构建和维持可持续竞争优势最为重要和独特的资产(Griffth & Harvey,2001;贺小刚和李新春等,2006)[77,78]。本研究试图通过探究动态能力与新创企业绩效之间的关系,以及动态能力在网络嵌入与新创企业绩效关系之间的中介作用,引起新创企业管理者对企业动态能力培育和提升的重视,并帮助新创企业的管理者认识到如何通过构建和优化在外部网络中的结构嵌入和关系嵌入来构建和发展动态能力。已有研究主要是将动态能力视为单一构念,研究结论对企业实践的指导性较为缺乏,因为企业管理者不知道可以具体从哪些方面来培育和提高动态能力。因此,本研究试图根据对动态能力理论的梳理和相关文献回顾,探索动态能力的不同维度与新创企业绩效的关系,及其在网络嵌入和新创企业绩效关系间的中介作用,希望研究结论可以为新创企业提供更加具体和细致的指导和建议。

第三,引起新创企业对环境不确定性特征变化的关注。外部环境是企业生存的客观条件(Miller & Friesen,1982)[51],组织与环境之间具有密切的互动关系,时刻关注、分析和理解环境变化所传递的信号有利于企业的生存和发展(Covin & Slevin,1989)[52]。尤其对新创企业而言,外部环境的不确定性会使其在成长过程中面临许多机会和挑战,从而对其生存和发展产生影响(Li & Zhao et al.,2008)[79],而外部环境中的信息和资源是其生存和发展的支持要素和基本保障。外部环境中的信息和资源是其突破资源和制度约束,实现发展和成长的支持要素,由此可知,现有研究更多的是将外部环境作为一个整体进行研究,在这种情况下,企业并不知道面临不同的环境特征应该如何采取有效的行动。因此,本研究试图在对环境不确定性相关研究进行梳理和回顾的基础上,从环境动态性和环境竞争性两个主要的环境不确定性特征着手,分析其在动态能力与新创企业绩效关系间的调节作用,研究结论有助于新创企业管理者根据外部环境变化的不同特征相应地塑造和培养动态能力,在保持企业盈利能力和成长水平的基础上尽可能降低维持动态能力所需要付出的成本。

1.4 研究设计

1.4.1 研究对象

本研究选择新创企业作为研究样本，原因如下：新创企业已经成为我国经济持续增长的重要驱动力量，其在推动国民就业和创新创业方面发挥着重要作用。然而，我国新创企业常常因为创立初弱性和规模小弱性面临资源和制度约束而阻碍其生存和发展，降低了其对经济发展应有的贡献。因此，研究新创企业的网络嵌入和动态能力等与其经营管理行为相关的因素具有普适性的价值。

1.4.2 研究方法

本研究首先对已有相关文献进行回顾和梳理，总结当前研究取得的进展和存在的不足，进而提出研究问题、构建理论模型、提出研究假设；然后，结合成熟量表和相关学者专家和企业管理人员的建议，设计和修订调查问卷，获取样本数据；最后，采用统计分析方法对数据进行分析，对研究假设进行验证。

（1）文献回顾

本研究首先通过文献回顾和理论梳理，对新创企业的概念进行界定，系统地对新创企业绩效、网络嵌入、动态能力和环境不确定性四个关键变量的发展脉络、概念内涵、维度划分和相关实证研究等进行回顾与述评，一方面对关键变量的概念内涵和维度划分进行界定，另一方面在目前已有研究进展和成果的基础上，发掘可进一步完善和拓展的空间。

（2）问卷调查

本研究主要采用问卷调查的方式获取研究样本数据。首先，借鉴成熟量表，结合相关专家学者和企业管理人员的建议，确定关键变量的维度划分和测量方面，初步设计问卷内容；然后，在小范围内发放问卷并收集数据，进行信度和效度分析，并根据分析结果修订和完善问卷；最后，通过多种渠道在全国范围内大规模发放调查问卷获取实证数据。

（3）统计分析

本研究首先在预调研阶段运用 SPSS22.0 软件分析数据，检测初始问卷的信度和效度，以确定最终调查问卷；然后在正式的实证研究中，运用 SPSS22.00 和 AMOS21.0 软件进行样本的描述性统计分析、信度分析、探索性因子分析、验证性因子分析、相关分析和回归分析，以检测最终问卷的信度和效度，验证研究假设和理论模型。

1.4.3 技术路线

本研究以网络嵌入为切入点，以动态能力为中间路径，以提升新创企业绩效为导向，按照"网络嵌入——动态能力——新创企业绩效"这一理论逻辑，逐层深入剖析网络嵌入（结构嵌入和关系嵌入）、动态能力（感知能力、整合能力和重构能力）与新创企业绩效三者之间的关系。在研究过程中，沿着发现问题、分析问题和解决问题的思路，将理论回顾与实证分析相结合。本研究的技术路线如图 1.1 所示。

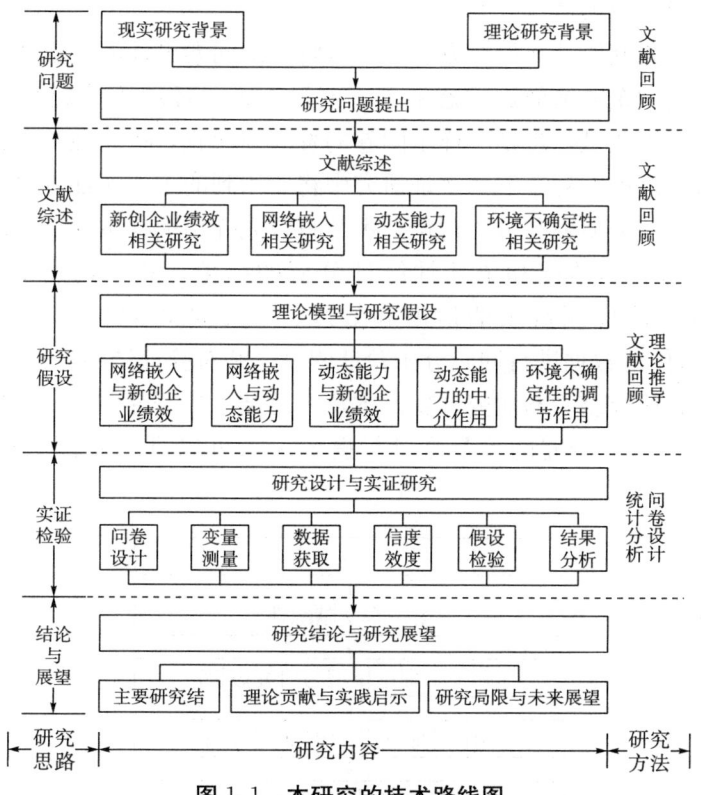

图 1.1 本研究的技术路线图

1.4.4 章节安排

按照研究技术路线的逻辑安排，本研究将通过以下 6 章的内容开展具体的研究工作，如图 1.2 所示。

第一章：绪论。本章将从研究的现实背景和理论背景出发，阐述研究的现实意义和理论意义，提出本文的研究问题，对研究的技术路线、章节安排和研究方法进行介绍，并分析了本研究的创新之处。

第二章：文献综述。本章将分别对新创企业概念进行界定，对新创企业绩效、网络嵌入、动态能力和环境不确定性的概念界定、维度划分、理论基础和相关实证研究等进行了回顾和述评，一方面对关键变量的概念内涵和维度划分进行界定，另一方面发掘目前研究中存在的不足或者尚待进一步探索的空间。

第三章：理论模型与研究假设。本章将围绕网络嵌入与新创企业绩效的关系，网络嵌入与动态能力的关系，动态能力与新创企业绩效的关系，动态能力的中介作用，环境不确定性的调节作用五大方面进行理论推导和阐述，提出研究假设，构建理论模型。

第四章：研究设计与研究方法。本章将介绍问卷设计的过程和内容，确定关键变量（新创企业绩效、动态能力、网络嵌入、环境不确定性）的测量方式；进行小样本测试，包括小样本问卷的发放与回收，描述性统计分析，问卷的信度和效度检测；对第五章实证研究中将要用到的主要实证方法进行介绍。

第五章：实证研究与分析讨论。本章将首先介绍大样本问卷发放与回收的过程、样本的基本情况和描述性统计分析的结果；然后运用SPSS22.0和AMOS21.0软件检测量表的信度和效度、各变量间的相关性，最后运用SPSS22.0软件对数据进行回归分析验证假设，并对验证结果进行分析。

第六章：研究结论与研究展望。本章将总结主要研究结论，阐述理论贡献和实践启示，指出研究的不足之处，提出未来可以进一步深入进行探索的方向。

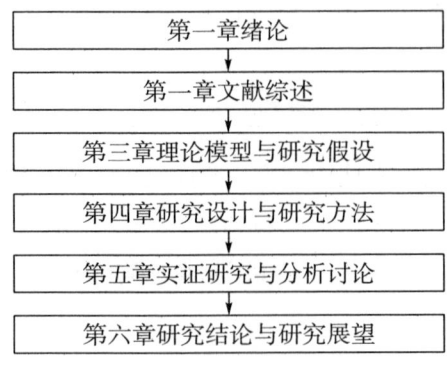

图1.2 本研究的章节安排

1.5　创新之处

本研究围绕"网络嵌入如何影响新创企业绩效"这一研究命题，建立了"网络嵌入——动态能力——新创企业绩效"的研究逻辑，通过文献回顾和理论推导提出了研究假设，构建了理论模型，并通过实证分析方法对理论模型和研究假设进行验证，最后针对实证结果进行分析和总结。本研究成果可为我国新创企业有效构建社会网络和培育动态能力，进而提升绩效水平提供理论支撑和实践指导。具体来讲，本研究的创新之处可归纳为以下四个方面。

第一，本研究构建了"网络嵌入——动态能力——新创企业绩效"的理论模型。本研究结合资源基础理论、动态能力理论和社会网络理论三大理论，选择新创企业作为研究对象，以网络嵌入为出发点，以提升新创企业绩效为导向，从动态能力视角构建了研究的理论模型，提出了相关研究假设；通过实证检验方法逐层深入剖析了网络嵌入、动态能力与新创企业绩效三者之间的关系，以及环境不确定性在动态能力与新创企业绩效关系之间的调节作用；针对假设检验结果进行分析与讨论，研究结论在理论上能够深化网络嵌入影响新创企业绩效的作用机制研究，拓展动态能力理论和网络嵌入理论相关方面研究，丰富环境不确定性下新创企业经营管理行为研究，在实践上能够引起新创企业对社会网络构建和优化的重视，对动态能力培育和提升的关注，对外部环境差异和特征的考虑，以及促进政府部门加强对新创企业的扶持和引导。

第二，本研究进一步明晰了动态能力的理论内涵和维度划分。动态能力是本研究的关键变量之一，对其概念内涵和维度划分的界定是后续研究开展的基础和前提。自从 Teece，Pisano & Shuen（1997）[16]正式提出动态能力概念以来，战略管理领域的专家和学者一直尝试从不同视角对动态能力的概念内涵和维度划分进行积极探索和研究。经过近二十年的发展与完善，目前学术界关于动态能力的研究已取得了一定成果，但是，关于动态能力的理论内涵和维度划分尚未形成共识，尤其对其维度划分存在一定的随意性，影响了实证研究的发展。本研究继承 Teece 等学者关于动态能力概念内涵的解读和阐释的观点，吸收和借鉴国内外学者的已有研究成果，结合研究对象新创企业的特点，进一步明晰和确定了动态能力的划分维度——感知能力、整合能力和重构能力，并通过探索性因子分析和验证性因子分析验证了该测量模型的建构效度和判别效度，从理论上为战略管理研究领域推动动态能力理论的进一步深入研究提供了一定的借鉴和参考，也为本研究后续研究的展开奠定了理论基础。

第三,本研究揭开了网络嵌入影响新创企业绩效的中间机理。目前研究成果主要基于资源基础理论和社会网络理论视角检验网络嵌入与企业绩效之间的关系,但是,对网络嵌入影响新创企业绩效的内在机理缺乏关注。本研究在文献回顾和理论分析的基础上,从动态能力理论视角切入,创造性地提出"网络嵌入(结构嵌入和关系嵌入)——动态能力(感知能力、整合能力和重构能力)——新创企业绩效"的理论模型和理论框架。通过实证分析,不仅验证了已有研究中提出的网络嵌入(结构嵌入和关系嵌入)对新创企业绩效的直接影响,还进一步验证了网络嵌入(结构嵌入和关系嵌入)通过动态能力(感知能力、整合能力和重构能力)对新创企业绩效的间接影响。因此,本研究对于揭开网络嵌入影响新创企业绩效的中间机理这一黑箱具有一定的理论意义和价值。

第四,本研究进一步丰富了网络嵌入、动态能力与企业绩效关系的研究情境。以往研究大多对企业绩效的影响因素进行笼统研究,或者多以成熟企业为样本,探索其绩效的影响因素。鉴于新创企业的特殊性,本研究从资源基础理论、社会网络理论和动态能力理论的整合视角出发,结合我国新创企业生存与成长的现实背景,研究变量的选择均体现了中国情境下的新创企业特点,适合我国新创企业的管理实践,为新创企业提升绩效提供了理论和实践指导。探索"网络嵌入——动态能力——新创企业绩效"的关系,为新创企业构建可持续竞争优势提升企业绩效提供了切实可行的路径;探讨环境不确定性在动态能力与新创企业绩效关系间的调节作用,为新创企业根据环境不确定性特征的不同情况有针对性的发挥动态能力的作用提供了方法和依据。

1.6 本章小结

本章从理论和实践两个角度阐述了网络嵌入影响新创企业绩效提升的重要背景和意义,厘清了主要的研究问题、研究对象和研究方法,明确了技术路线和章节安排,提出了预期的创新点,为整个研究工作的展开奠定了较为坚实的基础。

2 文献综述

本章将通过对国内外文献的搜索和整理，对新创企业绩效、网络嵌入、动态能力和环境不确定性四个变量的现有研究进行回顾。

2.1 新创企业绩效研究综述

2.1.1 新创企业的概念界定

关于新创企业（New Venture Firm）的界定，学术界至今尚未达成共识。学者们普遍认为新创企业是成立时间不长的企业，并且主要基于三类视角对新创企业进行界定。

第一，企业生命周期视角。基于该类视角进行界定的学者普遍认为新创企业往往是处于企业生命周期前端的企业。Stinchcombe & March（1965）在其关于社会结构与组织的相关研究中提出，刚刚成立并且具有新进入缺陷特征的企业即是新创企业[8]；Kazanjian（1988）以技术类新创企业为研究对象，将企业的生命发展划分为四个阶段，分别是概念发展阶段（Conception and Development）、商品化阶段（Commercializaiton）、成长阶段（Growth）和稳定阶段（Stability），并将处于概念发展阶段、商品化阶段和成长阶段的企业归属于新创企业的范畴[80]；美国著名管理学家 Adizes（1979）通过对企业的生命过程进行深入研究，提出了著名的企业生命周期理论（Enterprise Life Cycle Theory），认为处于企业生命周期中孕育期、婴儿期、学步期和青春期的企业均为新创企业[81]；Chrisman，Bauerschmidt & Hofer（1998）认为尚未进入成熟期企业都属于新创企业[82]。

第二，企业成立年限视角。多数学者是从成立年限视角对新创企业进行界定。Weiss（1981）通过研究认为初创企业一般要发展到第 7 年才会实现稳定的盈利，因此认为企业成立的前 7 年都属于新创阶段[83]；Brush &

Vanderwerf（1992）在对制造业新创企业进行研究时，选择成立时间在 4 至 6 年的企业作为研究样本[84]；Zahra（1996）在关于技术战略对新创企业绩效影响的研究中，将新创企业界定为成立年限在 8 年以内的企业[85]；Wong et al. （1993）和 McDougall & Covin et al. （1994）也在其研究中将成立年限 8 年作为新创企业和成熟企业的分界线[86,87]；Batjargal & Hitt et al. （2013）在关于创业者社会网络与新创企业成长关系的研究中，继承和延续了 Zahra （1996）[85]关于新创企业成立年限的观点，认为新创企业是成立时间在 8 年及以下的私营企业[88]。除此之外，Baum，Bird & Singh（2011）在对新创企业成长进行研究时，采用 4 年作为时间界限对新创企业进行界定，并认为这是研究新创企业成长的一个时间节点[89]；Kiss & Barr（2015）将成立时间在 10 年以内，员工总数不超过 300 人，由创始人管理的企业界定为新创企业[90]。本研究通过文献梳理，发现国内外大多数学者在其研究中都将创立年限在 8 年及以下的企业界定为新创企业（Jiao & Alon et al. ，2013；蔡莉和单安标等，2010）[91,92]。

第三，企业创建类型视角。从新创企业的创建类型上看，通常可以将其划分为三类：第一类是由两个或者两个以上的已有企业联合成立的联合经营企业或者合资企业（Joint Venture Firm）；第二类是由已有企业创建和成立的具有法人资格的独立运营的子公司（Corporate Venture Firm）；第三类是由一个或者几个创业者自主创建和成立的企业（Independent Venture Firm）（Vesper，1980；Zahra，1996）[85,93]。这三种类型的新创企业在创建背景、创建目的和所有权性质等方面都存在明显差异（Katz & Gartner，1988）[94]。前两种类型属于公司创业类型，第三种类型属于自主创业类型。随着我国"大众创业，万众创新"浪潮的掀起，第三种类型属于我国新创企业的主要创建类型。而且学者们也普遍认为，为了确保新创企业在财务和管理方面的真正独立性，其不能是具备特许经营权的企业，不能是已有成熟企业的子公司或者从已有公司中剥离出来的新公司，或者是已有企业联合成立的合资企业（Batjargal & Hitt et al.，2013）[88]。

基于上述分析，本研究借鉴前人的研究成果并结合我国新创企业的实际状况，选择企业成立年限和企业创建类型两类视角对新创企业进行界定，认为新创企业是成立年限在 8 年以内的自主创业企业。需要特别强调的是，因企业改制、事业单位转制等产生的新创企业，因特许经营、成立子公司和事业拆分和剥离产生的新创企业，以及多个企业联合形成的新创企业均不属于本研究对象的范围。

2.1.2 新创企业绩效的测量

随着创业活动的蓬勃发展，新创企业的生存和成长问题逐渐成为学术界和企业界关注的焦点，而作为衡量新创企业从事创业活动的业绩和效率的绩效已经成为学者们的研究热点。学者们认为新创企业是以获取利润和追求成长为目的，筹建新业务并以提供产品和服务满足顾客和市场需求的过程（Sandberg, 1986；Gartner, 1985）[95,96]。Venkatraman & Ramanujam（1986）认为，不能用一般广义的评价方式测量新创企业绩效，因为新创企业与成熟企业相比有其特殊性，特别关注对有价值机会的识别与利用，故除了考察一般的财务绩效外，还需考虑其成长绩效[97]。Murphy, Trailer & Hill（1996）基于Venkatraman & Ramanujam（1986）[97]关于组织绩效测量的理论框架，选取创业研究领域1987至1993年间所有以创业绩效为因变量的71篇实证研究论文进行分析和总结，结果发现在这些研究中使用的创业绩效概念其实涵盖了多方面的测量指标。任何单方面的测量指标都不可能很好地反映新创企业的绩效产出（Jiménez–Jiménez & Sanz–Valle, 2005；Amason, Shrader & Tompson, 2006）[98,99]，因为新创企业的创业活动因其特殊性可能对其绩效的某一方面有好的影响，但是却对另一个方面有不利影响[100]。此外，在这71份实证研究文献中，关于新创企业绩效考虑最多的方面分别是效率（30%）、成长（29%）和利润（26%），而且在创业研究领域所用到的控制变量主要有企业年龄（29%）、企业规模（98%）和所属行业（46%）等。Chrisman, Bauerschmidt & Hofer（1998）认为新创企业绩效不同于一般组织绩效的关键在于新创企业必须先存活才能成长，因此在考察新创企业绩效时，应该特别注重生存和成长两个方面[82]。Antoncic & Hisrich（2003）在其研究中从成长性（绝对和相对）和获利性（绝对和相对）两方面综合衡量新创企业绩效[101]。Amason, Shrader & Tompson（2006）认为测量绩效的方法不同会导致结果的不同（Sapienza & Grimm, 1997）[102]，单方面的测量指标不能够完全反映绩效结果（Brush & VanderWerf, 1992）[84]，因此其在研究中基于Murphy, Trailer & Hill（1996）[100]对新创绩效测量的方法，从销售增长、盈利水平和股市回报三个方面综合测量新创企业绩效[99]；Gilbert & Mcdougall et al.（2008）在关于产业集群和知识溢出对新创企业绩效影响的实证研究中，从创新性和成长性两个方面综合测量新创企业绩效[103]。Baron & Tang（2009）认为结合主观数据和客观数据两个方面来综合测量新创企业绩效会使研究结论更加可靠[104]。我国绝大多数学者也根据其研究目的和研究对象的不同，综合不同方面对新创企业绩效进行测量。胡海清和张宝建（2011）、张宝建和孙国强（2015）认为新创企业绩效应该包括财务绩效、成长绩效、创新绩效三个方面[105,106]；蔡莉和汤淑琴等（2014）、郭润萍和蔡莉（2017）等学者主要采用Covin & Slevin（1991）[107]的研究结论，从盈利性和成长性两个方面考察新创企业绩效，其中，盈利性主要测量企业的净收益率和市场占有率等，成长性主要测量企业的市场份额增长速度、销售额增长速度、新员工数量增长速度等[108,109]。基于上述分析可以看出，虽然学术界关于新创企业绩效的评价指标体系尚未形成一致结论，但是无论是国外学者还是国内学者，都主张从多个方面对新创企业绩效进行测量和评价。表2.1为本研究对国内外学者关于新创企业绩效测量指标体系研究的总结。

表2.1 国内外学者关于新创企业绩效测量指标体系的研究

作者（年份）	测量指标体系
Covin & Slevin（1991） Zahra（1995） Antoncic & Hisrich（2003） Bosma & Van Praag et al.（2004） Li & Zhang（2007） 朱秀梅（2010） 易朝辉（2012） 蔡莉和汤淑琴等（2014） 郭润萍和蔡莉（2017）	盈利性、成长性[107-115]
Cooper（1995）	能力表现、目标实现、员工吸引、未来发展[116]
Murphy, Trailer & Hill（1996）	效率、成长、利润[100]
Kaplan & Norton（1996）	流程、顾客、财务、学习、成长[117]
Dess & Lumpkin（1996） Venkatraman & Ramanujam（1986）	财务绩效、成长绩效[97,118]
Chrisman, Bauerschmidt & Hofer（1998） 张秀娥（2014） 董保宝和周晓月（2015）	生存绩效、成长绩效[82,119,120]
沈超红（2006） 耿新（2008）	财务绩效、非财务绩效[121,122]
Allen, Rodney & George（2006）	销售增长、盈利水平、股市回报[99]
Haber & Reichel（2007）	个人满意度、产品创新、经济收益、企业成长[123]

续表2.1

作者（年份）	测量指标体系
Stam & Efring（2008） Baron & Tang（2009） 谢洪明和张霞蓉等（2012）	主观绩效、客观绩效[104,124,125]
Gilbert，McDougall & Audretsch（2008）	创新性、成长性[103]
Jiao & Alon et al.（2013）	市场绩效、财务绩效[91]
胡海青和张宝建等（2011） 张宝建和孙国强等（2015）	财务绩效、成长绩效、创新绩效[106,126]
左晶晶和谢晋宇（2013）	创新性、成长性、主观性[127]
张鹏和邓然等（2015）	生存绩效、成长绩效、创新绩效[128]

资料来源：作者根据相关文献资料整理形成

综上所述，新创企业绩效已经逐渐成为学术界和企业界关注的焦点之一，准确和恰当的绩效评价指标在创业研究显得十分必要。新创企业由于其新生性带来的成长弱性与劣势导致其与成熟企业在诸多方面存在差异，因此，新创企业的绩效评价不能与成熟企业一概而论。本研究通过对国内外企业绩效相关研究文献梳理发现，学者们普遍主张结合财务绩效和非财务绩效两方面进行综合测量；而在关于新创企业绩效的测量中除了应该考虑代表财务绩效的盈利性外，代表非财务绩效看的成长性是学者们考虑的重点（汤淑琴，2015）[129]，因为新创企业的新生弱性促使其必须首先关注其成长性（Chrisman，Bauerschmidt & Hofer，1998）[82]。基于此，本研究也认为对新创企业绩效的测量不应该只考虑其财务绩效，而应该从多方面考虑，统一涵盖代表其财务绩效的盈利性和代表其非财务绩效的成长性两个方面。

2.1.3 新创企业绩效的前因

如前所述，随着创业活动在世界范围内越来越活跃，新创企业在经济增长和稳定就业方面的贡献越来越突出，其生存和发展逐渐受到了学术界和企业界的广泛关注（Acs & Armington，2006）[62]，而作为衡量新创企业创业成果最终标准的新创企业绩效已经引起了学者们的重视。综合国内外相关研究文献，学者们往往将新创企业绩效作为结果变量，重点关注新创企业绩效的前因，即哪些因素会对新创企业绩效产生影响。本研究通过文献梳理发现，目前学者们主要从以下四个方面展开对新创企业绩效的影响研究。

第一，强调创业者或创业团队特征对新创企业绩效的影响。长久以来，学者们就创业者或创业团队对新创企业绩效存在的重要影响进行了深入的研究，他们认为存在于创业者和非创业者，创业成功者和创业失败者之间的某些固定性的差异会对新创企业绩效产生影响。从当前的研究趋势来看，学者们比较关注创业者行为（Westhead，Wright & Ucbasaran，2001；Ensley，Pearson & Amason，2002）[130,131]、创业者能力（Ritter & Gemunden，2003）[132]、创业者拥有的社会资本（Cooper，Gimeno-Gascon & Woo，1994；Stam & Elfring，2008）[124,133] 对新创企业绩效的影响研究。如，Chrisman，Bauerschmidt & Hofe（1998）通过研究证明创业者的技能和经验会影响新创企业的资源获取，创业者决策行为的质量和类型会影响新创企业的生存和成长[82]；Li & Zhang（2007）通过对经济转型背景下中国高科技行业企业的研究，发现创业者的政治网络和运营经验对新创企业绩效具有积极的影响[134]。

第二，强调外部环境对新创企业绩效的影响。很多学者认为不能忽视外部环境因素对新创企业绩效的影响，因此，在研究中将外部环境作为自变量或调节变量，研究其对新创企业绩效的影响或者其存在是否会影响其他要素对新创企业绩效的影响强度或者影响方向。如，Li（2001）在关于新创企业战略如何影响环境与绩效关系的研究中，将外部环境作为自变量，新创企业战略作为调节变量，通过对中国高新技术行业 184 家企业的调研数据分析，结果发现新创企业战略在外部环境的不同维度对新创企业绩效的影响关系中发挥着不同的作用[135]；Hmieleski & Baron（2008）在关于创业者监管集中对新创企业绩效的研究中，将环境不确定性纳入研究框架，通过对美国 201 位领先创业家的调研数据分析，结果发现在动态环境下，企业家的促进集中监管对新创企业绩效具有积极影响，而企业家的防护集中监管对新创企业绩效具有消极影响；在稳定环境下，企业家的促进集中监管和防护集中监管对新创企业绩效都没有显著影响[136]。

第三，强调战略行为或导向对新创企业绩效的影响。这类研究主要关注新创企业如何通过发展新的技能或者制定合适的竞争策略等帮助其摆脱新进入缺陷。如，Chrisman，Bauerschmidt & Hofer（1998）通过实证研究证明了资源获取战略和资源配置战略对新创企业的生存和成长具有直接影响[82]；Robinson（1990）认为产品创新战略对新创企业的市场份额提升具有正向的积极影响[137]；Li & Stuahene-Gima（2001）在其研究中将产品创新战略定义为开发和营销被企业或市场认可的新产品，并探索了其对中国高新技术新创企业绩效的影响，同时还发现两者的关系会受到环境动荡和制度支持等战略因素的影响[86,135]；Stam & Elfring（2008）通过对荷兰新兴的开放式软件业样本数据的实证研究，发现在具有高度桥结关系和网络中心性的环境下，创业导向对新创企业绩效具有正向影响[124]。

第四，强调组织资源或能力对新创企业绩效的影响。新创企业拥有的资源或能力对其绩效存在直接或间接的影响（Chrisman, Bauerschmidt & Hofer, 1998）[82]。Penrose（2009）指出，企业本身就是资源和能力的集合，资源缺乏会影响企业的竞争力[138]。尤其是新创企业，由于资源约束导致其无法有效实施提升竞争优势的战略（Carroll, 1984）[139]。如，Yli-Renko, Autio & Tontti（2002）通过研究发现社会资本对新创企业的销售增长具有正向影响[140]；Unger&Rauch et al.（2011）通过对学术界近三十年关于人力资本与创业成功关系研究的文献进行元分析，发现人力资本对新创企业绩效存在影响[141]；祝振铎和李非（2017）以212家成立时间在8年内的新创企业为样本分析，实证结果发现通过创业拼凑获取创业资源对新创企业的财务绩效和成长绩效均具有显著地正向影响[142]。

综上所述，学者们往往将新创企业绩效作为结果变量，重点关注创业者或创业团队特征、外部环境、战略行为或导向、组织资源或能力等因素对新创企业绩效的影响。网络嵌入作为新创企业从外部环境中获取资源的重要渠道，对企业绩效势必存在影响，但研究网络嵌入对新创企业绩效影响的文献还不多见，网络嵌入对新创企业绩效到底存在何种影响还需要进一步探索和分析。

2.1.4 研究小结

根据以往研究，企业绩效评价是运用科学和规范的评价方法，采用特定的指标体系，参照统一的评价标准，对企业一定经营期间的财务绩效、偿债能力、发展能力等经营成果，进行的定量和定性的综合判断。通常而言，企业绩效包括财务绩效和非财务绩效两个方面（Venkatraman & Ramanujam, 1986; Hansen, 1995）[143,144]。尤其对于新创企业而言，由于其与成熟企业不同，因而学者们在评价其绩效时通常从盈利性和成长性两个方面进行综合考虑。本研究也将从盈利性（财务绩效）和成长性（非财务绩效）两个方面综合测量新创企业绩效。

研究新创企业绩效，其中很重要的一点是需要对新创企业进行界定。本研究综合考虑已有研究文献，将其界定为成立年限在8年及以内的企业；并且考虑到我国的具体国情，因企业改制、事业单位转制等产生的新创企业，和因特许经营、成立子公司和事业拆分和剥离产生的新创企业、因多个企业联合等形成的新创企业均不属于本研究的范围内。通过对已有文献的梳理和回顾，目前学者们主要从以下四个方面展开对新创企业绩效的前因进行研究。第一，强调外部环境对新创企业绩效的影响；第二，强调创业者或创业团队特征对新创企业绩效的影响；第三，强调组织资源或能力对新创企业绩效的影响；第四，强调战略行为或导向对新创企业绩效的影响；本研究将从组织资源或能力视角出发，研究外部网络中的结构嵌入和关系嵌入对新创企业绩效的影响，并将动态能力纳入研究框架，探索其在网络嵌入影响新创企业绩效的中间过程。

2.2 网络嵌入研究综述

2.2.1 网络嵌入的概念界定

社会网络（Network）这一概念起源于人类学和社会学方面的研究，由英国著名人类学家 Brown（1940）在其对社会结构的相关研究中提出[145]，是西方社会学的一个重要分支，主要从社会学的视角对社会经济行为和过程进行研究。Barnes（1954）通过研究发现，人际关系网络是人类行为的真正影响因素[146]。随后，Elizabeth（1957）[147]提出了与家庭联系同性质的社会网络联系观点。虽然自 Brown（1940）[145]提出社会网络概念以来，一直有学者对其进行关注和研究，但直到 19 世纪 60 年代后期，社会网络理论才引起了学术界的广泛关注，并逐渐被运用到社会学、心理学、经济学和管理学等社会科学的研究领域。社会网络被认为是网络中特定行为主体之间的联结，而且这种联结会对其社会行为产生影响。

嵌入（Embeddedness）观点是随着社会网络研究的兴起而不断发展起来的，嵌入思想为社会网络理论的发展和完善奠定了重要的理论基础。文献梳理发现，嵌入概念最早由学者 Polanyi（1944）[148]提出，他认为人类的经济行为嵌入且缠结于非经济的制度之中，同时还强调了非经济制度的重要性。他还认为，经济活动的本质是人与其所处的环境相互作用的制度化的过程，对经济进行分析，必须要考虑社会关系层面的影响[148]。随后，学者们从自身角度出发对嵌入概念进行了阐释。Marsden（1978）认为，在组织内部交易中存在着一个不断发展的社会网络结构，该结构既能对网络成员的行为进行约束，而且还能改变其选择行为方式[149]。White（1986）指出，市场是相互间联系紧密的企业通过观察彼此行为而形成的社会结构，并且市场也是通过这样的重复循环从而实现复制和再生[150]。

然而，真正将网络嵌入理论（Network Embeddedness Theory）推向一个新发展阶段的是美国著名的经济社会学家 Granovetter（1985）[64]，他在其文章《经济行动和社会结构：嵌入性问题》中，基于嵌入视角研究了社会网络在经济分析中的作用，引起了学术界对网络嵌入的关注和重视，网络嵌入成为分析企业社会网络的重要工具。Granovetter（1985）指出，人类个体的经济行为深深地镶嵌于社会结构之中，而社会结构的核心是个体之间互动形成的社会关系网络[151]。社会关系网络影响经济生活中信任的建立，而信任反过来又嵌入在社会关系网络中，信任是嵌入性的主要机制，因此，人类的经济行为也会镶嵌于社会网络的信任结构之中。基于 Granovetter（1985）[64]的网络嵌入观点，Zukin & DiMaggio（1990）对网络嵌入的内涵进行拓展，认为网络嵌入是在认知、文化、社会结构和政治制度的影响下对经济活动可能造成的状态或现象[151]。政治经济学认为社会机构是独立的，由不受个体控制的力量决定，而社会组织理论则强调制度安排的多样性，制度是由个体行为和历史积淀形成的。Uzzi（1996）以23家服装企业为研究样本，对网络嵌入的特征、功能和来源进行分析，指出网络嵌入是社会关系对经济行为的影响过程。他将网络嵌入视为一种相对于市场机制而言带有独特机会的交换系统[75]。Halinen & TÖrnroos（1998）认为网络是企业与企业之间通过不断互动而产生和发展的关系结构，而网络嵌入即是企业各类网络关系[152]。Adler & Kwon（2002）指出网络嵌入就是各类"关系"的集合[153]。

通过对已有关于网络嵌入概念的界定可以发现，尽管各位学者的表述存在差异，但就其研究结论而言，他们都坚持一个共同的核心观念，即认为经济主体的行为活动镶嵌于与经济社会生活相关的社会关系网络结构中，个体的关系网络能够对其经济活动和行为造成影响。网络嵌入（Network Embeddedness）是指一个企业内部或者企业间由于过去的交往和联系而形成的日常化和稳定的联系（张方华，2010）[73]。

2.2.2 网络嵌入的发展脉络

在组织网络化范式下，学者们愈来愈关注对网络中经济主体与社会结构之间关系的研究，网络嵌入已经成为经济社会学研究领域的一个重要概念。学术界普遍认为是 Polanyi（1944）[148]最早在其著作《大变革》中提出嵌入的概念并将其用于经济理论分析当中，由此成为嵌入概念的创始人。真正将嵌入理论推向一个新的发展阶段的是美国著名经济社会学家 Granovetter（1985）[64]的研究结论。Granovetter（1985）重新解释并拓展了 Polanyi（1944）提出的嵌入观点，认为经济行为仅仅是社会行为的一种表现形式，无论是工业革命前还是工业革命后,绝大多数经济行为都镶嵌于社会结构中,只是镶嵌的方式或者程度存在差异而已[64]。他在研究中进一步指出,经济行为镶嵌的社会结构的核心就是社会网络,在这种网络嵌入中,信任是嵌入的网络机制,因此行为主体的经济行为也嵌入在社会网络的信任建构中。可见,Granovetter(1985)继承并进一步发展了Polanyi(1944)提出的嵌入性观点,明确了嵌入性作为新经济社会学核心观点的理论基础,建立了处于社会网络中的自利行动者的基本假设,提出了将网络分析作为研究经济社会学的主要方法。

自Granovetter(1985)的研究之后,网络嵌入理论日益受到学术界的重视,学者们不断将其应用于经济学、社会学和管理学等诸多研究领域,使其内涵和外延不断得到拓展和延伸。但是,网络嵌入概念的中心思想和核心观念始终没有太大变化,学者们也基本是在Granovetter(1985)的研究基础上进行的有益尝试和探索。Zukin & DiMaggio(1990)对Granovetter(1985)提出的网络嵌入理论的内涵进行拓展,认为网络嵌入是在认知、文化、社会结构和政治制度的影响下对经济活动可能造成的状态或现象[151]。Uzzi(1996,1997)[75,154]认为经济行为镶嵌在社会结构中的观点重新激起了学术界关于网络嵌入对经济活动是正向影响还是负向影响的争论。虽然大学数学者认为网络嵌入在经济活动中发挥积极正向作用,但是也有少数经济学家认为网络嵌入对经济交易的影响甚微甚至降低了市场交易的效率(Peterson & Rajan,1994)[155]。为此,Uzzi(1996,1997)认为,既然学者们关于网络嵌入影响作用的观点相互矛盾,那便意味着需要对社会网络嵌入到底如何影响经济活动进行更深入和探索[75,154]。于是,基于Granovetter(1985)[64]等主流学者的研究,Uzzi(1997)进一步拓展了网络嵌入的理论内涵,认为嵌入性联系是与只有纯经济关系联系完全相反的概念[154]。新古典经济学的传统思想认为市场上交易双方只有纯经济联系,排除了人和社会因素的影响,而嵌入理论则认为市场交易中始终渗透着嵌入性关系。Uzzi(1997)的观点也得到了其他诸多学者的研究结论的验证。Helper(1990)通过研究发现,汽车制造商与其供应商紧密的合作关系能促进隐性知识和关键技术的共享[156];Larson(1992)和Lazerson(1995)也通过研究发现,成功的创业企业能够通过网络嵌入实现资源的整合与协调,从而促进知识转移和组织学习[157,158];Romo & Schwarts(1995)和Dore(1983)在关于区域生产网络的研究中发现,嵌入在社会网络中的企业并不仅仅在乎对短期利益的追求,相反非常重视长期合作关系的建立[159,160]。

Uzzi(1997)在其研究中明确将网络嵌入概念界定为社会网络关系影响网络中经济行为的过程,并提出可以从信任、优质信息共享和共同解决问题三个方面对网络嵌入关系进行描述[154]。其中,信任是网络嵌入关系的首要特征,描述的是交易一方对另一方不会以损害对方利益为代价获取利益的信心。网络嵌入关系比纯粹的市场经济关系能促进更多的隐性知识和技术的共享。此外,网络嵌入关系还包含着共同解决问题的机制,促成交易双方能相互协调与解决问题,提高组织经营效率,促进组织学习与创新。虽然 Uzzi（1997）[154]对网络嵌入理论的研究做出了巨大的贡献,但他并没有对网络嵌入如何影响经济行为做出很好的阐释,他所提出的网络嵌入关系对经济活动的促进或阻碍作用还缺乏具体的理论命题和实证检验。但是,在 Uzzi（1997）[154]的理论研究之后,网络嵌入理论又得到了进一步的发展。Dacin,Beal & Ventresca（1999）认为网络嵌入是对新古典经济学中以独立的、理性的和非人格化的个体交易为特征的僵化的市场概念的补充和修正[161]。我国学者丘海雄和于永慧（2007）对国外相关研究进行总结和借鉴,认为网络嵌入是用来分析经济行为如何受历史、文化、制度以及社会结构和关系等因素影响的工具[162]。

从网络嵌入概念的发展来看,学者们所提出的网络嵌入观点的核心思想始终保持了相对稳定,只是表达和定义方式发生了一些调整和变化。发展至今,网络嵌入已成为战略管理和组织理论的一个核心概念,大量关于网络嵌入的实证研究开始不断涌现。

2.2.3 网络嵌入的分析框架

随着嵌入理论相关研究的逐步发展,学术界形成了几种较为典型且应用较多的分析框架;而学者们关于网络嵌入的研究就是在这几类分析框架的基础上进行的,主要包括：Granovetter（1985）提出的结构嵌入（Structural Embeddedness）和关系嵌入（Relational Embeddedness）分析框架[64];Zukin & Dimaggio（1990）提出的认知嵌入（Cognitive Embeddedness）、文化嵌入（Cultural Embeddedness）、结构嵌入（Structural Embeddedness）和政治嵌入（Political Embeddedness）分析框架[151];Nahapiet & Ghoshal（1998）提出的认知嵌入（Cognitive Embeddedness）、结构嵌入（Structural Embeddedness）和关系嵌入（Relational Embeddedness）分析框架[163];Andersson,Forsgren & Holm（2002）提出的技术嵌入（Technology Embeddedness）和业务嵌入（Business Embeddedness）分析框架[164];Hagedoorn（2006）提出的环境嵌入（Environmental Embeddedness）、双边嵌入（Bilateral Embeddedness）和组织间嵌入（Inter-organizational Embeddedness）分析框架[165]。如表2.2所示。

表2.2 网络嵌入的典型分析框架

作者（年份）	分析框架
Granovetter（1985）	关系嵌入、结构嵌入[64]
Zukin & Dimaggio（1990）	认知嵌入、结构嵌入、文化嵌入、政治嵌入[151]
Nahapiet & Ghoshal（1998）	认知嵌入、结构嵌入与关系嵌入[163]
Andersson, Forsgren & Holm（2002）	业务嵌入、技术嵌入[164]
Hagedoorn（2006）	环境嵌入、双边嵌入、组织间嵌入[165]

资料来源：作者根据相关文献资料整理形成

2.2.3.1 结构嵌入与关系嵌入分析框架

Granovetter（1985）[64]最早提出基于结构嵌入和关系嵌入两大维度的网络嵌入分析框架，其中，结构嵌入在一定程度上源自经济学中关于社会网络分析的研究，关注网络中行为主体之间关系的整体结构特征，不仅强调社会网络的整体结构和作用，而且重视网络行为主体在网络结构中的位置，主要采用关系联结在整个网络中的规模、密度和位置等特征进行衡量。结构嵌入观点有两个有代表性的理论流派，其中一个是Burt（1992）[166]提出的结构洞理论，认为拥有更多结构洞的网络行为主体在信息和资源的传递和获取方面会处于更加有利的网络位置；另一个是Coleman（1988）[167]提出的网络密度观点，认为处于高密度社会网络的行为主体，拥有较大的社会资本存量，有利于促进其与网络成员间的协作和相互信任。

关系嵌入在一定程度上源自社会学中关于社会资本的研究，关注网络成员基于互惠意愿建立的关系（兰建平和苗文斌，2009）[168]，如合作、信任和关系亲疏程度等，主要用关系的强度、内容、方向和延续性等特征进行衡量。Granovetter（1973）在研究人际关系的强弱联结时用了四个指标对其进行测量，分别是互动频率、亲密程度、关系持续时间以及相互服务的内容[169]。Fortner（2006）认为社会网络理论主要源于社会学的研究，因此，在对其维度进行划分时应该主要考虑社会网络的结构和成员之间的关系，基于此，他将社会网络划分为结构嵌入和关系嵌入两大维度[170]。总之，Granovetter（1985）[64]提出的结构嵌入和关系嵌入是网络嵌入理论的经典分析框架，尤其适用于分析企业和其他组织内外部关系和结构的理论和实证研究框架，后续的大多数研究都是对其的继承发展和广泛应用。

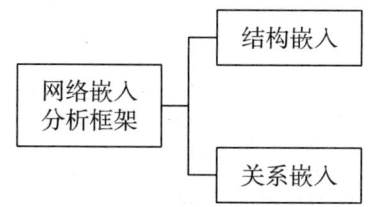

图 2.2 Granovetter 提出的网络嵌入分析框架

2.2.3.2 认知嵌入、结构嵌入、文化嵌入与政治嵌入分析框架

Zukin & Dimaggio（1990）继承并发展了 Granovetter（1985）[64]网络嵌入维度划分的理论基础，从结构嵌入、认知嵌入、文化嵌入和政治嵌入四个维度描述企业嵌入的社会网络的整体状况及其对企业绩效的影响[151]。其中，结构嵌入源于 Granovetter（1985）[64]的观点，主要描述的是社会联系和网络结构对网络行为主体经济交换的影响和制约，关注的是整体的网络结构和企业之间关系的质量，主要用于分析企业在社会关系网络中所处的位置对其绩效的影响。认知嵌入主要描述的是网络行为主体的理性经济决策要受到其原有心理认知模式的限制。该类研究把组织及管理认知纳入嵌入研究（Dacin, Ventresca & Beal, 1999）[161]，不仅关注企业管理受认知局限的影响，还关注组织认同的来源和结果（Peteraf & Shanley, 1997）[171]，管理者对竞争的认知（Lant & Baum, 1995）[172]。文化嵌入描述的是网络行为主体的理性经济行为受群体内共享观念、意识和态度等因素的影响，即网络群体共同的信念和价值观等会对组织的行为、结构和过程产生的影响（Zukin & DiMaggio, 1990; Ventresca & Beal, 1999）[151,161]，包括对组织战略和战略目标的共同理解，组织的控制和规则系统以及规定个人行动的意识形态等（郭劲光, 2006）[173]。政治嵌入描述的是网络行为主体所处的政治和制度环境对其行为产生的影响，即行为主体的经济交换行为会受到政治权力，以及行为主体与社会机构权力差异的影响，如法律、税收等。

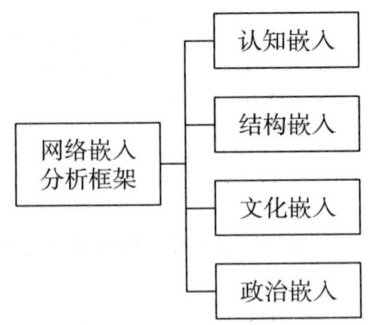

图 2.3 Zukin & Dimaggio 提出的网络嵌入分析框架

2.2.3.3 认知嵌入、结构嵌入与关系嵌入分析框架

Nahapiet & Ghoshal（1998）[163]基于社会资本维度划分的思想，提出认知嵌入、结构嵌入和关系嵌入的分析框架，用于分析企业网络嵌入的相关研究。其中，结构嵌入与关系嵌入继承了 Granovetter（1985）[64]对结构嵌入和关系嵌入内涵的阐释。Nahapiet & Ghoshal（1998）和 Tsai & Choshal（1998）在其研究中提出，认知嵌入对组织智力资本的产生和积累具有极为重要的影响作用[163,174]。他们认为社会资本还应该包括组织集体共同拥有的认知资源，并将其定义为社会系统中能够促进组织成员对组织目标和行为方式形成一致认同的意义系统的集合（如组织成员之间共享的编码、语言、叙事和目标等）。Inkpen & Tsang（2005）在其研究中提出，社会资本的认知维度应该包括共享文化和共享目标两个方面，共享文化描述的是企业能在多大程度上以特定规范对网络成员的行为和关系进行治理，表明了网络成员在态度和价值观等方面持有相似或一致看法的程度；共享目标描述的是组织成员对网络任务及实现网络任务方式理解的普遍程度[175]。

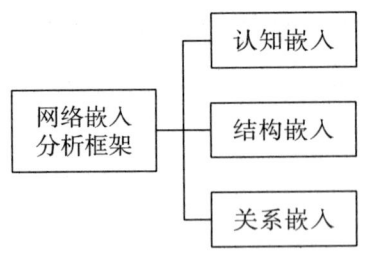

图 2.4 Nahapiet & Ghoshal 提出的网络嵌入分析框架

2.2.3.4 业务嵌入与技术嵌入分析框架

学者们普遍认为企业从外部环境中获取资源的能力会影响企业绩效（Cohen & Leventhal，1990）[176]。其中一些学者基于组织学习视角研究了企业通过网络嵌入从外部环境中获取新知识的能力与企业绩效的关系（Uzzi，1997；Zaheer，McEvily & Perrone，1998）。Andersson，Forsgren & Holm（2002）基于上述研究，从企业内部运营和价值链的研究视角，将网络嵌入划分为业务嵌入和技术嵌入，并通过实证研究验证了业务嵌入程度与技术嵌入程度对企业绩效具有正向影响关系[164]。他们认为，技术嵌入描述的是企业通过与外部顾客或供应商的联系而改变产品或工艺开发过程的程度，即企业与外部组织间在产品及产品开发过程中的相互依赖程度，反映的是企业通过外部关系联结从网络中获取新知识和关键技术的能力。业务嵌入描述的是企业感知外部业务环境变化以及为适应环境变化而调动和传递信息的能力，反映了企业为适应外部合作伙伴的变化而对其自身业务行为进行调整和改变的程度，同时也进一步反映了企业与外部合作伙伴之间关系的亲疏程度。

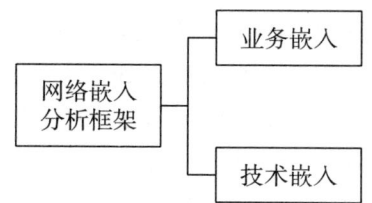

图 2.5　Andersson，Forsgren & Holm 提出的网络嵌入分析框架

2.2.3.5 环境嵌入、组织间嵌入与双边嵌入分析框架

Hagedoorn（2006）根据企业间合作关系存在的社会情景的不同，将网络嵌入划分为环境嵌入、组织间嵌入和双边嵌入三个层次，认为企业间合作关系构建会受到网络嵌入特征的影响[165]。环境嵌入主要包括宏观环境嵌入和中观环境嵌入两个层面。组织间嵌入是指企业与各类组织基于合作关系形成的网络，反映了企业从网络中其他组织处获得的经验以及与其他组织建立的合作关系对企业能力和行为的影响程度，与 Granovetter（1985）[64]提出的结构嵌入内涵较为相似。双边嵌入描述的是企业与企业之间的熟悉与信任程度会影响其合作关系的稳定性和持续性，与 Granovetter（1985）[64]提出的关系嵌入内涵较为相似。

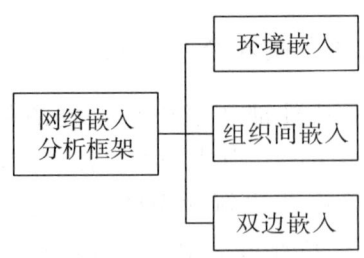

图 2.6 Hagedoorn 提出的网络嵌入分析框架

以上便是网络嵌入几种应用较多的较为典型的分析框架，通过对相关学者前期研究成果的分析，本研究发现国内管理学研究领域的绝大多数学者都是基于 Granovetter（1985）[64]提出的网络嵌入的二维分析框架（张方华，2010；许晖和许守任等，2013；谢洪明和张颖等，2014；谭云清，2015；陶秋燕和孟猛猛，2017）[33,73,177-179]或者 Nahapiet & Ghoshal（1998）[163]提出的三维分析框架（易朝辉，2012；易朝辉和罗志辉，2015；李靖华和黄继生，2017）[31,114,180]开展有关网络嵌入及其对企业绩效影响的研究。根据研究内容和研究目的，本研究将选取 Granovetter（1985）[64]提出的网络嵌入的二维分析框架，即将网络嵌入划分为结构嵌入和关系嵌入。

结构嵌入（Structural Embeddedness，SE）。网络的结构嵌入是指网络核心行为主体的行为受到其所嵌入的社会网络结构的影响程度，通常以网络密度（Network Density，NTD）、网络规模（Network Size，NTS）和网络中心度（Network Centrality，NTC）三个指标进行描述（Granovetter，1985；Uzzi，1996；Gulati，1998；Rowley，Behrens & Krackhardt，2000；Capaldo，2007；张方华，2010；易朝辉和罗志辉，2015）[64,73,75,180-183]。首先，网络规模是研究中最常用的衡量网络结构嵌入的指标。网络规模是指网络核心行为主体与其他经济主体保持直接联系的数量（Burt，1992；Powell et al.，1996）[64,184]。Aldrich & Reese（1993）通过研究发现，网络规模反映了网络成员的数量和范围，可以用网络规模来衡量新创企业获得资金信息的范围和资金接触的来源[185]。Burt（2004）认为，虽然目前学术界对于创业网络维度的划分标准还未形成一致认识，但网络规模是衡量创业网络维度最为直观的标准[186]。新创企业的社会网络规模越大，表明与其建立社会网络联系的经济主体越多，意味着他们有更多的机会接触资源持有者，因而也有更多的机会获取生存和成长所需的资源（Tanas & Saee，2007）[187]。因此，网络规模会影响新创企业资源获取的范围和程度（Katila & Mang，1999；Baum，Calabrese

& Silverman,2000)[188,189]。其次,网络密度也是研究中常用的测量网络结构嵌入的重要指标。网络密度是指网络核心行为主体所处网络内网络成员间实际联结数量占最大可能联结数量的比例(Izquierdo & Hanneman,2006)[190],反映的是网络内各节点之间联结的紧密程度。已有研究表明,网络密度越大,企业就越能接近各种资源,进而根据需要获取所需资源(Burt,1992)[166];而且在高度密集网络中,网络成员间更易形成基于对合作伙伴的信誉、资源和优势等充分了解的合作默契,形成被大多数组织接受的合作行为模式、规范、习惯以及知识共享机制等(Gnyawali & Madhavan,2001)[191]。Balkundi & Harrison(2006)通过研究团队成员的社会网络结构和团队绩效之间的关系,证明了网络密度对团队的生存能力和任务绩效均具有积极影响[192]。谢洪明和赵丽等(2011)以广东省高新技术企业或民营科技型企业为样本进行了实证研究,结果表明网络密度对企业的学习能力和技术创新绩效均有显著的正向影响[32]。最后,网络中心度是衡量企业在其社会网络中重要性的一个重要指标。网络中心度是指网络核心行为主体在网络中对核心位置的占有程度,衡量了企业与其他网络成员的直接联系和充当网络中心枢纽的程度(Burt,1992)[166],以此反映其对信息和资源的获取与控制能力。Wasserman & Faust(1994)认为处于网络中心位置的企业更容易获得超额的信息利益和资源优势[193]。董保宝(2012)、董保宝和尹璐等(2017)通过实证研究证明了网络中心度对高新技术新创企业的竞争优势具有显著影响[194,195];许慧敏和辛冲等(2016)对327家高技术制造企业的调研数据进行实证分析,结果发现网络中心度对突破式创新和渐进式创新均具有显著正向和直接的影响[196]。

关系嵌入(Relational Embeddedness,RE)。网络的关系嵌入是指网络成员间在互动过程中建立起来的具体的人际关系,主要涉及社会网络的人格化方面,通常以关系强度(Relationship Strength,RLS)、关系持久度(Relationship Persistence,RLP)和关系信任度(Relationship Trust,RLT)三个指标进行描述(Granovetter,1985;Capaldo,2007;Eisingerich,Bell & Tracey,2010;潘文安,2012;张方华,2010;易朝辉和罗志辉,2015)[64,73,180,182,197,198]。首先,关系强度是被广泛用于衡量社会网络关系嵌入的常用指标。关系强度是指网络核心行为主体与其他经济主体相互联系的紧密和频繁程度(Krackhardt,1995;McEvily & Zaheer,1999)[199,200]。Granovetter(1985)在其研究中将网络关系联结分为强联结和弱联结,用关系联结强弱来衡量社会网络中成员间关系的亲疏程度[64]。Leung,Zhang & Wong(2006)认为,在初创阶段,强联结能够为新创企业提供发展所需的人

31

力资本和金融资本[201]；Hite & Heaterly（2001）认为，家庭和朋友所构成的强联结网络是新创企业初创阶段创业资源的主要来源[225]；Coleman（1988）指出，强联结网络使新创企业能够以较低的成本获取关于资源所有者的信息[167]。关系信任度是研究中常用的测量企业关系嵌入的一个重要指标。关系信任度主要指网络成员间行为的默契程度和相互的信任程度（Uzzi，1997）[154]。信任作为网络关系的重要因素能够增强资源的流动，当网络成员相互间建立了信任关系后，会进行更多的合作，因而会促进进一步信任的产生。Welch（2006）认为信任是关系管理的核心内容，能够改善企业的外部关系[203]。朱秀梅和费宇鹏（2010）认为，信任特别是情感型信任能够增强资源的流动，提高合作的效率，克服新创企业新生弱小带来的成长劣势[204]。张春雨和郭韬等（2018）在以技术新创企业为对象的研究中，提出网络成员间通过信任构建的合作关系会更加紧密，有助于促进新创企业快速进行商业模式创新[205]。关系持久度是衡量企业与外部网络成员关系质量的一个常用的测量指标。关系持久度主要指网络成员间关系的稳定程度（Granovetter，1985）[64]。马鸿佳和董保宝（2011）认为网络成员联系的时间越久，其信任程度越高，关系就会越紧密，企业便可根据社会网络中其他成员对市场的反应行为进行决策以迅速回应市场变化[206]。辛琳（2013）通过对262家企业为样本进行实证研究，发现企业与顾客、供应商、同行企业、管理机构、科研机构和金融机构关系的持续和稳定程度将通过组织学习对企业的经营绩效产生影响[207]。Gulati，Nohria & Zaheer（2000）认为组织之间稳定的互动关系能够促使企业更易获取外部知识，并通过与其既有知识进行融合，创造出新的知识和应用情景（即新价值实现模式）[208]。易朝辉（2012）在以新创企业为对象的研究中提出，企业与网络成员的关系越持久，越有利于促进网络成员对彼此的认知水平和能力，越有利于有效激发和提升知识转移的动机和能力，从而提升企业的绩效水平[114]。于淼（2014）结合398家企业的调查数据展开实证研究，结果证明关系特征是企业创新网络的重要特征，对企业探索、获取新知识以及提高在现有技术领域的能力具有促进作用[209]。

2.2.4 网络嵌入的实证研究

通过对现有关于网络嵌入研究文献的整理，本研究发现现有研究基本上是把网络嵌入作为自变量，研究其对战略行动（邓新明，2017）[210]、创业行为（Zimmer & Aldrich，1987；杨震宁和李东红等，2013；吴晓波和张超群等，2014；苗莉和何良兴，2015；梁祺和张纯，2017）[30,211-214]、创新行为（冯军政和刘洋等，2015；马鸿佳和侯美玲等，2015；吴俊杰和王节祥等，2015）[215-217]、组织绩效（Warren，2004；Akçomak & Basterweel，2009；袁勇志和李佳，2013；李正卫和高蔡联等，2013）[13,218-220]或者竞争优势（董保宝，2012）[194]的影响。总体而言，可以将其分为以下两类：

第一，研究网络嵌入的直接影响效应（Zhou，Wu & Luo；2007；Polidoro，Ahuja & Mitchell，2011；Gonzalez-Brambila，Veloso & Krackhardt，2013；Ratajczak-Mrozek & Milena，2017）[25,26,221,222]。Peng & Luo（2000）认为企业高管人员的网络嵌入包括商业关系嵌入和政治关系嵌入两个维度，并从这两个维度着手分析了网络嵌入与企业绩效的关系，结果发现网络嵌入对企业市场占有率和资产回报率的提高有促进作用[27]。边燕杰和邱海雄（2000）通过研究发现，企业通过纵向网络关系嵌入和横向网络关系嵌入均有助于企业绩效的提升[223]。储小平和李怀祖（2003）通过对华人家族企业的调查分析，发现网络嵌入在推动企业创业和可持续发展方面发挥了积极的作用[224]。Warren（2004）认为，中小企业的生存能力主要由企业动态管理能力和网络关系开发能力决定[13]。Akçomak & Ter Weel（2009）通过对欧洲国家社会资本与经济增长的关系分析后认为，社会关系可以表现为一种普遍信任而有利于经济增长[218]。钱海燕和张骁等（2009）对中小企业国际化进行研究，发现网络嵌入能提升中小企业的绩效水平[225]。Lu，Zhou & Bruton（2009）认为，企业的网络嵌入会通过影响企业的资源共享和市场交易的环境，从而间接促进企业的成长[28]。曹鑫和黄晓治（2015）认为中小企业国际化进程将推动企业嵌入非正式结构的社会网络，有助于企业识别全球市场机会，拓展与海外中介机构的联系[226]。袁喜娜和薛佳丽（2016）基于社会网络关系视角，通过对205家制造企业数据的实证分析，结果发现商业关系嵌入和社会关系嵌入对新产品开发绩效有正向影响；不正当竞争程度负向调节社会关系嵌入与新产品开发绩效的关系，正向调节制度关系嵌入与新产品开发绩效[227]。张春雨和郭韬等（2018）根据409家技术新创企业的问卷调查数据，采用结构方程模型进行实证检验，结果表明结构嵌入和关系嵌入均对技术新创企业的商业模式创新具有显著促进作用，其中关系嵌入对技术新创企业商业模式创新的作用更显著[205]。

第二，研究网络嵌入的间接影响效应（Echols & Tsai，2005；Yang，Lin & Peng，2011）[228,229]。张君立和蔡莉等（2008）认为网络嵌入将通过创业资源获取对新创企业绩效产生影响[230]。辛琳（2013）通过对262家企业进行实证研究，发现企业与顾客、供应商、同行企业、管理机构、科研机构和金融机构等外部利益相关者关系的持续程度、紧密程度、信任程度、互惠程度和稳定程度将通过组织学习对企业的经营绩效产生影响[207]。谢洪明和张霞蓉等（2012）以申报广东省高新技术企业和民营科技企业的企业作为调查样本开展实证检验，发现网络关系强度将通过企业学习能力的不完全中介作用影响技术创新[125]。彭伟和周晗鹭等（2013）通过对 60 个企业 R&D 团队样本的实证研究，发现团队内部的咨询网络中心性和友谊网络密度通过团队成员的内部知识整合的中介作用对团队创新绩效有显著影响[231]。张秀娥（2014）通过研究提出网络嵌入与新创企业绩效之间并不是简单的线性关系，其作用会通过一定的媒介实现；创业者社会网络是创业者识别和利用机会、获取资源、创建新企业，并在新创企业管理运营中持续获得信息、知识和资源，从而最终提升新创企业绩效的关键[119]。陈逢文和张玉利等（2015）基于中国民营经济证据开展实证研究，结果发现网络嵌入会通过资源获取这一中介变量对企业的经营绩效产生积极影响[232]。俞园园和梅强（2016）对 418 份新创企业调查样本进行实证分析，结果发现产业集群商业关系嵌入和政治关系嵌入会通过创业的组织合法性这一中介变量正向促进新创企业的创业绩效[233]。刘东和郑鑫等（2016）以 142 家新创企业为样本进行实证研究，结果发现社会网络嵌入对新创企业绩效有显著的正向影响，创业乐观在社会网络嵌入和新创企业绩效之间起部分中介作用[234]。陶秋燕和孟猛猛（2017）对 164 家成立时间在 8 年内的新创企业的调查数据进行实证分析，发现资源拼凑在社会网络嵌入和新创企业创新绩效之间起完全中介作用[235]。

综上所述，学者们主要将网络嵌入作为自变量，研究其对战略行动、创业行为、创新行为、组织绩效和竞争优势的影响，但是以新创企业为对象，研究网络嵌入对新创企业绩效影响的文献还不多见。

2.2.5 研究小结

众所周知，在创业实践中，资源匮乏是制约新创企业实现成长和发展的重要瓶颈（Bouncken & Fredrich，2016）[236]，而网络嵌入是新创企业获取稀缺资源、克服资源瓶颈的重要途径之一（Ben Letaifa & Goglio – Primard，2016）[237]。随着创业活动的日益活跃，网络嵌入对新创企业成长发展和竞争优势维持的影响日益受到学者们的广泛关注和重视。陈钦约（2010）认为，企业嵌入社会网络的关系强度与企业创业绩效显著正相关[238]。左晶晶和谢晋宇（2013）对 270 名科技型大学生创业者的问卷调查数据进行实证分析，发现社会网络的结构嵌入对科技型大学生创业者创业绩效具有影响[127]；其中，社会网络规模越大,科技型大学生创新性创业绩效越好;社会网络异质性越高,科技型大学生创新性创业绩效越好,而成长性创业绩效越差;网络密度与关系强度越高,科技型大学生主观性创业绩效越好。吴绍玉和王栋等(2016)以482个再创业企业为样本进行实证研究,发现创业社会网络嵌入分别通过资源整合、创业学习和创业动态能力这三条作用路径影响再创业绩效[239]。梁祺和张纯(2017)对174份问卷数据进行实证检验,结果表明社会网络嵌入特征对个体创业意图有明显的正向影响,其中,创业机会识别起到了部分中介的作用[219]。杨隽萍和于晓宇等(2017)认为社会网络嵌入能够弥补创业者在创业风险识别过程中的信息劣势,其中,结构洞和关系强度有利于创业者获取更多高质量与创业风险相关的信息,从而有助于识别更多的创业风险[240]。

综上所述,已有学者检验了网络嵌入对企业绩效提升具有的重要影响作用,不过,这方面的研究还尚不多见,一方面,此类研究大都关注的是网络嵌入与企业绩效的直接关系;另一方面,大多数研究只是对网络嵌入的某些个别和局部特征(如网络规模/网络密度/网络中心度/关系强度/关系稳定)对企业绩效的影响进行了检验,从而难以对网络嵌入整体进行系统和深入的研究;再者,以新创企业为研究对象的研究还不多见。因此,社会网络的关系嵌入和结构嵌入如何影响新创企业绩效,影响程度如何,作用机制如何,还需要更为深入的研究,网络嵌入影响新创企业绩效机制的黑箱仍然有待进一步揭开。

2.3 动态能力研究综述

2.3.1 动态能力的概念界定

自 Teece et al. (1994,1997)[16,65]提出动态能力的概念以来,众多国内外战略管理领域的学者纷纷对动态能力的概念和内涵进行了界定和描述,表2.3对这些概念和内涵进行了汇总。学术界对动态能力的理论和实证研究已长达二十余年,绝大多数学者认为动态能力理论是对资源基础理论(RVB)的延伸和发展,但是关于动态能力的概念内涵界定这个最根本的问题还未形成一致见解。目前,学术界对动态能力的概念内涵界定主要基于两种视角展开。

第一,动态能力是进行组织管理的抽象能力视角。持该观点的学者认为动态能力本质上是企业为了应对动态变化的外部环境而不断构建、拓展、修正和更新组织常规能力的一种高阶能力(Winter,2000;Cepeda & Vera,2007;Wang & Ahmed,2007)[241-243],决定着组织常规能力的变化方向和速度

(Collis, 1994; Winter, 2003; Hoopes & Madsen, 2008; Drnevich & Kriauciunas, 2011)[244-247]，包括机会和威胁的感知能力（Teece, 2000; O'reilly Ⅲ & Tushman, 2008)[248,249]、内外部资源和技能的构建、整合和重置能力（Teece et al., 1994, 1997)[16,65]，资源或投资的剥离和释放能力（Eisenhardt & Martin, 2000; Sirmon & Hitt et al., 2003, 2007; Danneels, 2008, 2011)[55,250-253]。

第二，动态能力是进行组织管理的具体能力视角。持该观点的学者认为动态能力是具体的战略执行过程和组织管理过程（Eisenhardt & Martin, 2000)[55]。如联盟能力（Døving & Gooderham, 2008)[48]、战略决策能力（Eisenhardt & Martin, 2000)[254]，营销能力（Danneels, 2002, 2008)[252,255]、研发能力（Helfat, 1997; Danneels, 2002, 2008)[40,252,253]、新流程和产品开发能力（McKelvie & Davidsson, 2009)[256]等。有学者认为，从具体能力视角解读动态能力，会造成动态能力的概念内涵难以界定（Kraatz & Zajac, 2001; Winter, 2003)[247,257]、同义反复（Collis, 1994; Williamson, 1999)[246,258]或共同理论基础缺乏（Wang & Ahmed, 2007; Wang & Zajac, 2007)[242,259]等问题。本研究也认为具体能力只是动态能力的外在表现形式，不能完全阐释动态能力的本质和内涵。

表2.3 国外学者关于动态能力的概念界定和描述

作者（年份）	概念界定和描述
Teece & Pisano（1994）	动态能力是及时响应市场，积极进行创新，有效整合和重新配置企业内外部资源和技能的能力
Iansiti & Clark（1994）	动态能力是企业培育、适应和再生知识基础的能力，以及开发和保持将知识基础转化为有效行为的能力
Collis（1994）	动态能力是促进企业甄别资源固有价值，先于竞争对手制定和实施战略的更为抽象和高阶的能力，决定企业常规能力变化的方向和速度
Teece, Pisano & Shuen（1997）	动态能力是企业为应对外部环境的快速变化，整合、构建和重新配置内外部各种技能、资源和专业职能的能力，是保持企业竞争优势的关键
Helfat（1997）	动态能力是使企业通过创新产品和重构流程而适应环境变化的能力
Teece（2000）	动态能力是变化感知能力和机会抓住能力
Eisenhardt & Martin（2000）	动态能力是企业获取、整合、重组和释放资源来匹配市场变化甚至创造市场变化的能力

续表2.3

作者（年份）	概念界定和描述
Zahra & George（2002）	动态能力本质上是一种变革导向型能力，使企业通过重新整合和配置资源来应对变化的市场需求和竞争对手
Zollo & Winter（2002）	动态能力是一种稳定的集体活动的学习模式，使企业在提高效率的过程中打破其运营惯例并系统地生成新的运营惯例
Winter（2003）	动态能力是一种拓展、调整或创造常规能力的能力
Zott（2003）	动态能力是指导企业资源构建和演化的一系列惯例的集合
Zahra, Sapienza & Davidsson（2006）	动态能力是企业决策者通过设想和判断选择适当的方式重新调整惯例和配置资源的能力
McKelvie & Davidsson（2009）	动态能力是企业改变或整合自身资源基础以适应动态变化环境的能力，包括创意产生能力、市场破坏能力、新产品和新流程开发能力
Teece（2007）	动态能力是感知机会和威胁的能力，把握机会的能力，重新配置企业资产的能力，拓展和改变资源基础的能力
Wang & Ahmed（2007）	动态能力是企业为在快速变化环境中获得持久竞争优势，从而不断整合、重组、更新和再造自身资源和能力的能力；是升级和重构核心能力的关键
Cepeda & Vera（2007）	动态能力是一种改变企业赖以生存的能力（运营能力）的高阶能力
Døving & Gooderham（2008）	动态能力是实现新资源配置的持久的流程、系统和惯例
Prieto, Revilla & Rodríguez-Prad（2009）	动态能力是对企业资源和能力进行持续整合、重构和更新的能力
Barreto（2010）	动态能力是企业系统解决问题的潜力，包括洞察机会和威胁的能力、及时响应变化和市场定位决策的能力、改变资源基础倾向的能力
Drnevich & Kriauciunas（2011）	动态能力是改变常规能力的高阶能力

资料来源：作者根据相关文献资料整理形成

如前所述，目前学术界对动态能力的概念内涵界定还未形成一致见解。有学者认为，如果仅仅把动态能力简单地视为企业具体的资源、流程和技能，那么将无法对动态能力的概念内涵进行清晰和统一的界定（Thomas & Pollock, 1999）[260]。为解决这一问题，能力层次理论和组织惯例理论的研究学者提供了一个合理的解释视角。Collis（1994）提出了组织能力阶层观点[246]，将组织能力分为三个层次：第一层次是企业执行基本职能活动的能力，如进行生产规划、市场营销和物流分配的能力；第二层次是企业动态提升执行基本职能活动能力的能力，如新产品或新流程开发能力、研发和营销能力、柔性制造能力；第三层次是企业有效甄别资源固有价值，先于竞争对手制定和实施战略的更为抽象和高阶的能力。

在后续研究中，学者们对 Collis（1994）[246] 提出的组织能力阶层观点进行拓展和延伸，以解决动态能力研究中存在的无限回归和同义反复问题。Zollo & Winter（2002）[50] 以及 Winter（2003）[247] 认为组织能力是一种内生的高水平的组织惯例的集合，具有组织嵌入性和路径依赖性特点，是企业主动实施的一系列组织活动，是具有可重复性、习得性、稳定性和高度模式化等特点的集体行为模式[50,247]。动态能力作为组织能力首先必须具有组织惯例的这些特征，因此，那些缺乏稳定模式的即兴问题的解决过程，或者是针对特别问题的解决方案和企业家精神等虽然也会促进组织变革，甚至有利于竞争优势的构建，但它们不具有组织惯例的这些特征，并不能将其归属于动态能力的范畴。Winter（2003）、Cepeda & Vera（2007）以及 Drnevich & Kriauciunas（2011）认为动态能力有别于常规能力，常规能力是企业赖以生存的能力，属于零阶能力；动态能力是企业应对环境变化的适应能力（一阶能力）和创造新常规能力的能力（二阶能力），属于高阶能力[241,247,261]。Wang & Ahmed（2007）认为组织能力包括四大阶层，资源基础是企业生存和成长的根本，是能力形成和发展的必要条件，是能力层次中的零阶能力；作为企业生存技能的常规能力是能力层次中的一阶能力；与企业竞争优势直接相关的核心能力是能力阶层中的二阶能力；企业不断构建、拓展、修正和更新资源和能力以适应环境变化的能力是能力层次中的三阶能力；其中，前三阶能力是范式内的组织能力，而三阶能力才是范式转变期的动态能力[242]。Danneels（2008）将组织能力划分为一阶能力和二阶能力，一阶能力是执行具体行动的能力，二阶能力是构建和更新能力的能力，即动态能力[252]。

综上所述，学术界对动态能力的概念和内涵界定还处于探索时期，尚未形成一致共识。但总体而言，绝大多数学者都认可动态能力是企业为了适应快速变化的外部环境而不断构建、拓展、修正和更新组织常规能力的一种高级能力的本质特征。鉴于此，本研究决定沿用 Teece et al.（1994，1997）[16,65] 等学者对动态能力概念内涵的界定：动态能力是企业在感知环境变化的基础上，不断对资源和能力进行整合、重新构建和配置以适应环境动态变化的能力。该定义从战略管理视角出发，指出企业要想持续获得竞争优势，必须能够感知环境变化，并对现有资源和能力进行整合与重构（孟晓斌和王重鸣等，2007）[262]。

2.3.2 动态能力的发展脉络

探索企业获得可持续竞争优势的来源是战略管理研究领域的中心议题之一。资源基础理论（Resource-based View，RBV）从静态视角解释了企业竞争优势的来源，认为企业可持续竞争优势在一定程度上是可以通过具有价值性、稀缺性、难以模仿和难以替代（VRIO）四大特征的资源来获得的（Barney，1991）[10]。然而，随着企业面临的外部环境愈来愈变化莫测，学者们认为静态资源并不能确保企业能够在动态变化的环境中持续获取竞争优势，而动态能力理论的提出则解决了资源基础理论静态分析存在的问题，从能力的角度提出应在资源——竞争优势中引入动态因素（贺小刚，2006）[77]。

20世纪末以来，随着新技术革命不断加速，经济全球化程度不断加深，企业经营管理面临的环境不确定性程度越来越高，严重威胁企业可持续竞争优势的获得和维持。基于此，Teece（1992）首次提出了动态能力的思想，并阐述了动态能力对于企业获得和维持可持续竞争优势的重要作用[263]。随后，Iansiti & Clark（1994）从知识的整合视角对动态能力做出解释，认为动态能力有助于企业知识基础的培育、适应和再生，以及转化为有效行为[264]。同年，Teece & Pisano（1994）正式对动态能力这一概念进行界定，为研究企业获得和维持可持续竞争优势的来源提供了一个全新的视角[65]。Teece & Pisano（1994）指出，随着市场环境竞争性和动态性的日益加剧，仅仅以资源为基础的战略行动并不能确保企业能够获得持久和显著的竞争优势[65]，取而代之的动态能力却能成为动态变化环境下企业获取持久和显著竞争优势的来源。市场竞争中的领先者应该是能及时响应变化，积极进行创新，有效整合和重新配置企业内外部资源和能力的企业。与以往相关研究相比，Teece & Pisano（1994）[65]认为动态能力强调两个方面：一是强调环境的快速变化特征；二是强调企业战略管理在合理适应、整合和重新配置内外的组织技能、资源和专业职能以应对环境变化的能力以应对变化的环境方面的关键作用。此后，Teece、Pisano & Shuen（1997）从理论层面继续对动态能力进行了更加系统和深入地研究，提出在全球快速变化的市场环境中，企业整合、构建和重新配置外部和内部各种资源和技能的动态能力是企业获得和维持可持续竞争优势的关键[16]，组织管理流程、资产资源位势、历史演化路径是决定企业动态能力的三大关键要素。

Teece等的研究引起了战略管理领域的研究者和实践者对动态能力的极大

重视和广泛关注。本研究以"dynamic capability"和"dynamic capabilities"为主题/篇名（检索项）在 Web of Science 中的 SSCI 引文数据库中选取"经济和管理"类别进行检索，发现 1997－2017 年 20 年间全球发表动态能力相关文献共计 3587 篇，文献数量呈逐年稳步上升趋势（如图 2.1 所示）。

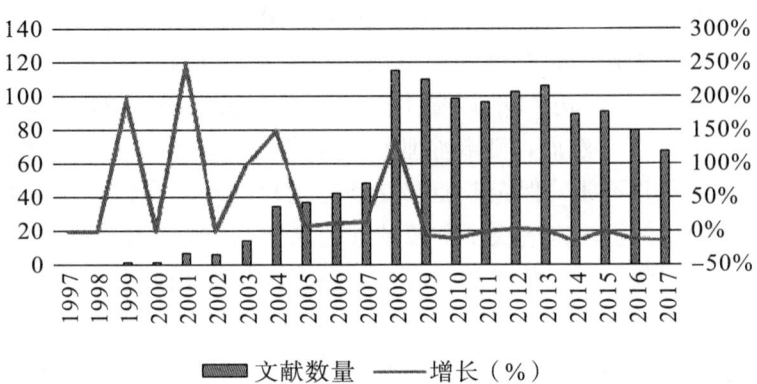

图 2.7　1997－2017 年间 SSCI 期刊动态能力研究文献发表情况

随后又以"动态能力"为主题/关键词/篇名（检索项），在中国知网（CNKI）数据库中的"经济和管理"类别中，选取 CSSCI、EI、SCI 来源期刊作为检索对象进行检索发现，从 1997 年至 2017 年间发表与动态能力相关的研究文献共计 1159 篇。由此可知，经过近 20 年的发展，动态能力相关研究已经引起了国内经济和管理领域学者们的研究兴趣和热情，研究文献呈逐年稳步增长的趋势（如图 2.2 所示）。

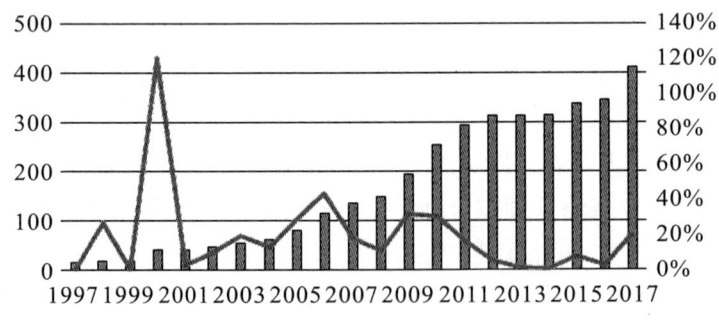

图 2.8　1997－2017 年间中国知网（CNKI）关于动态能力研究文献发表情况

2.3.3 动态能力的维度划分

本研究通过对国内外相关文献的梳理，对学者们关于动态能力维度划分的研究进行总结。Teece & Pisano（1994）最初认为动态能力包括适应能力、整合能力和重构能力三个维度[65]。随后，Teece，Pisano & Shuen（1997）明确将动态能力划分为整合能力、构建能力和重构能力三个维度[16]。Eisenhardt & Martin（2000）基于资源基础理论的全新视角，阐释了动态能力——资源——竞争优势的逻辑链，认为动态能力对竞争优势的贡献在于对资源基础的改变，包括创造资源、整合资源、重组资源和释放资源。Wu（2007）将动态能力划分为资源整合能力、资源重构能力、学习能力和环境变化响应能力[265]。Wang & Ahmed（2007）将动态能力划分为适应能力、吸收能力和创新能力[242]。Ellonen，Wikström & Jantunen（2009）将动态能力划分为感知能力、获取能力和重构能力三个维度[266]。Kuuluvainen（2011）从机会搜寻能力、资源获取能力和资源重构能力三个维度研究了动态能力对中小企业国际化成长的影响[267]。Pavlou & El Sawy（2011）认为动态能力包括感知能力、学习能力、整合能力和协调能力四个维度[268]。Protogerou，Caloghirou & Lioukas（2012）通过研究提出动态能力包括协调能力、学习能力、战略竞争反应能力三个维度[269]。Jantunen，Ellonen & Johansson（2012）将动态能力划分为感知能力、获取能力和重构能力三个维度[270]。Wang，Senaratne & Rafiq（2015）认为动态能力包括吸收能力和变革能力两个维度[271]。此外，Teece（2007）和 Augier & Teece（2009）根据前期研究成果，进一步对动态能力的维度划分进行探索，将其划分为机会和威胁感知能力、机会利用能力和重构能力[76,272]。经过二十多年的发展与完善，国外学者关于动态能力的维度划分研究已取得了非常丰富的研究成果。表 2.4 为国外学者对动态能力的维度划分。

表 2.4 国外学者对动态能力的维度划分

作者（年份）	维度划分
Teece & Pisano（1994）	适应能力、整合能力、重构能力
Teece，Pisano & Shuen（1997）	整合能力、构建能力、重构能力
Helfat（1997）	产品创新能力、流程重构能力
Teece（2000）	机会感知能力、机会利用能力

续表2.4

作者（年份）	维度划分
Eisenhardt & Martin（2000）	创造资源能力、整合资源能力、重组资源能力、释放资源能力
Zott（2003）	配置资源能力
Wu（2006）	资源整合能力、学习能力
Teece（2007） Augier & Teece（2009）	机会和威胁感知能力、机会利用能力、重构能力
Wang & Ahmed（2007）	适应能力、吸收能力、创新能力
Wu（2007）	资源整合能力、资源重构能力、学习能力、环境变化响应能力
Danneels（2008）	营销能力、研发能力
O'reilly Ⅲ & Tushman（2008）	机会和威胁感知能力、机会利用能力、重构能力
Liao，Kickul & Ma（2009）	机会识别整合能力、机会利用整合能力
Prieto, Revilla & Rodríguez-Prad（2009）	知识创造能力、知识整合能力、知识重构能力
Ellonen, Wikström & Jantunen（2009）	感知能力、获取能力、重构能力
Barreto（2010）	感知机会能力、及时做出市场导向决策能力、改变资源基础能力[37]
Kuuluvainen（2011）	机会搜寻能力、资源获取能力、资源重构能力
Pavlou & El Sawy（2011）	感知能力、学习能力、整合能力、协调能力
Protogerou, Caloghirou & Lioukas（2012）	协调能力、学习能力、战略竞争反应能力
Jantunen、Ellonen & Johansson（2012）	感知能力、获取能力、重构能力
Wang, Senaratne & Rafiq（2015）	吸收能力、变革能力
Wilden & Gudergan（2015）	感知能力、重构能力
Wilhelm & Schlömer（2015）	感知能力、学习能力、重构能力

资料来源：作者根据相关文献资料整理形成

国内学者对动态能力维度划分的研究起步较晚，基本上都是在国外学者的相关研究基础上开展和进行的。贺小刚和李新春等（2006）对中国29家企业的高层管理者进行半结构性访谈,并通过探测性检验提出动态能力的五维度测量体系,包括市场潜力、组织柔性、战略隔绝、组织学习和组织变革[77]。焦豪和魏江等(2008)通过文献梳理和实证检验,开发出测量动态能力的四维度模型,包括环境洞察能力、变革更新能力、技术柔性能力和组织柔性能力[273]。葛宝山和董保宝(2009)在以新创企业为对象的研究中,从资源整合能力、资源再配置能力、学习能力、适应能力和创新能力五个维度对动态能力进行测度[274]。王菁娜和王亚江等(2010)基于知识基础观视角,通过实证分析发现动态能力由吸收能力、整合能力、学习能力、管理创新能力和技术创新能力五个关键子能力构成[275]。冯军政和魏江(2011)基于对国外学者研究资料的回顾,认为动态能力应该包括机会感知能力、资源整合能力和组织重构能力三个维度[276]。董保宝和葛宝山等(2011)在关于探讨资源整合过程、动态能力与竞争优势的机理与路径的研究中,从环境适应能力、组织变革能力、资源整合能力、学习能力和战略隔绝五个维度对动态能力进行测量[41]。李彬和王凤彬等(2013)通过将案例企业数据与理论对接的不断迭代和归纳分析,认为动态能力由感知能力、获取能力和转换能力三个维度构成[277]。宝贡敏和龙思颖(2015)认为动态能力的构成维度应专注于资源的整合能力与重构,而认知应该被视为动态能力的发展基础[22]。吴航等(2014,2016)以内外部整合视角为分类依据,将动态能力划分为机会识别能力和机会利用能力[278,279]。表2.5为国内学者对动态能力的维度划分。

表 2.5 国内学者对动态能力的维度划分

作者(年份)	维度划分
贺小刚和李新春等(2006)	市场潜力、组织柔性、战略隔绝、组织学习、组织变革
焦豪和魏江等(2008)	环境洞察能力、变革更新能力、技术柔性能力、组织柔性能力
江积海(2009)	能力广度、能力深度、能力生命周期
曹红军和赵剑波等(2009)	信息利用能力、资源获取能力、内部整合能力、外部协调能力、资源释放能力
罗珉和刘永俊(2009)	市场导向的感知能力、组织学习的吸收能力、社会网络的关系能力、沟通协调的整合能力
王菁娜和王亚江等(2010)	吸收能力、整合能力、学习能力、管理创新能力、技术创新能力
黄俊和王钊等(2010)	整合能力、组织学习能力、重构能力

续表2.5

作者（年份）	维度划分
郑素丽和章威等（2010）	知识获取能力、知识创造能力、知识整合能力
邓少军和焦豪等（2011）	环境洞察能力、学习吸收能力、变革更新能力、整合重构能力
焦豪（2011）	机会识别能力、整合重构能力、组织柔性能力、技术柔性能力
冯军政和魏江（2011）	机会感知能力、资源整合能力、组织重构能力
葛宝山和董保宝（2009）	资源整合能力、资源再配置能力、学习能力、适应能力和创新能力[274]
董保宝和葛宝山等（2011）	环境适应能力、组织变革能力、资源整合能力、学习能力和战略隔绝
苏敬勤和张琳琳（2013）	环境洞察能力、市场潜力、组织柔性、战略隔绝、组织学习、组织变革
李彬和王凤彬等（2013）	感知能力、获取能力和转换能力
蔡莉和汤淑琴等（2014）	机会识别能力、机会利用能力
唐孝文和刘敦虎等（2015）	环境洞察能力、规划设计能力、组织学习能力、变革领导能力
宝贡敏和龙思颖（2016）	学习能力、整合能力、重构能力、联盟能力
吴航等（2014，2016）	机会识别能力、机会利用能力
周键和王庆金（2017）	机会识别能力、机会开发能力

资料来源：作者根据相关文献资料整理形成

本研究通过分析国内外学者关于动态能力维度划分的研究资料，发现目前学术界对动态能力的维度划分还不统一，但对动态能力维度划分的思想跟其概念界定的思想是比较一致的，主要存在两种观点。第一种观点是将动态能力视为完成组织管理的抽象能力研究其构成维度，持该观点的学者主要是对 Teece（1994，1997）等学者研究成果的继承和拓展，如众多学者们在其研究中提到的适应能力（Teece & Pisano，1994；Wang & Ahmed，2007）[65,242]、整合能力（Teece, Pisano & Shuen，1997；Wu，2006；Liao, Kickul & Ma，2009）[16,280,281]、重构能力（Teece & Pisano，1994；Teece、Pisano & Shuen，1997；Wilhelm & Schlömer，2015）[16,65,282]、学习能力（Wu，2006，2007；Pavlou & El Sawy，2011；Protogerou, Caloghirou & Lioukas，2012）[265,269,281,283]、机会和威胁识别能力（Teece，2007；O'reilly Ⅲ &

Tushman, 2008; 焦豪和魏江等)[76,248,273]。第二种观点是将动态能力视为完成组织管理的具体能力研究其构成维度，持该观点的学者主要是对 Eisenhardt & Martin (2000)[55]等学者研究成果的继承和拓展，如众多学者们在其研究中提到的研发能力（Helfat, 1997; Danneels, 2002, 2008）[40,252,255]、营销能力（Danneels, 2002, 2008）[252,255]、新产品和新流程开发能力（McKelvie & Davidsson, 2009）[256]。国内学者主要根据动态能力维度划分的第一种观点，在中国情境下对动态能力的维度划分进行验证性研究，并探索其新的构成维度。

总体而言，把动态能力看作企业完成组织管理的具体能力会存在同义反复和无限回归问题，无法清晰呈现不同企业动态能力具有的共同特征。同时，考虑到本研究的研究目的，需要对动态能力进行更为抽象和概括的研究，而不是探讨某些具体和微观的动态能力。因此，本研究主要采纳学者们对动态能力维度划分的第一种观点，吸收和借鉴 Teece et al. (1994, 1997, 2007)[16,65,76]提出的基本框架，并结合本研究的研究对象新创企业的特点，将动态能力划分感知能力（Sensing Capability, SC）、整合能力（Integrating Capability, IC）和重构能力（Reconfiguring Capability, RC）三个维度（如图 2.3）。这种划分依据符合动态能力的主流研究思想，而且在具体维度的考虑上也体现了对国内外主流研究学者研究观点和成果的继承和发展。

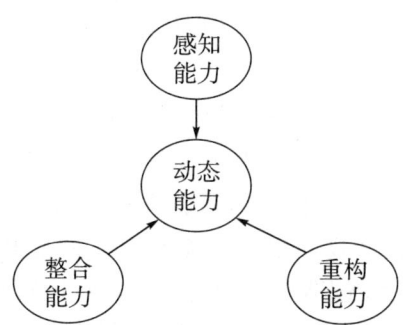

图 2.9　本研究对动态能力的维度划分

感知能力（Sensing Capability, SC）。感知能力是企业通过对外部环境信息的收集和使用，从而对环境变化中存在的机会或威胁做出回应的能力，反映了企业对外部环境变化的敏感程度（Augier & Teece, 2009; Teece, 2007）[76,272]。Teece (2007)认为感知包括对技术和市场的搜寻和探索[76]，反映的是组织获取与顾客、竞争者和更加广泛的市场环境相关信息的能力（Day, 1994）[284]。企业可以通过很多方式来强化感知能力，如保持与顾客、供应商和高校等科研机构的关系;加入专业协会;观察标杆企业的行动。对于新创企业而言,准确判断和有效识别市场需求变化趋势和经营环境变化趋势有助于辨识和获取信息、把握和利用机会、及时和快速响应、对抗和抵御风险。感知能力强的企业,能更好地识别、获取、和利用高价值的市场信息和机会,理解和预测客户需求的变化,并先于竞争对手将其快速转化为新产品或新服务,维持在市场上的竞争力。

整合能力(Integrating Capability,IC)。整合能力是企业系统收集、协调和配置资源和能力以形成新资源和新能力,产生新价值以积极应对外部环境变化的能力(Teece、Pisano & Shuen,1997;Eriksson、Nummelan & Saarenketo,2014)[16,285],这种对资源和能力的整合不仅包括对内外部资源和能力的整合,还包括对新旧资源和能力的整合,也包括对不同领域资源和能力的整合。整合能力强的企业,能够有效鉴别现有资源和能力的内在价值,根据经营管理需要从内外部重新选取和组合相应的资源和能力,对现有的资源和能力基础进行更新以创造新的价值和用途,实现对环境变化的适应和企业绩效的提升(Amit & Schoemaker,1993;Newey & Zahra,2009;Lin & Wu,2014)[286-288]。已有研究证明,整合能力对企业战略优势的形成具有非常重要的推动作用(Teece & Pisano,1994;Teece、Pisano & Shuen,1997)[16,76]。

重构能力(Reconfiguring Capability,RC)。重构能力是重新构建和配置企业的资源和能力,促进企业为适应环境变化而不断转变和更新的能力(Teece & Pisano,1994;Teece、Pisano & Shuen,1997;Lavie,2006)[16,65,289]。重构能力的本质特征是对能力刚性和学习陷阱的克服(Collis,1994)[246]。重构能力强的企业,能够灵活地调整和更新自身的资源基础和常规能力,改变传统的管理方式和组织运营惯例(龚一萍,2011)[290],以适应外部环境的动态变化从而实现对组织效能的提高和竞争优势的维持(董保宝,2011)[41]。企业通过对员工创造性活动的激发,对运营管理活动的创新、变革和重组,可以提高经营和管理效率,修正和更新企业的资源基础和常规能力(Teece、Pisano & Shuen,1997)[16],以应对动态变化的环境并易于更新企业固有的文化和惯例(Zollo & Winter,2002;Helfat & Peteraf,2003)[50,291]。

2.3.4 动态能力的实证研究

鉴于动态能力的研究仍处于发轫之期,关于动态能力的影响因素和作用结果的研究仍处于不断探索和丰富的阶段。本研究在先前学者的研究基础之上,尽量全面总结动态能力的影响因素和作用结果的实证研究(表2.6)。

2 文献综述

表2.6 国内外学者关于动态能力的实证研究总结

作者（年份）	因变量	自变量	中介变量	调节变量	研究结论
Helfat（1997）	✓				互补的技术知识和实物资产正向影响企业的动态研发能力
Zott（2003）			✓		动态能力通过影响企业的竞争力、操作程序和资源位置影响企业绩效
Marsh & Stock（2006）			✓		知识整合的动态能力正向影响新产品开发绩效
Arthurts & Busenitz（2006）		✓			与无风险资本支持的创业企业相比，有风险资本支持的创业企业在产品和管理发展方面显示出更强的动态能力，但是在面对政府和法律监管威胁方面，没有显示出更强的动态能力
Wu（2006）			✓		当企业处于不稳定的环境中时，企业资源通过动态能力间接影响企业绩效
Hung（2007）			✓		高新技术企业的流程协作通过动态能力影响组织绩效
黄俊和李传昭等（2007）		✓			我国汽车业企业动态能力正向影响自主创新能力
曹红军和赵剑波（2008）		✓			动态能力通过企业的战略过程正向影响企业绩效（竞争优势），动态信息利用能力、动态资源获取能力、动态内部整合能力、动态资源释放能力、动态外部协调能力正向影响企业绩效（竞争优势）
田晓明和蒋勤峰等（2008）		✓			动态能力的吸收整合能力和创新能力分别对创业绩效的财务绩效、成长绩效和创新绩效均积极促进作用
Døving & Gooderham（2008）		✓			动态能力对企业的服务范围有显著影响
Danneels（2008）	✓				组织拆分意愿、建设性冲突、容忍失败氛围、环境扫描的程度和冗余资源会增强企业的动态能力
焦豪和魏江等（2008）	✓	✓			组织学习对动态能力有显著的正效应，创业导向各维度通过组织学习对动态能力有不同程度的间接正效应
胡望斌（2009）			✓		创业导向通过动态能力的中介作用对企业成长有显著促进作用

47

续表2.6

作者（年份）	因变量	自变量	中介变量	调节变量	研究结论
Prieto, Revilla & Rodríguez-Prad (2009)	✓	✓			自我管理和组织支持对产品开发方面的动态能力有显著的正向影响，绩效管理对产品开发方面的动态能力有显著的负向影响。动态能力正向影响产品开发方面的流程竞争力和产品竞争力
Liao, Kickul & Ma (2009)	✓	✓	✓		互联网企业的存量资源正向影响机会识别整合动态能力和机会利用整合动态能力；机会识别整合动态能力和机会利用整合动态能力均会影响互联网企业的企业创新；存量资源分别通过机会识别整合动态能力和机会利用整合动态能力的中介作用间接影响互联网企业的企业创新
Malik & Kotabe (2009)	✓				新兴市场制造企业的动态能力包括组织学习能力、逆向工程能力和制造柔性能力，三者均对企业绩效有正向影响
McKelvie & Davidsson (2009)		✓			新创企业的知识资源、有形资源和资源流动会影响动态能力的开发
Wu (2010)		✓			在动荡环境中，动态能力对企业竞争优势的增强作用显著高于企业资源
Zhou&Li (2010)		✓			战略导向（顾客导向、竞争导向和技术导向）会增强动态能力；这种关系会受到市场动态性（需求波动和竞争强度）的影响
Drnevich & Kriauciunas (2011)			✓		动态能力会促进企业绩效提升，这种关系受环境动态性的正向调节
焦豪 (2011)			✓		动态能力通过双元型组织创新的中介作用影响企业的竞争优势
董保宝和葛宝山等 (2011)			✓		动态能力在企业的外部资源识取过程与竞争优势的关系中起到了完全中介作用，而在企业的资源配用过程与竞争优势的关系中起到了部分中介作用
刘井建 (2011)	✓	✓			创业学习有助于提升新创企业（成熟企业）的动态能力；动态能力有助于提升新创企业（成熟企业）的成长绩效
曾萍和宋铁波 (2011)			✓		政治关系需要通过动态能力作为中介变量才能间接地提高企业绩效水平

续表2.6

作者（年份）	因变量	自变量	中介变量	调节变量	研究结论
曾萍（2011）	✓				知识创新对动态能力具有直接正向影响；组织学习需要通过知识创新这一完全中介变量才能增强动态能力
董保宝和葛宝山（2012）	✓				新创企业资源获取、资源配置以及资源利用过程对于动态能力的构建与拓展具有重要的作用
林萍（2012）	✓	✓	✓		企业资源对动态能力有积极影响，动态能力对创新有积极影响；动态能力在企业资源和创新之间起完全中介作用
曾萍和邓腾智等（2013）			✓		社会资本通过动态能力作为完全中介变量间接地促进企业创新
卫武和夏清华等（2013）				✓	动态能力在企业可见性对利益相关者压力反应的影响中起调节作用；动态能力在紧迫性和可管理性认知对利益相关者压力反应的影响中起调节作用
谭云清和马永生等（2013）			✓		社会资本的结构、关系、认知维度通过提高动态能力进而正向影响接包企业创新绩效
马鸿佳和董保宝等（2014）		✓			动态能力与新创企业竞争优势呈正相关关系
江积海和刘敏（2014）		✓			动态能力的能力广度、能力深度、能力演化速度、能力交互度通过对竞争优势的作用而影响企业绩效
简兆权和王晨等（2015）			✓		市场导向通过动态能力的完全中介作用对技术创新具有显著正向影响；创业导向通过动态能力的部分中介作用对技术创新具有显著正向影响
马文甲和高良谋（2016）				✓	动态能力在企业开放度与创新绩效关系间起调节作用
黄海艳和武蓓（2016）			✓		动态能力在交互记忆系统的专长性与创新财务绩效的关系间起部分中介作用；在交互记忆系统的专长性和创新成长绩效的关系间起完全中介作用；在交互记忆系统的协调性与创新绩效的关系间起完全中介作用
曾萍和李明璇等（2016）			✓		动态能力在政府支持与企业商业模式创新的关系间起到了部分中介作用

续表2.6

作者（年份）	因变量	自变量	中介变量	调节变量	研究结论
赵凤和王铁男等（2016）				√	动态能力中的吸收能力、适应能力和创新能力分别在外部技术获取与产品多元化间的关系间起正向调节作用
周键和王庆金（2017）	√	√			动态能力中的机会识别能力和机会开发能力分别对创业成长具有显著促进作用，创业激情对机会识别能力和机会开发能力具有显著的正向影响

资料来源：作者根据相关文献资料整理形成

2.3.4.1 动态能力的影响因素

通过对动态能力相关实证研究的文献分析，本研究认为可以将动态能力影响因素的相关研究概括总结为以下几个方面：战略导向（焦豪和魏江等，2008；Prieto, Revilla & Rodríguez‐Prado, 2009；Zhou & Li, 2010）[273,292,292]；资源基础（Helfat, 1997, Arthurs & Busenitz, 2006；McKelvie & Davidsson, 2009；Malik & Kotabe, 2009）[40,43,256,294]；资源整合（董保宝和葛宝山等，2011，2012）[41,217]；组织学习（李璟琰和焦豪，2008；Malik & Kotabe, 2009；曾萍，2011；Bingham & Heimeriks et al., 2015）[42,43,295,296]。

战略导向对动态能力的影响。战略导向主要关注企业与外部环境相匹配的战略选择；动态能力主要关注整合并激活企业内部资源的活力；战略导向能够驱动企业获取、配置和利用资源以构建和提升其动态能力（Zhou & Li, 2010；简兆权和王晨等，2015）[293,297]。战略导向通常包括市场导向和创业导向，市场导向能促使企业更有效地创造并提供卓越的顾客价值，进而形成有利于组织竞争优势的企业文化（Eisenhardt & Martin, 2000）[55]。通过市场导向，企业可以准确及时应对和把握市场、顾客以及竞争企业等外部关键环境因素的变化，在此基础上形成和发展动态能力。创业导向具有的行动超前性、风险承担性和创新性等特征会促进企业主动积极地监控和预测外部环境的动态变化，洞察机会和威胁，在此基础上通过重构内部资源来趋利避害，促进动态能力的形成和发展（Jantunen, Puumalainen & Saarenketo, 2005；胡望斌和张玉利等，2009）[298,299]。由此可知，战略导向对动态能力的形成和提升具有重要影响。

资源基础对动态能力的影响。企业所拥有的资源是能力形成的基础,动态能力的开发和提升离不开有价值的、稀缺的、难以模仿和难以替代的资源(Barney,1991)[10]。企业必须依托一定的知识和资源存量才能识别外部环境中的机会和威胁(Teece,2007;Liao,Kickul & Ma,2009)[76,280],反过来企业拥有的知识和资源存量的质量和规模也会影响其对机会的获取和利用(Liao,Kickul & Ma,2009)[280]。King & Tucci(2002)认为企业积累的变革经验会促进动态能力的形成和提升[38]。McKelvie & Davidsson(2009)通过对瑞士的新创企业样本开展实证研究,发现新创企业的知识资源、有形资源和资源流动会影响动态能力的开发,如创始人人力资源、企业获得的专门知识和技能会正向影响动态能力开发,而企业获得的员工人力资源和财务资源会负向影响动态能力开发[256]。Wu(2007)认为新创企业的创业者拥有的资源越丰富,企业将具备越强的动态能力[265]。Rothaermel & Hess(2007)认为个人和企业拥有的网络资源对动态能力有正向促进和增强效应[300]。

资源整合对动态能力的影响。获取关键资源并进行有效开发和利用,有助于提升企业的各种动态性能力(Pisano,2002;Wang & Ahmed,2007;葛宝山和董保宝,2009)[242,274,301]。Peteraf(1993)从资源基础理论视角出发探索了企业竞争优势的来源,认为企业通过对资源的识别、整合、利用和开发,会促进动态能力的产生,也会促进竞争优势的形成[302]。董保宝和葛宝山等(2011)通过对我国东北地区187家企业调研获取的数据进行实证分析,发现资源识取和资源配用分别与动态能力正相关,而且资源识取和资源配用会经由动态能力正向显著影响竞争优势[41]。随后,董保宝和葛宝山(2012)通过对717家新创企业的调研数据进行实证分析,同样发现了资源获取、资源配置以及资源利用过程对动态能力的开发和增强具有显著影响[66]。姜骞和唐震(2013)通过研究证明了资源整合(资源获取和资源利用)对科技型中小企业动态能力的构建和形成具有显著的正向影响[303]。由此可知,企业通过对资源基础进行动态更新和匹配,从而形成产生新的价值和用途,这一过程能够促进企业动态能力的形成和发展。

组织学习对动态能力的影响。组织学习会促进企业新旧知识或技术的更新和重构,这一过程会对动态能力的构建和开发产生影响(Zollo & Winter,2002;Eisenhardt & Martin,2000)[50,55]。焦豪和魏江等(2008)通过实证研究证实组织学习对动态能力有显著正效应,并建议企业应在创新与超前行动性氛围下通过组织个体层、群体层和组织层的存量学习和前馈层和反馈层的流量学习构筑并提升企业的动态能力[273]。曾萍(2011)通过对我国华南地区企业的实证研究发现,组织学习和知识创新是影响动态能力的重要因素,知识创新对动态能力具有直接正向影响,组织学习需要经由知识创新增强动态能力[296]。董保宝和李白杨(2014)对317份新创企业样本进行实证研究,结果发现组织学习导向对动态能力形成和发展具有显著正向影响[304]。葛宝山和谭凌峰等(2016)依据275份有效问卷数据进行实证研究,发现探索式学习和利用式学习两种组织学习方式均与动态能力存在显著正相关关系[305]。由此可知,系统稳定的组织学习机制是动态能力形成的来源之一。

2.3.4.2 动态能力的作用结果

通过对动态能力相关实证研究的文献分析,本研究认为可以将动态能力作用结果的相关研究概括总结为以下几个方面:动态能力对组织绩效(Zott, 2003;Wu, 2006;曹红军和赵剑波,2008;焦豪,2008;Drnevich & Kriauciunas, 2011;刘井建,2011)[245,281,306-309]或竞争优势(Wu, 2010;马鸿佳和董保宝等,2014;江积海和刘敏,2014)[310-312]的影响;动态能力对企业多元化(Døving & Gooderham, 2008)[48]或产品多元化(赵凤和王铁男等,2016)[313]的影响;动态能力对创新行为(黄俊和李传昭等,2007;Liao, Kickul & Ma, 2009;林萍,2012;简兆权和王晨等,2015;曾萍和李明璇等,2016)[280,297,314-316]的影响;动态能力对创新绩效(谭云清和马永生等,2013;马文甲和高良谋,2016)[317,318]或创业绩效(蒋勤峰和田晓明,2008;杜建华和田晓明等,2009)[319,320]的影响。

动态能力有助于增强企业的柔性和灵活性,有助于企业形成多种资源组合和战略选择方式,以识别和响应机会,开发新产品、新服务或者新流程(Makadok, 2001)[321],创造和维持自身的竞争优势(Eisenhardt & Martin, 2000;Teece, 2007)[55,76]。尤其在动荡环境中,动态能力越强对企业绩效的正向影响越明显(Desarbo, 2005)[322]。Drnevich & Kriauciunas(2011)以智利的企业为样本进行实证研究,发现动态能力会促进企业绩效的提升,而常规能力对企业绩效的促进作用不明显;环境动态性会增强动态能力对企业绩效的促进作用,会减弱普通能力对企业绩效的促进作用[261]。Kuuluvainen(2011)通过实证研究证明了动态能力对中小企业国际化成长的促进作用[267]。Lin (2014)通过对中国台湾地区在《天下》杂志中排名前1000的企业首席执行官和高层管理者进行问卷调查和实证研究,发现具有价值性、稀缺性、难以模仿和难以替代特征的资源会经由动态能力的中介作用间接增强企业绩效,同时还验证了先前研究中动态能力会增强企业绩效的结论[287]。

我国学者根据国外学者的相关研究，也验证了动态能力对组织绩效或者竞争优势的影响作用。曹红军和赵剑波（2008）以中国企业为样本对动态能力如何影响企业绩效的问题进行了分析和探讨，数据分析结果表明动态能力经由战略过程正向影响企业绩效；动态能力的不同维度对企业绩效的不同方面影响程度不同，动态外部协调能力对企业绩效各个方面影响的显著程度在所有维度中最为突出，是企业在超竞争环境中保持竞争优势的关键[309]。陆愚和焦豪等（2008）选取美国电报电话公司和韩国三星公司样本进行案例研究，发现跨国公司的动态能力会影响公司对新兴市场的认知，又决定公司的产品定位战略、市场战略、进入战略和价格战略，最终决定跨国公司在新兴市场中的绩效[232]。邓少军和焦豪等（2011）从动态能力理论的视角分析企业战略转型的过程传导机制，认为转型背景下的动态能力由环境洞察能力、学习吸收能力、变革更新能力及整合重构能力构成，随后通过纵向案例研究证明企业在动态变化的环境下实施战略转型并取得成功的前提是具有与环境变化相匹配的动态能力，动态能力通过影响战略转型的关键要素，从而在很大程度上决定战略转型成效[324]；王增涛和张宇婷等（2015）通过对陕西、浙江、江苏等地 108 家国际化中小企业数据进行分析，发现动态能力中的搜索吸收能力、网络协同能力、整合转化能力和创新变革能力在企业家横向关系对企业国际化绩效影响中起完全中介作用；动态能力中的搜索吸收能力、整合转化能力和创新变革能力在企业家纵向关系对企业国际化绩效影响中起部分中介作用[35]。黄海艳和武蓓（2016）运用多元回归方法对我国长三角地区 229 份有效问卷进行实证分析，研究结果表明动态能力在交互记忆系统的专长性和创新财务绩效的关系中起了部分中介作用，在专长性和创新成长绩效关系中起了完全中介作用，在交互记忆系统的协调性与创新绩效的关系中起了完全中介作用[325]。

综上所述，在动态能力的影响因素方面，学者们主要从战略导向、资源基础、资源整合和组织学习这四大方面探索了其对动态能力的影响；在动态能力的作用结果方面，学者们主要探索了动态能力对组织绩效或竞争优势、企业多元化或产品多元化、创新行为、创新绩效和创业绩效的影响。而将动态能力作为中间路径，探索网络嵌入对新创企业绩效的影响机制还存在研究空白。

2.3.5 研究小结

近年来，动态能力逐渐成为创业研究的焦点之一，一些学者也对动态能力与新创企业绩效的关系进行了有益的探索和研究。Rindova & Kotha（2001）通过研究证实了动态能力对创业绩效的积极作用[54]。田晓明和蒋勤峰等

(2008)通过对270家孵化企业的样本数据进行实证分析,发现吸收整合能力和创新能力与创业绩效的财务绩效、成长绩效和创新绩效三个维度非常相关,通过提高在孵企业的吸收整合能力和创新能力有助于提高其创业绩效[326]。刘井建(2011)通过实证研究证明动态能力有助于提升新创企业的成长绩效[308]。蒋丽和蒋勤峰等(2013)对比研究新创企业和成熟企业的动态能力与创业绩效的关系,发现吸收整合能力和创新能力都能够有效地促进新创企业的创业绩效;而只有创新能力能够有效促进成熟企业的创业绩效[327]。

虽然,已有研究文献在动态能力的概念内涵和维度划分方面进行了大量有益的探索,在动态能力的影响因素和作用结果方面取得了一定的研究进展;但学者们对动态能力的内涵界定和维度划分等方面的看法还存在分歧,影响了动态能力相关实证研究的开展。在动态能力的影响因素方面,现有研究主要探讨了战略导向、资源基础、资源整合、组织学习等因素对动态能力的影响;在动态能力的作用结果方面,现有研究主要验证了动态能力对组织绩效或竞争优势的影响。由此可见,关于动态能力的理论研究和实证研究还并不充分和完善,未来可以考虑继续拓展对动态能力概念内涵和维度划分的研究,深化对动态能力影响因素和作用结果的探索,扩大动态能力的研究情境。

综上,本研究认为,动态能力是企业可持续竞争优势获取和维持的关键来源,在新创企业成长过程中扮演着至关重要的作用,有助于新创企业应对和适应快速变化和高度复杂的环境。然而,现有研究文献在动态能力的概念内涵和维度划分、动态能力的影响因素以及动态能力对新创企业绩效的影响效应以及具体作用机制方面仍未进行深入和系统的探讨,这便为本研究的开展提供了一定的思路和空间。

2.4 环境不确定性研究综述

2.4.1 环境不确定性的概念界定

长期以来,环境一直被认为是组织理论和战略管理领域的一个重要的基本要素(Child, 1972)[328],被视为影响企业获利能力的关键因素(Porter, 2008)[329]。在创业领域的研究中,外部环境也一直是被重点讨论的因素。学者们认为外部环境是创业活动开展的重要基础(Zahra, 1993)[18],对创业企业生存和发展的作用已经得到学术界和企业界的广泛认可(Zahra, 1996)[85]。在经济全球化的今天,企业无时无刻不受到环境变化的影响。企业所处的环境可分为外部环境和内部环境,外部环境由组织外部的各种因素构成,包括政治、社会、技术和经济等环境和顾客、供应商和竞争者等相关实体;内部环境由组织内部的各种因素构成,包括治理结构、机构设置、组织文化、组织资源和组织能力等因素(Duncan,1972;李大元和项保华等,2009)[24,330]。本研究主要关注企业所处的外部环境。战略管理研究领域的学者认为,外部环境是企业生存的客观条件(Miller & Friesen,1982)[51],企业与外部环境之间有着相当密切的互动,企业的活动和行为不仅要与外部环境相适应,而且还要与外部环境要素进行交易(Aldrich & Pfeffer,1976)[331]。外部环境最主要的特征就是不确定性(Barnard,1938;Duncan,1972;王益谊和席酉民等,2005)[330,332],企业需要密切关注和分析外部环境变化所传递的信号才能生存和发展(Covin & Slevin,1989)[52]。Barnard(1938)是较早研究企业与外部环境关系的学者之一,他认为,外部环境的本质特征就是不确定性,并且这种不确定性为企业战略带来了不确定性,在给企业发展带来威胁的同时也为企业创造成长的契机。Miller(1988)通过研究发现环境不确定性与企业战略性产品创新之间存在正相关关系[333]。Schilling & Steensma(2001)通过实证研究发现,随着外部环境中不确定性程度的增加,异质性因素也会随着增加,导致企业对柔性需求的增加,而柔性正是对不确定性特征的一种竞争性反馈[334]。

本研究通过文献梳理发现,目前学术界主要从内容视角和特征视角两类视角展开对外部环境的研究(Richard,Murthi & Ismail,2007)[335]。内容视角主要关注外部环境的行为主体和构成内容,如研究具体的经济、政治、技术和社会环境等。环境的行为主体和构成内容存在较大的个体差异性,有助于企业了解起面临的外部环境的具体情况,更适合用于指导企业实践;特征视角主要关注外部环境的特征,即环境的确定性程度,如环境的动荡性、复杂性、竞争性和动态性等。环境的特征具有一定程度的一致性和共同性,有助于研究的继承和比较,更适合用于拓展学术研究(唐国华,2010)[336]。本研究对环境不确定性(Environmental Uncertainty)的研究便是基于特征视角展开的。基于特征视角对环境不确定性本质的阐释主要有三类观点。第一类是客观解构观点。持客观解构观点的学者认为任何组织、企业和个人所面临的环境都是相同的,环境是有形的、稳定的和独立的(Child,1972;Aldrich & Pfeffer,1976;Smircich & Stubbart,1985)[328,331,337]。他们主要运用二手统计数据分析环境,如产业增长率、经济增长率、产业集中度等,适用的分析工具通常包括波特五力竞争模型、SWOT分析模型、BCG波士顿矩阵等。第二类是主观建构观点。持主观建构观点的学者认为环境的不确定性是可以被感知的

(Lawrence & Lorsch, 1967; Duncan, 1972; Miller & Friesen, 1983)[330,338,339]，而且这种感知因主体不同而存在差异，一则因为每个感知主体拥有的资源和能力存在差异，二则因为每个感知主体承受环境变化的程度不同。Duncan（1972）认为，不确定性是环境最主要的特征，包含三层含义：一是管理者在做决策时无法充分获取有关外部环境的相关信息，二是管理者无法衡量决策失误造成的经济损失，三是管理者无法衡量环境因素影响决策成功或失败的概率[330]。Milliken（1987）认为环境不确定性是指企业的管理者无法对企业外部环境变化发展的趋势进行预测，用影响的不确定性描述管理者无法预测外部客观状态对企业的作用，用反应的不确定性描述管理者无法评估决策行为对企业的作用[340]。MacCormack, Verganti & Iansiti（2001）提出，环境不确定性意味着组织无法预测市场和技术的发展变化趋势[341]。第三类是整合分析观点。持整合分析观点的学者认为客观解构和主观建构各有利弊，客观解构观点主要聚焦产业领域的研究，产业环境构成要素简单，二手统计数据的可信度高，能消除管理者的感知偏差；而主观建构观点主要聚焦企业层面的研究，各感知主体所感知的不确定性难以定量评估且存在感知偏差，因此，应整合客观解构和主观建构两类观点综合分析环境不确定性（Boyd, Dess & Rasheed, 1993；项保华和李绪红，2005）[342,343]。

综上，本研究认为，环境不确定性是对企业面临的外部环境中顾客偏好、产品技术、市场需求及竞争模式的变化幅度和不可预见性的描述（Miller & Friesen, 1983; Drnevich & Kriauciunas, 2011）[237,339]。企业在环境不确定性情况下做决策是一种博弈行为，因为环境构成复杂，影响因素众多，管理者和决策者无法获取所有信息进行精准评估，故也无法对决策结果及其发生概率进行预测。本研究以新创企业为研究对象，在强调企业主观感知的同时兼顾不同企业的差异行为，通过企业创始人或中高管对市场、技术和竞争对手的评价来测量环境的不确定性，实际上是从外部环境的特征分析视角出发，结合客观解构观点和主观建构观点的整合分析研究。

2.4.2 环境不确定性的维度划分

关于环境不确定性的维度划分，学术界至今还未形成较为一致的看法和观点。学者们根据其研究目的和研究内容的不同，从特征视角出发对环境不确定性的构成维度进行了不同的划分。在研究早期，学者们通常将环境不确定性视为单一构念，从单方面描述和刻画环境不确定性特征。March & Simon（1958）用资源的丰裕性来描述环境不确定性的特征[344]；Miles（1978）和

Milliken（1987）认为环境不确定性最主要的特征就是不确定性[340,345]。随着环境不确定性相关理论和实证研究的发展，学者们逐渐从多个方面来描述和刻画环境不确定性特征。Duncan（1972）[330]是最早研究环境不确定性构成维度的学者之一。Duncan（1972）认为外部环境包括供应商、顾客、竞争者等实体组织和政治、技术和社会等环境因素；将环境不确定性划分为复杂性（Complexity）和动态性（Dynamics）两个维度，环境复杂性特征描述的是组织决策制定者在决策过程中需要考虑的环境因素的数量，环境动态性特征描述的是环境因素随时间推移产生变化的程度；研究结果表明，环境不确定性的两大特征会对组织的首席执行官和高层管理者等决策制定者产生影响，环境动态性对组织决策制定的影响要高于环境复杂性[330]。Child（1972）在研究组织结构、外部环境与组织绩效三者关系时，将环境不确定性划分为变化性（Variability）、复杂性（Complexity）和稀缺性（Illiberaty），环境变化性描述的是环境变化的程度，是环境不确定性最主要的特征；环境复杂性描述的是环境的异质性和变化范围；环境稀缺性描述的是环境的竞争、敌对和威胁程度[358]。Aldrich & Pfeffer（1976）经过理论研究，认为环境不确定性包括环境容量、环境稳定性、环境动荡性、环境异质性和环境集中性[361]。Dess & Beard（1984）对来自52个行业的数据进行实证分析，将 Aldrich & Pfeffer（1976）[331]对环境不确定性划分的维度减少至丰裕性（Munificence）、复杂性（Complexity）和动态性（Dynamics）三个维度，丰裕性指环境支持企业持续成长的程度，复杂性指环境的异质性和变化范围，动态性指环境变化的速度和不可预测性[346]。Miller & Friesen（1982，1983）在研究环境不确定性与企业战略制定和创新等关系时，将其划分为动态性（Dynamics）、竞争性（Competitiveness）和异质性（Heterogeneity）三个维度，动态性指市场、顾客和技术等方面的不可预测性，竞争性指企业所处行业的竞争活力和强度，异质性指市场中的多样性[51,339]。Tan & Litschert（1993）、Tan & Tan（2005）在分析环境不确定性与战略选择及企业绩效协同演化关系时，将环境不确定性划分为动态性（Dynamics）、复杂性（Complexity）和敌对性（Hostility），动态性指环境变化的速度和幅度，复杂性指环境组成要素的差异化，敌对性指外部环境对企业发展的限制程度[347,348]。Robert，Shepherd & Sharfman（2011）将环境不确定性划分为环境动态性和环境竞争性，认为环境动态性和环境竞争性对企业战略决策制定的影响作用是不同的[349]。

国内学者关于环境不确定性维度的划分基本上是对国外学者研究成果的沿用和拓展。马鸿佳（2008）在以新创企业为对象的研究中，用动态性、宽松性和复杂性描述创业环境的不确定性,分析其对新创企业资源整合能力和资源整合过程的影响[350]。陈勇(2012)在关系学习和动态能力对企业技术创新的影响研究中,将环境不确定性界定为环境动态性和环境竞争性两个维度,分别考察环境动态性和环境竞争性对关系学习与动态能力关系的调节作用[23]。冯军政(2012,2013)基于环境动态性和环境敌对性两个特征将环境不确定性划分为技术动态性、市场动态性、竞争敌对性、政策敌对性四个维度[68,69]。唐国华和孟丁(2015)认为企业环境应包括内部环境和外部环境,并将环境不确定性分为动态性、敌对性、外部环境非均衡、内部环境非均衡和内外环境之间的非均衡五个维度[351]。李文亮和赵息(2016)将环境不确定性划分为技术不确定性和市场不确定性,并研究其在外部学习(技术学习和管理学习)与企业突破性创新关系间的调节作用[352]。龙思颖(2016)将环境不确定性划分为市场动态性、技术动态性和竞争动态性,其中市场动态性和技术动态性是对环境动态性的描述,而竞争动态性是对环境竞争性的描述[353]。李浩和胡海青(2016)在孵化网络治理机制对网络绩效的影响的研究中将环境不确定性划分为技术动态性和竞争动态性[354]。表2.7是本研究对国内外学者对环境不确定性维度划分的总结。

表2.7 国内外学者对环境不确定的维度划分

作者(年份)	维度划分
Duncan(1972)	环境复杂性、环境动态性
Child(1972)	环境变化性、环境复杂性、环境稀缺性
Aldrich(1976)	环境宽容性、环境复杂性、环境动态性
Miller & Friesen(1982,1983)	环境动态性、环境竞争性、环境异质性
Dess & Beard(1984)	环境丰裕性、环境复杂性、环境动态性
Miller(1987)	环境动态性、环境异质性、环境敌对性
Sharfman & Dean(1991)	环境复杂性、环境不稳定性、资源可获得性
Litschert & Tan(1993) Tan & Tan(2005)	环境动态性、环境复杂性、环境敌对性
Buchko(1994)	环境复杂性、环境稳定性、环境敌对性、环境多样性
Zahra(1996)	环境动态性、环境异质性、环境敌对性
Lumpkin & Dess(2001)	环境动态性、环境竞争性

2 文献综述

续表2.7

作者（年份）	维度划分
Jansen et al.（2005，2006）	环境动态性、环境竞争性
Wilden & Gudergan（2013，2015）	市场动态性、竞争动态性、技术动态性
Schilke（2014）	环境波动性、环境不可预见性
马鸿佳（2008）	环境动态性、环境宽松性、环境复杂性
汪丽和茅宁等（2012） 吴松强和苏思骐等（2017）	环境动态性、环境复杂性
陈勇（2012） 冯军政（2013） 彭伟和符正平（2015） 唐国华和孟丁（2015）	环境动态性、环境竞争性
Kohli & Jaworski（1993） 刘光宗（2014）	市场动荡、技术动荡、竞争强度
江积海和刘敏（2014） 李文亮和赵息（2016）	技术不确定性、市场不确定性
陈熹和范雅楠等（2015）	市场动态性、竞争动态性
龙思颖（2016）	市场动态性、竞争动态性、技术动态性
李浩和胡海青（2016）	竞争动态性、技术动态性

资料来源：作者根据相关文献资料整理形成

本研究通过文献梳理发现，环境宽容性、环境动态性、环境竞争性、环境异质性、环境复杂性都是被学术界广泛认可并用于实证研究的环境不确定性的构成维度。但是，随着学术界对组织外部环境概念和测度研究的深入，本研究通过分析学者们关于环境不确定性维度划分及维度概念界定后，发现存在以下两大问题：一是某些维度命名不同但内涵相近，如在很多学者的研究中，环境敌对性和环境竞争性的内涵界定实际上是近似的，但命名却不相同（下文统一用环境竞争性替代环境敌对性）；二是环境不确定性某些维度存在概念界定不清晰和内涵交错与重复的情况，实证研究中并不适宜作为独立变量进行分析，如环境复杂性和环境异质性。为规避上述问题可能对实证研究结果造成影响，学者们更多是从环境动态性和环境竞争性两个维度来测度环境不确定性。Jansen, Bosch & Volberda（2006）从环境动态性和环境竞争性两个方面考察环境不确定性[355]，其中，环境动态性是对环境变化速度和不稳定程度的阐释（Jaworski & Kohli, 1993）[356]，是对环境的变化性和不可预测性的描述

(Miller & Friesen，1983；Dess & Beard，1984)[339,346]，包括产品技术更新、顾客偏好和市场需求变化；环境竞争性是对外部环境竞争程度的描述，主要表现为企业面对威胁的程度、竞争的强度（Miller & Friesen，1983)[339]，包括竞争者的数量和竞争波及的范围等（Jansen，Bosch & Volberda，2006)[355]。Lumpkin & Dess（2001）基于前期研究和理论基础，在创业导向对企业绩效影响的研究中将环境不确定性划分为环境动态性和环境竞争性[71]。其中，环境动态性反映的是企业环境中不可预知变化的速度（Duncan，1972；Child，1972；Tosi，1973)[328,330,357]，会降低管理者预测未来事件的能力以及管理者对组织的影响（Khandwalla，1977)[358]；环境竞争性反映的是环境中资源的稀缺性和竞争的强度，是与环境宽容性相背的概念（Covin & Slevin，1989；Zahra & Covin，1995)[52,113]。

综上，环境动态性和环境竞争性是被学者广泛认可并用于实证研究的两个相对独立且更为重要的测量环境不确定性的关键研究构念。本研究结合前人研究，并综合考虑到本研究的研究内容和研究目的，也将从环境动态性（Environmental Dynamics，ED）和环境竞争性（Environmental Competitiveness，EC）两个维度来衡量环境不确定性。如前所述，环境动态性是指企业外部环境的变化速度和不可预测性，随着外部环境的动态变化，企业现有的产品和技术会被市场淘汰，从而需要开发新的产品和技术（Jansen，2005)[359]。环境竞争性是指企业外部环境中资源稀缺的程度和竞争的强度，随着外部环境中竞争的加剧，价格战会出现，降低企业的利润率并导致组织涣散（Zahra，1996)[19]。表2.8是本研究对环境动态性和环境竞争性相关研究的总结。

表2.8 环境动态性和环境竞争性的相关研究

维度	概念界定	作者（年份）
环境动态性	企业外部环境的变化速度和不可预测性	Dill（1958）；Volberda & Van（1997）；Jansen，Bosch & Volberda（2006）；张茜岚（2007）；Bensaou & Venkatraman（1995）；Dess & Beard（1984）；Miller & Friesen（1983）
环境竞争性	企业外部环境中资源稀缺的程度和竞争的强度	Jansen, Bosch & Volberda（2006）；Lebinthal & March，1993；Lewin et al.（1999）；Birkinshaw et al.（1998）；Jaworski & Kohli（1993）

资料来源：作者根据相关文献资料整理形成

2.4.3 环境不确定性的实证研究

纵观已有研究文献，可以将环境不确定性的相关实证研究基本划分为两类。一类是将环境不确定性作为自变量，研究其对组织绩效、组织创新和组织战略等因变量的影响作用。冯军政（2012，2013）在其研究中将环境不确定性划分为环境动态性（技术动态性、市场动态性）和环境敌对性（竞争敌对性、政策敌对性），并研究其对企业不连续创新和组织绩效的影响[68,69]。唐国华和孟丁（2015）研究了环境动态性和环境竞争性对企业开放式技术创新战略的影响[351]。翟淑萍和张建宇等（2015）基于高端装备制造行业的经验分析，结果发现环境不确定性显著促进企业创新投资强度增强和企业商业模式转变。李召敏和赵曙明（2016）基于"环境—行为—绩效"研究范式，经过问卷调查和实证检验，结果表明环境不确定性通过任务导向型战略领导行为的中介作用影响组织绩效，环境不确定性和任务导向型战略领导行为之间关系受制度支持的正向调节[360]。赵红和杨震宁（2017）将环境不确定性划分为技术不确定性和市场不确定性，并通过实证研究证明其对企业技术创新能力的提升具有促进作用[361]。潘临和朱云逸等（2017）以我国2007—2014年上市公司的数据为样本进行分析，发现在其他条件相同的情况下，环境不确定性越高的公司，会计信息可比性越低；高质量的内部控制可以抑制管理层的机会主义行为，从而能够缓解环境不确定性对会计信息可比性的负面影响[362]。

另一类是将环境不确定性作为权变因素或外生变量，研究其调节作用。Lumpkin & Dess（2001）研究了环境动态性和环境竞争性在创业导向（先动性和竞争性）和企业绩效关系间的调节作用[71]。陈熹和范雅楠等（2015）基于Duncan（1972）[330]的研究将环境不确定性划分市场动态性和竞争动态性，并验证了其在创业网络与创业企业成长关系之间的调节作用[363]。俞仁智和何洁芳等（2015）通过研究证明环境不确定性会削弱薪酬激励对创新绩效的刺激效应，但能激发高管团队的支持对创新绩效的促进作用[364]。龙思颖（2016）将环境不确定性划分为市场动态性、技术动态性和竞争动态性，并研究其在动态能力与企业绩效之间的调节作用[353]。吴松强和苏思骐等（2017）在其研究中将环境不确定性划分为环境动态性和环境复杂性，利用南京软件谷210家软件企业的调查数据，通过实证分析证明了环境动态性负向调节集群网络关系强度与产品创新绩效的关系，环境复杂性负向调节集群网络关系质量与产品创新绩效的关系[57]。李浩和胡海青（2015）通过对243家企业调研数据的分析，结果显示技术动态性和竞争动态性在孵化网络治理机制与网络绩效的关系间具有截然相反的调节作用[354]。胡海青和王兆群等（2017）研究证明了环境动态性正向调节效果推理的实验、可承担损失与新创企业融资绩效的正向关系，负向调节先前承诺与新创企业融资绩效的正向关系[365]。李德强和彭灿等（2017）在其研究中证明了竞争动态性在动态能力与双元创新协同性、动态能力与双元创新平衡性关系间起正向调节作用[366]。

综上所述，学者们主要将环境不确定性作为自变量，研究其对组织绩效、组织创新和组织战略等因变量的影响作用；或者将环境不确定性作为权变因素或外生变量，研究其调节作用。在关于环境不确定性与动态能力二者关系的研究中，迄今为止只有少数学者认为环境不确定性是动态能力的影响因素，大多数学者认为环境不确定性在动态能力与企业绩效的关系间起调节作用。因此，本研究也将环境不确定性作为调节变量，探索其在动态能力与新创企业绩效关系间的作用。

2.4.4 研究小结

本研究通过文献梳理认为，从研究视角上看，绝大多数研究都是从特征视角出发，但是无论是从特征视角的客观解构观点还是从主观建构观点很难对环境不确定性特征进行严格划分或者全面涵盖，因此未来研究可以尝试将客观解构和主观建构两种分析观点结合来对环境不确定性进行研究；从维度划分上看，目前研究对环境不确定性的维度划分和测量尚未形成共识，因此如何划分和测量环境不确定性还需要进行界定；从研究内容上看，环境不确定性在动态能力与新创企业绩效中的作用机制还需要进行探索。

具体来讲，本研究将环境不确定性因素纳入研究框架的原因在于，有学者认为环境不确定性与动态能力有着密切的关系（陈勇，2012；刘光宗，2014；宝贡敏和龙思颖，2015)[21-23]，而且随着动态能力相关研究的开展，已经有不少学者在其关于动态能力的研究中引入了环境不确定性这一因素。Teece，Pisano & Shuen（1997）认为动态能力在不确定性环境下的作用会更加凸显，动态能力有助于企业对环境变化的应对和适应[16]。Eisenhardt & Martin（2000）认为只有当环境不确定性处于某一程度范围内时动态能力才会发挥作用[254]。Drnevich & Kriauciunas（2011）认为在快速变化的环境下，企业对动态能力的使用强度越大越能促进组织绩效的提高，而在变化不大的环境下，动态能力对组织绩效的促进作用并不显著[261]。Fang & Zou（2009）以跨国公司为样本进行实证分析，结果表明相对于变化不大的环境而言，快速变化的环境下营销动态能力对组织绩效和竞争优势的正向促进作用更强。Ambrosini &

Bowman(2009)则认为企业使用动态能力是有成本的,而且并不一定促进公司绩效的提升,中间可能会受到某些环境因素的影响[367]。

在关于环境不确定性与动态能力二者关系的研究中,迄今为止只有少数学者认为环境不确定性是动态能力的影响因素,大多数学者认为环境不确定性在动态能力与企业绩效的关系间起调节作用。学者们关于环境不确定性在动态能力与企业绩效关系间的调节作用主要有三种观点。第一种观点认为环境不确定性在动态能力与企业绩效关系间起正向调节作用,动态能力在不确定性环境下更能发挥价值和功能(Rindova & Kotha, 2001; Zollo & Winter, 2002)[50,54]。当环境较为稳定时,动态能力对企业绩效的促进作用并不显著,相反还可能因为构建和开发动态能力需要花费高额成本而对企业绩效产生负向影响(Winter, 2003; Teece, 2012)[247,368]。第二种观点认为环境不确定性在动态能力与企业绩效关系间起倒 U 型调节作用。Eisenhardt & Martin(2000)和 Schilke(2014)认为,只有当环境不确定性程度处于中等水平时,动态能力对企业绩效的促进作用才会最强,当环境不确定性程度过高,动态能力对企业绩效的促进作用是不稳定和不可测量的[55,56]。第三种观点认为环境不确定性在动态能力与企业绩效关系间起负向调节作用(康健,2015;吴松强和苏思骐等,2017)[57,58]。总之,环境不确定性在动态能力与企业绩效关系间的调节作用已经引起了学者们的广泛关注,但目前关于环境不确定性调节作用的研究结论还存在分歧,因此需要在未来研究中进一步探索。

基于上述分析,为进一步厘清动态能力与新创企业绩效的关系,本研究将基于特征视角中的整合分析观点,从环境不确定性的两个维度——环境动态性和环境竞争性出发,考察其在动态能力与新创企业绩效关系之间的调节作用。

2.5 本章小结

本章对新创企业概念界定、新创企业绩效、网络嵌入、动态能力和环境不确定性四个关键变量的相关研究进行了系统的梳理和回顾。首先,重点关注新创企业的界定,新创企业绩效的界定和测量,并且对新创企业绩效的相关实证研究进行了综述。其次,对网络嵌入的已有研究进行综述界定了网络嵌入的概念内涵和维度划分,梳理了网络嵌入的发展脉络和主要理论,并对网络嵌入的相关实证研究进行了总结。通过对网络嵌入已有研究的综述,确定以结构嵌入和关系嵌入表征网络嵌入,明确了结构嵌入和关系嵌入的概念内涵和测量指标,发现关于"网络嵌入与新创企业绩效"这一问题的研究能够完善目前主流研究中的不足，同时也进一步明确了本研究的研究问题。紧接着，对研究中涉及的中介变量——动态能力的已有研究进行综述，界定了动态能力的概念内涵、梳理了动态能力的发展脉络，明确了动态能力的维度划分，并对动态能力的影响因素和作用结果进行了总结。动态能力是本研究的关键变量，通过对其相关研究的综述可为揭开网络嵌入影响新创企业绩效的中间机理提供理论基石。最后，对研究中涉及的调节变量——环境不确定性的已有研究进行综述，界定了环境不确定性的概念内涵、明确了环境不确定性的维度划分，并对环境不确定性的相关实证研究进行了梳理，为本研究继续探索动态能力对新创企业绩效的影响作用奠定理论基础。

通过文献综述，本研究确定以"网络嵌入——动态能力——新创企业绩效"为逻辑框架，重点探讨网络嵌入对新创企业绩效的作用机制以及环境不确定性在动态能力与新创企业绩效关系间的调节作用。

3 理论模型与研究假设

通过第 2 章的文献梳理和理论回顾，本研究提出了关于网络嵌入对新创企业绩效作用机制的研究逻辑，初步得出网络嵌入影响新创企业绩效的两条路径：(1) 网络嵌入直接影响新创企业绩效；(2) 网络嵌入通过动态能力的中介作用间接影响新创企业绩效。接下来，本章将立足于这一研究逻辑，结合已有相关研究进行更深层次的理论推演，分别提出网络嵌入影响新创企业绩效、网络嵌入影响动态能力、动态能力影响新创企业绩效、动态能力中介作用、环境不确定性调节作用的细化假设，构建本研究的理论模型。

3.1 网络嵌入与新创企业绩效

网络嵌入理论认为，任何组织或者个体都不能离开外部环境而独立存在，而是与外部环境存在一定的社会关系（Granovetter，1985）[64]，这种社会关系对新创企业的成长和发展尤其重要。新创企业具有创立初弱性（Liability of Newness）和规模小弱性（Liability of Smallness）特点，导致其面临的资源约束无处不在，需要其在成长和发展过程中不断与其他网络成员进行社会互动，从网络联结中获得各种资源和利益（Porter，1998；Doner，2000）[369,370]，从而不断提高适应环境变化的动态能力和企业绩效。良好的网络嵌入能够促进知识和技术能力在网络成员间转移，提高网络成员间项目合作的过程效率和协作效率（Peng & Luo，2000）[27]，促进企业通过关系网络取得知识共享、技术转移和资源交换的机会（Lu，Zhou & Bruton，2009）[28]，进而促进其获得新技术，开发新产品，扩张新市场（Park & Luo，2001）[371]。而且，丰富的外部合作关系会带来较多的关系资源，缓解新创企业发展中的资源匮乏瓶颈，在降低创业风险的同时，缓解外部环境造成的干扰（Arregle et al.，2015）[372]。大量研究已经表明企业的网络嵌入对企业绩效存在影响。

在学术界关于网络嵌入分析框架划分的观点中，有的强调应根据网络成员间的认知程度对网络组织智力资本产生和积累的重要影响,将其分为认知嵌入、结构嵌入和关系嵌入(Nahapiet & Ghoshal,1998;Simsek,Lubatkin & Floyd,2003;Lin & Fang et al.,2009)[163,373,374],或将网络嵌入划分为认知嵌入、结构嵌入、文化嵌入和制度嵌入(Zukin & Dimaggio,1990)[151]。还有学者将其划分为结构嵌入和关系嵌入(Granovetter,1985;Moran,2005;Fortner,2006)[64,170,375],这种划分类型也得到了国内大多数学者的广泛认同(张方华,2010;任胜钢和吴娟等,2011;谭云清和马永生等,2013;周中胜和罗正英等,2015)[73,318,376,377]。因此,本研究将采用网络嵌入的二维分析框架,从结构嵌入和关系嵌入两方面对新创企业绩效的影响出发展开理论分析(如图3.1)。

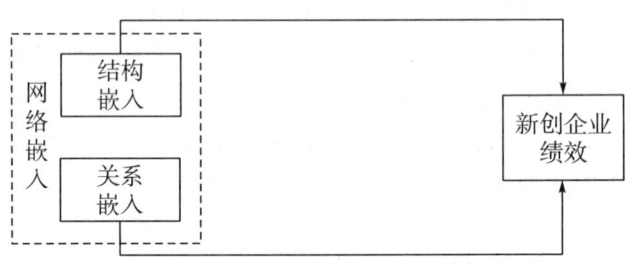

图 3.1 网络嵌入对新创企业绩效的影响路径

3.1.1 结构嵌入与新创企业绩效

网络的结构嵌入在网络成员间起着信息传递渠道的作用,网络的密度、规模和中心度等结构特征决定了企业获取资源的数量和速度(Gulati,1995)[378],从而也就决定了企业经济绩效和水平(McEvily & Marcu,2005)[379]。结构嵌入会促进网络成员间的互动,模糊成员间的边界,使网络成员之间的合作成为可能,从而提高协作效率(Tsai & Ghoshal,1998)[174]。

从一定意义上讲,新创企业拥有的社会网络的网络规模大,意味着其拥有丰裕的关系资源,可以从中获得大量有价值的信息和知识等资源(Rowley,Behrens & Krackhardt,2000)[383],有助于实现创新规模效应(Baum,Calabrese & Silverman,2000;窦红宾和王正斌,2010)[188,380],进而成为提升企业绩效的关键因素(Astley & Sachdeva,1984;Batjargal,2003;黄艳和陶秋燕等,2017)[235,381,382]。网络规模的增大不仅意味着资源获取存量的增长,而且网络中关系的多样性也有助于企业获取异质性的资源(Uzzi,1997)[154]。新创企业通过这种网络所形成的广泛社会关系能获取金融资本、关键技术以及管理经验（朱秀梅和费宇鹏，2010）[204]。除此以外，新创企业还能通过与高校等科研机构、顾客、供应商、政府机构及其他合作伙伴的广泛接触来获得其没有或者不易获得的外部知识，尤其是具有高度嵌入性的隐性知识，为创新活动的开展及企业成长提供源动力（朱晓红和陈寒松等，2014）[383]。张妍和魏江（2015）以218家中国医药制造企业为研究样本，实证结果表明企业研发伙伴的组织多样性和地理多样性均会积极影响其创新绩效[384]。张一博和何建民（2017）以350家酒店为研究对象开展实证研究，结果表明酒店的联盟网络规模对酒店绩效有显著正向影响，网络规模越大，酒店绩效越高[385]。李纲和陈静静等（2017）通过研究证明，企业应根据外部网络规模，充分利用网络能力从合作网络中获取新的关键资源，推动自身的服务创新并提高创新绩效[386]。胡海青和王兆群等（2017）以陕西省新创企业为样本，实证结果表明创业网络的网络规模对新创企业融资绩效具有显著的正向影响[365]。

网络密度是对网络内部成员发生相互联系密集程度的衡量，是影响企业行为及效果的重要特征，更是一种重要的战略资源（谢洪明和赵丽等，2011）[32]。网络密度代表着网络中社会资本存量的大小，密度越高说明网络中的社会资本存量越大，越有助于网络成员间信任关系的建立和协作关系的维系（Coleman，1998）[167]。新创企业拥有结构紧密的社会网络，不仅能促进隐性知识等无形资源被网络成员快速共享（Granovetter，1985；Takahashi，2000）[64,387]，增加网络成员间的相互作用力的影响途径，而且还能有效防范机会主义行为，以促进企业获得其发展所需的关键资源，克服企业的成长劣势和弱性，增强资源获取的能力和效率，进而促进企业市场绩效的提升（Ahuja，2000）[388]。Zhao & Aram（1995）以技术密集型新创企业为样本的实证研究证明了成长快速的企业比成长慢速的企业拥有更加紧密的社会关系网络[389]。Ahuja（2000）以化学行业企业为样本的实证研究证明松散网络对企业有负面影响[388]。Gnyawali & Madhavan（2001）提出，网络密度代表企业构建的战略网络中成员之间相互联结的程度，对企业行为及其效果具有重要影响[191]。我国学者谢洪明和赵丽等（2011）以广东省高新技术企业或民营科技企业为样本的实证研究表明网络密度对企业技术创新绩效具有显著的正向影响[32]。

网络中心度反映了企业在网络中所处的位置及其信息的流动性，会决定企业获得新知识和信息等资源的机会（Gnyawali & Madhavan，2001）[191]，而这些资源对企业成长具有关键作用（McEvily & Zaheer，1999）[199]。已有研究表明，网络中心度对新创企业的成长（Baum, Locke & Smith，2001）[390]、创新（Ahuja & Gautam，2000）[388]、市场占有率（Shipilov，2006）[391]和投资回报率（Rowley，Behrens & Krackhardt，2000）[183]都有影响。根据结构洞理论，在结构洞中占据中心位置的企业能早于网络中其他成员获得更多更新的非重复信息而获得新的重要发展（Gnyawali & Madhavan，2001；DeNooy, Mrvar & Batagelj，2011）[191,392]。网络中心度高，意味着网络核心主体拥有较高的权力（Burkhardt & Brass，1990）[393]，具有保持信息和控制信息两大优势，在网络资源配置中往往能发挥主导性作用，控制其他网络节点之间的资源流动，利用其主导地位引导网络成员开展创新和创业活动，对提高企业绩效具有关键作用（Burt，1992；McEvily & Zaheer，1999）[166,199]。罗吉和党兴华等（2016）通过研究证明了风险投资机构位于网络中心位置对其投资绩效有显著的促进作用[394]。张公一和郗玉娟等（2017）利用吉林省196家企业的调研数据进行实证研究，证明了网络中心度高的企业，能获取更加丰富的战略资源，有利于资源优化配置，提高企业的创新绩效[395]。

由此可见，单个企业无法仅靠自身拥有的资源和能力就能获得创业成功。因此，通过外部网络的结构嵌入是新创企业实施创业行动的一条重要途径。新创企业与社会网络中建立联系的网络成员越多，越有可能从外部获取创业所需的各种资源，而且持续增加的网络成员所带来的异质性创业资源也会增多，这些都将促进新创企业的成长和发展。此外，网络中心度高的企业处于网络资源交换的中心节点，将有更多机会接触到丰富的各类网络资源，有利于形成更多的创意，同时越能获得与网络伙伴进行合作的机会，这将大大提高企业的创业成功率。

基于以上分析，本研究提出假设如下：

H1：结构嵌入对新创企业绩效有正向影响。

3.1.2 关系嵌入与新创企业绩效

网络的关系嵌入是指网络成员对彼此需求和目标的重视程度，以及网络成员彼此信任、尊重和信息共享的程度，关系的强度、持久度和信任度等网络特征会决定企业资源获取的质量，进而影响企业竞争优势的获得（Dyer & Singh，1998）[396]。这种嵌入会增强网络成员间的情感指数，提高成员彼此共享和交换信息的意愿。

有研究显示，关系强度比社会网络嵌入的其他特征对企业生存和成长有着更加重要的作用（Watson，2007）[397]。新创企业嵌入社会网络的关系强度强，意味着其与网络中其他成员之间的交流互动频率高，相应可获得的信息、知识和技术等可用于创业支持的资源就多,尤其有助于获取具有高度嵌入性的隐性知识,这对于提高其创业绩效有着重要作用(朱晓红和陈寒松等,2014)[483]。国内外大多数学者的研究结论证明了网络成员间的紧密协作关系能够促进信任与合作,有利于高质量的信息和知识等资源的转移、获取以及基于共同解决问题合作的产生(Coleman,1990;Walker,Kogut & Shan,2000)[398,399],进而促进企业绩效的提升(Krackhardt,1995;Uzzi,1997;Capaldo,2007;Kreiser,2011)[154,182,200,400]。Salman(2005)在对高校附属企业的研究中指出,来自不同环境的合作伙伴,若其联系紧密则会为高校附属企业的发展提供更多样化的观点,同时也能使企业接触到更广泛的资源,提高企业的动态性,优化企业的结构,从内部构建企业的竞争优势[401]。刘学元和丁雯婧等(2016)以中国 278 家制造企业为样本展开实证研究,结果表明创新网络关系强度对企业的创新绩效存在显著的正向影响[402]。张涵和康飞等(2017)通过研究证明了科技创业孵化联盟成员的关系强度对联盟绩效存在影响关系[403]。胡海青和王兆群等(2017)以陕西省新创企业为样本进行实证分析,结果表明创业网络的关系强度对新创企业融资绩效具有显著的正向影响[365]。

  战略管理相关理论认为,企业的关系资产已经成为一种极为重要的不可复制的战略能力和资源(Gulati,Nohria & Zaheer,2000)[188]。新创企业与网络成员之间良好稳定的伙伴关系有助于其发现潜在的合作对象,实现富有成效的交流和沟通(Park & Kim et al.,2010;Cheung,Myers & Mentzer,2010;Velez & Sanchez et al.,2015)[404−406],建立共同解决问题的平台(Chen,Hung & Tseng,2010)[407],获得真实可靠的市场和技术信息(Dyer & Singh,1998;宋喜凤和杜荣等,2013)[396,408],提高知识和资源交换的效率(Chang,Cheng & Wu,2012)[409],从而促进新创企业绩效的提高。新创企业与其他网络成员之间联系的持续时间越长,意味着彼此间的关系越稳定,关系的稳定性能够降低企业合作伙伴的机会行为,确保企业获取可靠的资源,从而为创业活动的顺利进行提供保障。有研究表明,网络成员之间关系的稳定性可以显著促进企业的创新绩效(Powell,1996;张方华,2010)[73,184]。沙颖和陈圻等(2015)以 492 家中国制造企业为研究样本进行实证检验,结果表明关系持久与稳定对制造企业的物流外包绩效有显著直接正向影响[410]。马鸿佳和马楠等(2017)通过研究证明,高科技产业企业拥有的良好稳定的外部关系将通过探索式创新和利用式创新的中介作用促进企业绩效的提高[411]。徐建中和李奉书等(2017)证明了企业与外部组织稳定持久的关系正向影响低碳技术创新[412]。

此外，持久和稳定的关系有助于增强企业间的信任，而信任是衡量网络关系质量的重要维度之一。Morgan & Hunt（1999）认为网络成员之间彼此信任、忠诚和遵守承诺有助于促进持久和稳定关系的建立，对促进企业可持续竞争优势的获得和维持意义重大[413]。信任特别是情感型信任能够加强资源流动，提高合作效率，克服新创企业"新"和"小"带来的成长劣势（朱秀梅和费宇鹏，2010）[204]。Tsai & Ghoshal（1998）通过研究社会网络中成员间的交互作用、信任程度和互惠程度等因素，认为网络成员之间的高度信任会促进企业深度挖掘网络中的互补性资源（Powell，1996）[184]，促进网络成员之间资源的交换和共享（McEvily & Marcus，2005）[379]，推动企业的产品和技术创新，从而有助于企业的成长[174]。Bøllingtoft（2012）通过研究提出，新创企业与外部网络中较多的网络成员形成稳定且丰富的关系能够增加其对外部环境信息的获取能力[414]。在我国转型经济背景下，市场竞争的不完全性和资源分配的不均衡性，会进一步加剧新创企业对社会网络关系的依赖（Peng & Heath，1996）[415]。新创企业可以充分发挥网络组织的规模经济和范围经济两大优势（Gulati，Nohria & Zaheer，2000）[208]，提升企业的动态创业能力，提高企业创业成功的可能性。

由此可见，关系嵌入反映了网络成员之间的信息共享、沟通质量、长期导向和信任程度等（Chen，Hung & Tseng，2010；宋喜凤和杜荣等，2013）[407,408]，是网络成员之间形成的具有信任与承诺、和谐与持久关系的一种无形资源和利益（徐建中和李奉书等，2017）[412]。新创企业通过网络的关系嵌入，有助于与其他网络成员持续互动与信任关系的建立，低成本地构建并维持一种资源充裕的网络（Burt，1992）[416]，并可从中获取更多互补性的知识、技能和信息等资源，提升技术合作及创新效率，进而有效克服新成长劣势和弱性（Tsai & Ghoshal，1998）[174]，促进企业的成长与发展。

基于以上分析，本研究提出假设如下：

H2：关系嵌入对新创企业绩效有正向影响。

3.2 网络嵌入与动态能力

战略管理领域的主流研究学者认为，网络嵌入与动态能力有着紧密的关系（章威，2009）[417]，社会网络特征对动态能力的影响已经引起学者们的关注（杜健和姜雁斌等，2011）[418]。动态能力强调对机会和威胁的感知，对企业内外部知识、信息和技能等资源的整合，必要时对企业现有的资源和能力重新构建和配置以应对和适应商业环境变化的需要（Teece & Pisano，2007；Teece & Leih，2016）[76,419]。这一观点将外部环境动态性引入企业内在能力体系中，以回答外部知识、信息和技能等资源如何通过动态能力为企业创造和维持可持续竞争优势的问题（Wang & Ahmed，2007）[242]。换句话讲，充足的资源基础是动态能力形成和开发的前提条件（Wu，2006，2007；Teece，2007；Liao，Kickul & Ma，2009）[76,265,280,281]，动态能力可以将企业资源持续转化为竞争优势。

如前所述，网络嵌入能为新创企业动态能力的形成和发展提供必要的知识、信息和技术等资源基础和常规能力（Teece，Pisano & Shuen，1997）[16]。具体来讲，企业动态能力的形成和开发离不开其所嵌入的社会网络提供的资源支持，面临资源短缺困境的企业需要杠杆化的资源获取来开发创业机会和获取竞争优势（周键和王庆金，2017）[420]，动态能力本质上是一种独特的资源集合（Eisenhardt & Martin，2000）[55]。网络嵌入是企业获取信息和知识等资源的重要渠道，网络关系的多样性本身就是动态能力的重要表现，有助于企业在网络中占据和保持中心位置，收集和筛选来自不同渠道的多样化的信息和资源（Døving & Gooderham，2008）[48]。有学者基于知识管理视角的研究表明，多重网络嵌入会扩展集群企业间的知识资源获取渠道，但是如何有效利用知识，实现对知识的吸收、创造和整合，还要依赖企业动态能力作用的发挥（梁娟和陈国宏，2015；韩莹和陈国宏，2016）[17,421]。刘力钢和刘建基（2017）通过对科技型中小企业样本的实证分析，提出企业社会资本的结构嵌入和关系嵌入能够直接促进知识共享和市场动态能力的提高[422]。Wu（2007）通过对台湾高新技术新创企业的实证研究，发现企业之间的合作网络能够增强新创企业的动态能力[265]。基于此，本研究认为网络嵌入能够促进新创企业动态能力的构建和开发。网络嵌入对动态能力的影响路径如图3.2所示。

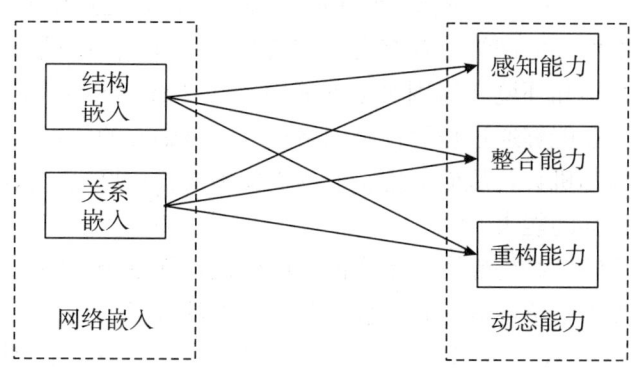

图3.2 网络嵌入对动态能力的影响路径

3.2.1 结构嵌入与动态能力

如前所述,学者们通常用网络密度、网络规模和网络中心度等指标对社会网络的结构嵌入特征进行描述和阐释。关于结构嵌入与动态能力三个维度——感知能力、整合能力和重构能力的关系,学者们已经进行了一些有益探索。

新创企业通过社会网络的结构嵌入对其感知能力的构建和开发有一定的影响。机会和威胁感知与识别的核心是对需求变化的感知与识别(Tang, Kacmar & Busenitz, 2010)[423]。Hite & Hesterly (2001) 在其研究中提出,企业通过扩大其网络关系范围以获取丰富的信息和知识等资源,能够为其进一步甄别创业机会提供保障和支持[202]。有限理性假设认为,个体成员处理和储存信息的能力是有限的,高密度的社会网络能为个体成员提供其所不具备的有价值的知识和信息等资源获取渠道,帮助其扩大理性边界,获得新的创业想法和机会(Ding, 2003;Tracey, Clerk & Alliances, 2003;谢洪明和蓝海林, 2004;谢洪明和刘少川, 2007)[424−427]。有研究认为,使用广泛的社会网络来发掘创业资源的创业者所发现的机会,显著多于那些仅仅从工作环境中识别资源的创业者(Hills, Lumpkin & Singh, 1997)[428]。随着新创企业在网络中结构嵌入程度的加深,企业与外部网络伙伴之间的联系会更加丰富(Inkpen & Tsang, 2005)[175],有助于其在更广的范围内进行搜索活动,利用不同合作伙伴的优势(Kim, Hwang & Burgers, 1993)[429],低成本地获得原材料和研发投入(Kotabe, Srini & Preet, 2002)[430],接触广泛的供应商和顾客,与当地科研院所、竞争者和中介机构等建立契约或联盟关系(陈逢文和张玉利等, 2015)[232],快速获取市场、信息、资金和情感等外界支持(Witt, 2004;Stuart, Hoang & Hybels, 1999)[431,432],拓宽资源获取渠道(Brüderl & Preisendörfer, 1998)[433]。杨隽萍和于晓宇等 (2017) 通过研究发现,新创企业在社会网络中所处的网络位置有利于其获取更多的、高质量与风险相关的信息,进而提高其感知环境和识别机会的能力[240]。Cromie & Birley (1992) 认为,如果新创企业能够通过拓展社会网络获取网络中心的位置,那么就有可能发现更多的资源和机会,从而促进企业的创新和成长;反之,狭隘的网络关系会限制其发现机会的能力[434]。

社会网络反映了结构性资源整合能力的价值,新创企业将网络中个人和机构的资源转化为关系资本的过程会促进整合能力的形成,从而促进网络竞争优势的形成(Lin & Fang et al., 2009)[374]。已有研究表明,企业嵌入的社会网络的网络规模大、网络密度强、网络中心度高,能够促进其对所需各类资源的整合和利用。Wu（2007）通过对台湾高科技新创企业的研究，提出企业拥有资源的丰富程度对动态整合能力的构建会有影响[265]。结构性网络嵌入越紧密，网络成员获取信息和知识等资源的机会越多，会大大降低监督和惩罚成本，便于资源的转移、组合与交换（易朝辉，2012）[114]。通过结构嵌入，新创企业能够从不同渠道和来源获取信息和知识，这些信息和知识是新创企业新想法的"发动机"（Liao，Kickul & Ma，2009）[280]。结构嵌入以开放性交流和互动的方式拓宽了企业资源获取渠道，有效减少了信息的重复性，增强了企业获取和整合知识、信息和技术等资源的能力（谢洪明和张颖等，2014）[178]。有研究发现，资源匮乏的新创企业可以通过与关联企业经常合作的方式促进企业的成长和壮大，如通过与关联企业进行战略联盟以获得互补资源（Bantham，Celuch & Kasouf，2003；Johnson & Sohi，2003；Danilovic & Winroth，2005）[435-437]。Gulati（1999）也强调了通过与关联企业合作以获取互补资源的重要性[49]。高密度的网络能够非常有效地防范机会主义行为产生，促进知识等资源的传播和共享，提高新创企业对知识和信息等资源的利用效率（Bell & Zaheer，2007）[438]。Baker & Sinkula（2009）通过对美国一家玩具商店进行案例研究发现，新创企业的创业者通过挖掘自己能接触到的所有社会关系，尽可能低成本地利用本地资源，如通过借助亲朋好友的关系网络租到低价格的店铺、聘请员工和拓展客户等[439]。韩莹和陈国宏（2016）基于知识基础观的实证研究证明了集群企业的网络结构嵌入对知识整合能力的形成具有正向影响[421]。杨隽萍和于晓宇等（2017）通过研究发现，新创企业在网络中所处的良好网络位置会促使其获取更多的、高质量与风险相关的信息，进而提高其资源整合利用的能力[240]。张公一和郗玉娟等（2017）通过实证研究证明企业社会网络的结构嵌入可促进资源整合，企业可以有选择地从外部网络中获取资源，实现新旧资源、内外资源的结构性整合，形成独特的异质性资源优势，为实现突破性创新提供资源保障，进而提高企业的竞争力[395]。企业网络规模越大，越容易与更多拥有各种技术、资金和知识资源的网络成员联系，即企业拥有的资源节点越多，能够获取和调用的现有资源范围越广。需要特别强调的是，新创企业主要依靠创业者的个人能力实现新企业的创建和成长，创业者自身知识和能力结构单一势必会影响对资源的消化和利用，因此，相比资源匮乏的新创企业，善于构建自身社会关系网络的企业掌握的资源数量更多、范围更广、种类更丰富（Duymedjian & Rüling，2010）[440]，为企业配置和整合资源应对市场变化提供了有力保障。

资源基础理论（RBV）认为，资源是能力形成的基础。因此，网络嵌入是企业获取外部知识、技术和信息等资源进而实现内部变革和重构的基础。企业的资源集合和现有惯例关系到企业能否及时应对环境变化，企业拥有的人力、信息、知识和技术等资源越丰富，企业对外部环境发出的信号就越敏感，越能感知到机会和威胁而对组织内部的结构进行调整（林萍，2012）[314]。随着市场开放程度的提高，企业越来越多地利用社会网络以获取关键资源来支撑企业经营活动的开展，企业嵌入的关系网络不仅关系到机会识别、资源整合，对组织重构和变革也有重要影响。企业外部网络结构的密度越大，企业越能接近各种信息，便能根据企业的需要和市场的变化对外部环境做出反应（Burt，1992）[166]，提高环境的应变能力；企业外部网络结构的中心度越高，企业越能快速地与其他企业加强联系，增强内部的柔性和反应能力（Freeman，1980；Freeman & Barley，1990）[441,442]；此外，网络的结构嵌入还能降低创新的不确定性（Larson，1991）[443]，加快企业对无形资源的获取，强化企业的组织柔性。Lavie（2006）提出企业可以通过能力重构来应对技术变革带来的影响[289]。然而，并不是所有企业都能够做到及时对组织的资源、流程和结构等进行重构和变革以应对环境的变化。网络关系越丰富的企业获得的信息才会越充分，也才能够迅速应对外界环境的变化，并迅速做出组织和战略方向的调整，从而提高其适应环境变化的重构能力。由此可见，组织重构能力作为突破核心刚性束缚，克服惯例路径依赖，应对市场动态变化的关键动态能力，是不确定环境下企业创造和维持竞争优势的重要手段（秦剑和杨永峰，2015）[444]。另外，随着网络嵌入程度的加深，企业与网络中诸如顾客、供应商、竞争对手以及其他企业和组织的相互影响程度会加强，这就要求企业必须具备重构能力以应对网络伙伴的变化带来的影响。例如，社会网络的嵌入会促进企业的产品创新和工艺创新（谢洪明和张颖等，2014）[178]，而创新的实现需要组织克服已有的结构惯性，实现各种知识和技术要素之间的匹配（Teece，2007）[76]，即需要对企业的组织结构、流程和人员等进行转变和重构。Lavie（2007）认为提高组织重构能力需要加强企业与网络伙伴的交流和互动[46]。董保宝（2010）通过研究证明了网络结构嵌入有助于增强企业的组织变革能力和组织柔性[445]。李靖华和黄继生（2017）通过多案例研究提出，企业通过对组织内部结构和流程的及时调整，促进其有效利用自身的网络关系，从而促进企业创新活动的开展[31]。韩炜和杨婉毓（2015）认为在我国情境下，新创企业创业网络治理机制的实施有助于新创企业降低合作伙伴的搜寻成本，提高资源能力配置效率和资源能力重置柔性，更好地完成复杂性高的协同任务，构建有别于成熟企业的价值网络[446]。

基于以上分析，本研究提出假设如下：

H3：结构嵌入对感知能力有正向影响。

H4：结构嵌入对整合能力有正向影响。

H5：结构嵌入对重构能力有正向影响。

3.2.2 关系嵌入与动态能力

如前所述，学者们通常用关系强度、关系持久度和关系信任度等指标对社会网络的关系嵌入特征进行描述和阐释。关于关系嵌入与动态能力三个维度——感知能力、整合能力和重构能力的关系，学者们已经进行了一些有益探索。

首先新创企业社会网络的关系嵌入对其感知能力的形成和开发十分重要。众所周知，市场需求、产品技术和竞争行为的动态变化会为企业创造新的机会，但并不是所有企业都能够识别并把握住这些机会。企业的资源集合和现有惯例对其感知环境很重要，人力、信息、知识和技术等资源越丰富，企业对外部环境发出的信号就越敏感，越能感知到机会和威胁（林萍，2012）[314]。因此，提高感知能力需要企业加强与外部市场的联系和互动（Sarasvathy & Dew et al.，2010；赵兴庐和刘衡等，2017）[447,448]，如与科研机构进行研发合作以挖掘各种技术可能性，不断探索顾客的潜在需求以明确产业和市场结构的变化以及及时捕获供应商和竞争者的反应等（Teece，2007；O'reilly Ⅲ & Tushman，2008）[76,248]。Granovetter（1973）认为网络成员间的交往时间越长、情感指数越高、信任程度越大、互惠程度越高，其关系越紧密，网络主体越容易通过网络中其他成员对市场的反应来感知机会和风险，获取信息和资源[169]。随着新创企业在网络中关系嵌入程度的加深，其与顾客、供应商、竞争对手等利益相关者会建立良好的互动关系，这是获取信息等网络资源的良好开端，而网络资源是企业识别价值性信息、捕捉新商业机会和持续获得竞争力的关键要素。换句话说，新创企业因与网络伙伴维持长期且紧密的关系而促进相互间了解的加深和长期合作惯例的建立，有助于提高企业对知识和信息等资源的敏感度，促进企业对有效资源的快速鉴别并将其转化为自己所用（Camisón & Forés，2011）[449]。杨隽萍和于晓宇等（2017）通过研究发现，新创企业拥有的网络关系的强度越强，越有利于其获取大量高质量与风险相关的信息，进而提高其感知环境和识别机会的能力[240]。

其次，网络的关系嵌入对整合能力存在影响。如前所述，整合即对资源和技能的系统协调和配置。整合是一个创造性的过程，经验的分享、信息的交流会促进企业整合能力的提升。特别是对新创企业而言，其优化社会网络关系的主要目的就是打破资源瓶颈，获取更多的关键信息、最新的技术和市场开发知识，获得天使基金的风险投资等。已有研究表明，企业嵌入的社会网络的关系强度强、关系信任度和关系持久度高，能够促进其对所需各类资源的整合和利用。随着企业关系嵌入程度的加深，网络中嵌入的丰富资源会通过网络成员间相互信任、持续和稳定的交往关系而转移。一方面，由此形成的多样化的网络关系能够为新创企业提供接触和吸收异质性资源的机会，从而实现无法通过完全竞争市场所购买的价值性资源，进而与自身的存量资源进行整合和利用。另一方面，高质量的网络关系促进网络成员之间广泛的交流与合作、信息的共享及经验的相互借鉴，促进新创企业更有效地开展资源整合活动（Tsai & Agndal，1998）[174]。有研究表明，社会网络是企业开展战略联盟活动、获取互补资源、进行资源配置和利用的非常重要的渠道和方式（王庆喜和宝贡敏，2007；汪蕾和蔡云等，2011；吴绍玉和王栋等，2016）[239,450,451]，只有通过与网络成员的多重互动，对组织内部先验性知识和能力的"深度挖掘"和对外部组织的价值性资源的汲取和融合，才能实现组织内外部资源的充分整合，这种对资源的有效整合可以减少信息不确定性造成的风险并完善信息的传递机制，促进不同创新资源的高效结合。而且，企业在网络中居于优势地位会增加其接触资源的多样性，有助于提高沟通和合作效率，为资源整合创造条件（杜健和姜雁斌等，2011）[418]。姜骞和唐震（2016）通过研究提出组织间网络的多样性和依赖性对企业资源整合具有显著影响[333]。何郁冰和张迎春（2017）认为，关系嵌入影响企业或学研机构获取、整合及利用网络内新知识的程度和成效，产学研之间的关系嵌入程度越高，网络主体就越容易找到交流的有效方式，加速对知识的跨组织整合，尤其是较难转移和共享的隐性知识[452]。新创企业能否走向成功，很大程度上取决于对资源的整合。在开放的网络环境中，企业的创业活动在很大程度上依赖于社会网络中其他成员（机构或朋友）提供的技术创新和知识资源的支持。可见，现有和潜在的关系网络都是新创企业创新性整合资源的重要渠道。

最后，网络的关系嵌入对重构能力存在影响。如前所述，重构即对资源和技能的重新构建和配置。环境变化日益加速，使组织重构能力对企业生存与发展的重要价值和作用日益凸显（Teece & Pisano，1994；Teece, Pisano & Shuen，1997；冯军政，2012；吴航，2014）[16,65,68,453]。Teece（2007）认为，当环境变化趋于稳定时，企业的组织惯例和路径依赖将有利于运营效率的提高，而在当前竞争激烈的动态环境下，企业获取和维持可持续竞争优势的重中

3 理论模型与研究假设

之重在于灵活重组和变革资源基础和组织结构以适应市场和技术的动态变化，即打破原有的组织惯例和路径依赖的束缚，促进产品和技术创新，为应对环境变化提供保障和支持[76]。Hernández，Sánchez-Pérez & Segovia-López (2011) 认为，企业与网络伙伴建立的强关系所形成的认知基础有助于提高其转化和应用新知识的能力[454]。Teece (2007) 认为关系嵌入有助于企业打破常规，构建新的经验和知识，形成新的资源组合和常规能力[76]。在新创企业跨组织合作创新的过程中，各种创新要素与资源的使用权与所有权分散于组织网络中，新创企业与顾客、供应商和竞争者等网络成员构建的彼此信任、紧密和稳定的多样性合作伙伴关系有助于加深彼此的交流与学习，提高企业对资源的敏感性和熟悉度，进而提高企业有效管理、整合和利用来自组织外部的多元化资源的能力（Collis, 1994；方世建和黄明辉, 2013）[246,455]；通过赋予组织资源新的属性、价值和用途，可提升企业创造全新资源和技术组合的灵活性（Eisenhardt & Martin, 2000）[254]，提高组织重构的柔性能力（Zhou & Wu, 2010）[39]。已有研究表明，关系嵌入是企业获取外部知识、技术和信息等资源进而实现内部变革和重构的基础。Newbert (2005) 认为，资源获取和重新配置能力是新创企业创立和发展过程中最为重要的能力[456]。董保宝和葛宝山等 (2011) 通过研究提出，网络成员之间联系越持久，关系越紧密，信任度越高，企业越能根据网络中其他成员对市场的反馈行为进行决策，迅速响应市场变化，增强企业对环境变化的重构能力[41]。在快速变化的全球化竞争背景下，顾客需求、产品技术和竞争者行动始终处于持续动态变化的状态，新创企业要想生存和发展，必须持续关注外部环境（林萍和谢弦, 2012）[457]，灵活重组和转化内外部资源实现对环境动态变化的及时反应和调整（Amit & Schoemaker, 1993）[288]。

基于以上分析，本研究提出假设如下：

H6：关系嵌入对感知能力有正向影响。

H7：关系嵌入对整合能力有正向影响。

H8：关系嵌入对重构能力有正向影响。

3.3 动态能力与新创企业绩效

新创企业如何在竞争中获取和维持可持续竞争优势以实现生存和发展是创业研究的一个核心和关键问题。资源基础理论（RBV）认为，企业获取和维持可持续竞争优势的关键是对有价值、稀缺的、不可替代和不可模仿资源的配置和利用（Wernerfelt，1984；Barney，1991）[10,458]。Wu（2007）认为创业资源对新创企业的生存和成长至关重要[265]。然而，在快速变化的环境中，仅仅简单地从资源基础理论（RBV）视角出发分析新创企业竞争优势的来源是远远不够的（Eisenhardt & Martin，2000）[254]。动态能力理论（DCV）认为，复杂的动态竞争环境要求企业必须具备能够迅速构建、整合和重构其内外部资源和技能的能力，以不断构建新的竞争优势（Teece，Pisano & Shuen，1997）[16]。动态能力不仅能强化企业对现存资源的配置和利用，还能促进企业对市场需求变化的快速适应（董保宝和葛宝山等，2011）[41]。新创企业不同于成熟企业，面临着许多新生者的不利条件（李志能，2002）[61]。已有研究表明，动态能力强的新创企业能够更好地应对迅速变化的环境，整合内外部的资源，更新资源基础和创新资源组合方式（Teece，Pisano & Shuen，1997；Wu，2007；Parida & Patel et al.，2016；李巍和周娜等，2017）[16,265,459,560]；相反地，缺乏动态能力的新创企业会因环境的快速变化而逐渐丧失资源禀赋最终被市场淘汰（Newbert，2005；Wu，2007）[265,456]。因此，动态能力对新创企业的生存和发展非常重要（Zahra，Sapienza & Davidsson，2006）[19]，是持续为其提供竞争优势的不竭动力和源泉。

目前，已有研究证明了动态能力对企业绩效和竞争优势提升的积极影响作用。随着创业浪潮的不断掀起，学术界也开始关注动态能力对新创企业可持续竞争优势打造和企业绩效提升的影响作用。动态能力对新创企业绩效的影响路径如图 3.3 所示。

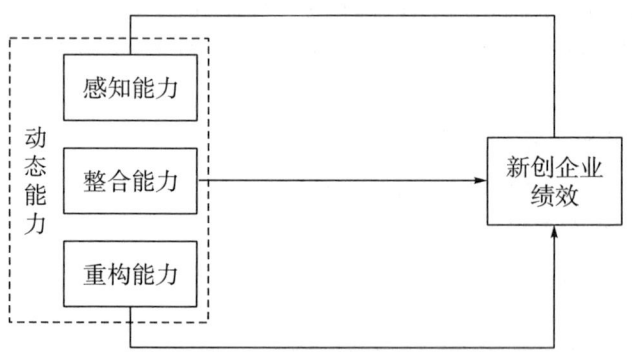

图 3.3　动态能力对新创企业绩效的影响路径

3.3.1　感知能力与新创企业绩效

感知能力是新创企业动态能力的一个重要维度（刘智勇和姜彦福，2009；

胡望斌和张玉利等，2009)[53,299]，是企业跨越技术边界和市场边界进行扫描、搜寻、学习和探索的行为和活动，强调的是对外部环境中优质资源和机会的识别（Teece，2007)[76]。对机会和资源的捕捉和获取是企业创新优势的来源，可行的、高质量的资源和机会能为新创企业提供产品/服务创新的时机（Shane & Venkatraman，2000)[461]。虽然环境中存在高质量的资源和机会，但企业最终选择并利用何种资源和机会还因其自身的感知能力不同存在差异。感知能力是外部导向的能力，体现了新创企业积极倾听外部环境变化的能力。感知能力高的企业能够从广泛的市场和技术环境中筛选和获取有价值的知识、信息和技术等资源，并在组织边界内进行传递和转化，促进技术创新和组织变革，从而获得成长和发展。由于新创企业的创立初弱性和规模小弱性，不具备大规模获取和开发资源的条件，因此准确识别能够为企业创造和维持可持续竞争优势的高价值性的机会和资源既是其必须要面对的挑战（Brush，2001)[462]，也是其必须具备的一种动态能力。对新创企业而言，每一种资源的识别和选择都会影响其生存和发展，如果获取不恰当的资源会造成创业机会的错配从而影响企业发展（Brush，2001)[462]。在创业实践中，机会识别是创业过程的一个重要组成部分（Shane & Venkatraman，2000；Casson，2005)[3,463]，是资源整合和机会开发等其他创业行为的先导（Shepherd & DeTienne，2005；Baron & Shane，2007；Ozgen & Baron，2007)[464-466]，是企业获取和维持可持续竞争优势的来源（Alvarez，Barney & Anderson，2013)[467]。具体来讲，市场经济带来的客户需求的多样化和差异化、技术和产品创新的不断升级换代，使得新创企业绩效提升的关键首先就在于对还没有被满足的或潜在的市场需求的感知和识别（Kyrgidou & Hughes，2010)[468]。敏锐的感知能力能够帮助新创企业通过搜索、扫描和学习从而识别到尽可能多的有效机会和资源以构建战略的多样性，从而促进其获取更多盈利和成长的可能性（Larrañeta，Zahra & Gonzáles，2012)[469]。而且，感知能力还能促进新创企业通过不断实验和发挥创造力以提出行业内还不存在的新商业模式或新产品/服务等并以此获得新竞争优势（Zahra，Abdelgawad & Tsang，2011；Teece，2012)[368,470]。

已有研究证明，创业机会感知是通过识别出好的商业创意，并将其转化为可行的商业概念，从而增加经济和社会价值，为创业企业带来回报的能力（Lumpkin & Lichtenstein，2005)[471]。尤其是在我国转型经济背景下，新兴市场的不断涌现为新创企业成长创造了大量机会（Luo & Hassan，2009)[472]，感知能力强的新创企业可在其中捕获有价值的创业机会和资源，维持其在市上的竞争力水平（Dixon，Meyer & Day，2010；Gedajlovic，Cao & Zhang，2012；Yamakawa & Khavulet al.，2013）[473-475]。Gruber（2008）认为，新创企业在创业活动实施之前获得的机会越多，备选机会就越多，创业绩效就越好[476]。Mitchell & Shepherd（2010）的研究表明，机会是一个动态的演化过程，企业最终选择的机会与原本觉察的机会之间的差距越大，企业的创业绩效越好[477]。Liao，Kickul & Ma（2009）认为，企业的机会识别能力越强，越能够快速并准确地识别丰富的创新机会，增强企业的创新意识和创新动力，提高企业的创新产出[280]。胡望斌和张玉利等（2009）通过对我国199家新创企业的调查数据开展实证研究，结果显示对环境变化的感知和优势机会的识别对新创企业的成长潜力和相对业绩的提高具有显著影响[299]。吴航和陈劲（2014）在新兴经济国家企业国际化模式研究中提出，机会识别能力能够通过促进企业出口和对外直接投资来促进其创新绩效的提高[453]。蔡莉和汤淑琴等（2014）等通过研究证明，新创企业对机会的有效识别和利用对其绩效提升有积极影响[108]。Helfat & Peteraf（2015）在研究中提出，如果企业能够成功感知并抓住新的机会，将会促进企业成长和利润增加[478]。Andersson & Evers（2015）在其研究中提出，新创国际化企业通过动态能力的构建和开发，能够促进其有效识别和鉴别国际化机会，从而促进其国际化的发展和成长[479]。郭润萍和蔡莉（2017）通过对来自279家中国高技术新创企业的数据进行分析，结果表明创业动态能力能够有效促进高新技术新创企业绩效的提升[480]。赵兴庐和刘衡等（2017）通过对336家创业企业的调查数据分析发现，企业识别的机会越多，对资源的拼凑活动越频繁，其公司创业的绩效越好[448]。由此可见，良好的机会感知能力可以促进企业不断地扫描和洞察环境，从上下游合作伙伴、顾客、竞争对手、科研机构和政府机构等外界各类组织中快速有效地识别机会和威胁（赵兴庐和张建琦等，2016）[581]，更好地进行决策从而对企业绩效产生积极正向影响。

基于以上分析，本研究提出假设如下：

H9：感知能力对新创企业绩效有正向影响。

3.3.2 整合能力与新创企业绩效

整合能力是企业的核心动态能力，是企业系统协调和配置内外部资源和能力以积极应对外部市场变化的能力（Teece，2007）[76]。整合的效率和效果是促进企业成长和发展的关键要素（Teece et al.，1997，2007）[16,76]，整合能力的有效发挥，使企业能有效识别现有资源的内在价值并更新现有资源基础，将

3 理论模型与研究假设

其转化为新的价值创造战略而改变组织和战略惯例(Teece & Pisano, 1994; Grant, 1996)[14,65],以适应新的环境并创造新的价值(Amit & Schoemaker, 1993; Newey & Zahra, 2009)[286,288]。有学者认为,整合能力能增强企业的战略柔性(Gilbert, 2005; Zhou & Wu, 2010)[39,482],加强企业与外部网络成员之间或者企业内部不同职能部门之间的沟通和协调,有效降低时间和资金成本,提高产品的质量和功能,形成各种提高经营管理效率的组织惯例和流程(Garvin, 1988; Clark & Fujimoto, 1991)[483,484]。除此之外,整合能力还有助于企业从组织内部和外部挑选有效的资源进行组合,构建新的资源组合方式,提升企业绩效(Lin & Wu, 2014)[287]。相反地,企业如果缺乏足够的整合能力,可能较难应对即使看上去特别细小的变化(Teece, Pisano & Shuen, 1997)[16]。新创企业本身拥有的资源非常有限,特别需要从其所处的外部社会网络关系中获取资源(Pfeffer & Salancik, 2003)[485]。例如,新创企业需要依靠上游供应商的渠道获取原材料,借助下游经销商的渠道销售产品,通过研究机构获取新的技术,这些合作企业或组织能够为新创企业提供发展必需的资源,甚至能够提供与其存量资源进行互补的资源。资源匮乏的新创企业可以通过与外界组织和机构经常合作来获取企业成长和壮大所需的资源,如通过与外界组织进行战略联盟以获得互补资源(Bantham, Celuch & Kasouf, 2003; Johnson & Sohi, 2003; Danilovic & Winroth, 2005)[435-437]。

有研究认为,为突破资源约束,转型经济情境下的新创企业很难依靠单一、不变的知识和能力取胜,而是需要有效整合来自多领域的知识和能力以实现资源配置和机会开发从而获取竞争优势(Zahra & Bogner, 2000; Patel & Fiet, 2011; 蔡莉和郭润萍, 2015)[486-488]。已有研究证明,整合能力对企业战略优势的形成具有重要价值(祝振铎和李新春, 2016)[489],对企业可持续竞争优势的获取和维持越来越重要(Teece & Pisano, 1994; Teece, Pisano & Shuen, 1997; 蔡莉和汤淑琴等, 2014)[16,65,108]。Teece, Pisano & Shuen(1997)和 Lin & Wu(2014)指出,整合外部知识和技术资源对企业特别重要,通过对专门知识和技术的整合,有助于企业进行产品创新,并从中获得巨大回报[16,287]。Deeds, Decarolis & Coombs(2000)认为,生物技术企业通过整合行业中相关的技术有助于促进企业绩效的提升[254]。King & Tucce(2002)通过研究发现,整合在先前市场获得的历史经验会提高其在新市场取得成功的概率[38]。张方华(2010)通过研究发现,企业可以通过整合组织内外部的创新资源提高创新绩效[73]。易朝辉(2010)基于高新企业样本开展实证研究,发现资源整合能力对创业绩效具有正向影响[490]。孙忠娟和谢伟

81

(2011) 提出，整合能力能够提高企业的并购绩效[491]。庞长伟和李垣等（2015）通过对中国 319 家企业样本数据的实证分析揭示，整合能力通过提高组织变革和价值创造效率促进商业模式创新，进而促进企业绩效的提高[492]。薛晓芳和霍宝锋等（2015）基于企业联盟视角进行实证研究，发现企业通过 IT 与人力资源和技术资源的整合，能够实现高层次的外部关系整合，从而促使企业居于优势竞争地位和取得良好企业绩效[493]。Senyard, Davidsson & Steffens（2015）从资源整合的开发速度、价值共创和创新三个方面阐释了整合能力与新创企业创新绩效之间的关系[494]。赵兴庐和张建琦等（2016）基于资源拼凑视角的实证研究证明了资源整合能力对新创企业绩效的正向影响[481]。郭润萍（2016）通过对我国长春市和北京市 550 家新创高技术企业的样本数据进行实证分析，结果发现这类新创企业的灵活性知识整合能力和效率性知识整合能力均能促进企业绩效的提升[480]。薛捷和张振刚（2016）认为在绿色产品开发过程中，企业发挥整合能力能有效获取外部知识和技术并实现与企业现有知识和技术的融合，能有效提升绿色产品的竞争力[495]。王浩宇（2017）通过对 215 家新创企业样本进行实证分析，结果发现新创企业通过资源整合能够有效促进企业创新[496]。张启尧和才凌惠等（2017）通过对具有绿色产品生产和营销经验的制造企业样本数据进行分析，证明了绿色资源整合能力能够有效提升企业绩效[497]。黄艳和陶秋燕等（2017）通过对 168 家新创企业调研数据进行实证分析，结果证明对现有资源的整合会促进新创企业的创新绩效提升[235]。

基于以上分析，本研究提出假设如下：

H10：整合能力对新创企业绩效有正向影响。

3.3.3 重构能力与新创企业绩效

重构能力是企业为适应快速变化的环境，重新构建或配置资源和能力的能力（Teece & Pisano, 1994；Teece, Pisano & Shuen, 1997；Lavie, 2006）[16,65,289]。重构能力聚焦于企业内外部资源的重构、组织流程的再造等。已有研究表明，促使企业持续成长的关键能力是当企业成长或市场和技术改变时对资源基础和组织结构进行重组和重新配置的能力。重构能力强调通过重组和重构已有资源基础、运营流程和组织结构等，克服组织原有的组织惯例和路径依赖，以适应环境的变化（Teece, 2007）[76]。组织重构内嵌于组织形式的演化和更新过程（Wang & Ahmed, 2007）[242]，在企业持续的、复杂的产品、服务、资源和能力变化过程中发挥着不可忽视的关键作用（Rindova &

Kotha，2001）[54]。组织重构使企业根据实际情况调整资源基础、组织结构和运营流程等，采用和实践新思维或者新模式，实现必要转化和更新（Amit & Schoemaker，1993；Langlois，1994）[288,498]。重构能力强的企业往往具有良好的资源柔性和协调柔性（Zhou & Wu，2010）[39]，有助于促进企业对网络合作关系中知识、信息等资源的整合和重组，促进产品、技术和商业模式创新，将潜在的机会转变为企业新的竞争优势（Hoopes & Postrcl，1999）[499]。新创企业必须适时并且及时地做出调整和变革以响应环境变化才能确保其长久生存和保持竞争优势（Brown & Eisenhardt，1997）[500]。

重构能力是提升企业短期竞争力和长期生存力的关键战略动态能力（Van de Ven & Poole，1995，2005）[501,502]。重构能力有助于企业重组或更新企业的资源基础，将其转化为新的价值创造战略以开发高效的流程，改变组织和战略惯例，获得和维持优于竞争对手的竞争优势（Teece & Pisano，1994；Grant，1996；Lin & Wu，2014）[14,65,287]。已有研究证明，企业根据技术和市场环境变化更新、重组和重构已有资源基础、运营流程和组织结构等对企业的生存和发展影响深远（Wang & Ahmed，2007；Alvarez & Merino，2013；Lin & Wu，2014）[259,287,467]。Teece，Pisano & Shuen（1997）指出，企业对资源进行重新配置的能力对经营绩效具有积极影响[16]。Henderson & Clark（1990）通过对摄影设备行业的企业样本进行研究，发现成熟企业通常因组织僵化而缺乏更新和重构组织的能力而易被行业中微小的创新摧毁[503]。因此，企业需要根据环境变化相应地整合不同的资源，更新流程和惯例，否则将面临市场淘汰的困局。Newbert（2005）认为，资源获取和重新配置能力是新创企业形成和发展过程中最为重要的能力[456]。黄俊和李传昭等（2007）认为组织重构能力会通过自主创新能力的中介作用间接影响联盟绩效[504]。耿新和张体勤（2010）在研究中提出，温州康奈集团通过与上下游企业建立密切的合作关系，实施组织变革和创建强势品牌等战略行为成为鞋业制造行业的领头企业[505]。曾萍（2011）在其研究中提出，动态能力尤其是重组转型的能力在组织学习促进知识创新过程中居于核心位置[296]。张钢和胡辰光（2012）认为，重构能力有助于资源的重新配置、工作关系的调整以及对阻碍现有技术发展的知识或资源的扬弃来促进企业的创新行为[506]。唐孝文和刘敦虎等（2015）通过纵向案例研究证明了中国电信在转型战略实施阶段借助变革重构能力对业务与服务、网络与技术、组织与人力做了全面调整，推进了组织流程和组织惯例的变革，促使了战略转型得以充分部署和成功实施[507]。彭伟和符正平（2015）通过对182家中国高科技新创企业的问卷调查数据进行实证检验，结果表明高科技新创企业通过缔结多个战略联盟构建联盟网络，开发了新的市场机会，实现了进入国际市场的战略目标（Leiblein & Reuer，2004）[508]，促进了企业绩效的提升[509]。刘刚和李超等（2017）通过对256家新创技术企业的调查数据进行实证分析，结果表明动态能力强的企业一般都具有较强的适应能力、快速的反应能力和敏锐的洞察能力，能在外部环境变化时先于竞争对手决策和行动，改变和调整企业的资源组合方式以匹配动态变化的环境，获得高于竞争对手的绩效[510]。由此可见，在合理组织重构的基础上，企业能够系统地评估组织内外部的环境，识别并获得发展所需的各类机会、资源和能力，保持组织的创新活力和流程的灵活性，促进企业的成长和发展（于淼，2014）[209]。

基于以上分析，本研究提出假设如下：

H11：重构能力对新创企业绩效有正向影响。

3.4　动态能力的中介作用

研究者通常运用中介变量解释自变量与因变量关系背后的内部原理和机制。中介变量是自变量对因变量产生影响的中介路径，是自变量能够影响因变量的实质原因，即自变量通过中介变量对因变量产生影响（温忠麟、侯杰泰和张雷，2005）[511]。上文已经论述了网络嵌入（结构嵌入和关系嵌入）对新创企业绩效的正向影响，动态能力（感知能力、整合能力和重构能力）对新创企业绩效的正向影响，网络嵌入（结构嵌入和关系嵌入）对动态能力（感知能力、整合能力和重构能力）的正向影响，故根据温忠麟、侯杰泰和张雷（2005）[511]提出的中介变量分析思路，可推测动态能力（感知能力、整合能力和重构能力）可能在网络嵌入（结构嵌入和关系嵌入）与新创企业绩效关系间起到了中介作用，即网络嵌入（结构嵌入和关系嵌入）对新创企业绩效的正向影响可能是通过动态能力（感知能力、整合能力和重构能力）传递的。

在已有研究中，多数学者认为网络嵌入对新创企业绩效有积极影响，少数学者认为二者之间没有关系或者是负相关关系。随着网络嵌入与新创企业绩效关系研究的不断深入，学者们发现网络嵌入与新创企业绩效之间可能并不是直接的线性关系（杨俊和张玉利等，2009；蔡莉和单安标等，2010；Christiana & Jan，2013）[512-514]，而是存在一系列传导机制（林嵩，2009）[515]。网络嵌入与新创企业绩效之间的转化媒介这一"黑箱"问题仍未得到很好的阐释。于是，有学者基于动态能力视角对网络嵌入与新创企业绩效的关系进行研究，并发现动态能力这一因素在二者之间存在转化作用，即新创企业的网络嵌入有利

3 理论模型与研究假设

于动态能力的构建和开发,而动态能力有助于企业将其从网络中获取的知识、技术和信息等静态资源动态地转化为竞争优势,从而促进企业财务绩效和非财务绩效的提高(陈钦约,2010;陈勇,2012;孙中博,2014)[23,238,516]。动态能力理论认为,企业成功依赖于开发资源和整合创新的动态能力,其能将静态资源转化企业的可持续竞争优势(梁娟和陈国宏,2015)[17]。企业如果只是获取了资源,而未根据环境变化对资源进行有效开发、利用和创新,并不会创造可持续竞争优势;相反地,资源可能因环境变化而贬值和被淘汰,导致企业绩效的降低(Gurisatti,1997)[15]。新创企业可以充分发挥网络组织的规模经济和范围经济两大优势(Gulati, Nohria & Zaheer, 2000)[208],提升企业的动态创业能力,进而提高企业创业成功的可能性。基于此,本研究将分析动态能力(感知能力、整合能力、重构能力)在网络嵌入(结构嵌入和关系嵌入)与新创企业绩效关系间的中介作用。动态能力(感知能力、整合能力和重构能力)在网络嵌入(结构嵌入和关系嵌入)与新创企业绩效关系间的中介作用影响路径如图 3.4。

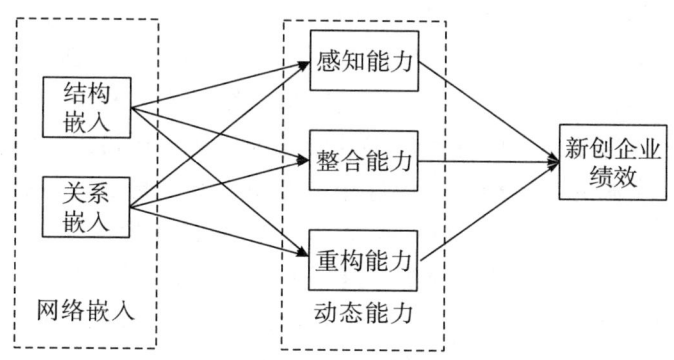

图 3.4 动态能力在网络嵌入与新创企业绩效关系间的中介作用的影响路径

接下来,本研究将通过对已有研究文献的梳理和回顾,对动态能力(感知能力、整合能力和重构能力)在网络嵌入(结构嵌入和关系嵌入)与新创企业绩效关系间的中介作用进行理论推导,为假设提出奠定理论基础。

首先,网络嵌入是新创企业成长的重要影响因素,是其拥有的一种有价值的、稀缺的、难以复制和难以模仿的资源,可以为企业创造独特的竞争优势(陈逢文和张玉利等,2015)[232]。企业丰富的网络资源有利于企业寻找和发现市场中的机会和威胁(Teece, Pisano & Shuen, 1997)[16]。企业通过与网络成员建立广泛的联结,有利于把握关键信息,包括市场需求的变化、技术的前沿趋势以及政府的最新政策倾向等,实现快速决策,占据竞争中的有利地位。

网络的结构嵌入特征会决定企业间知识、技术和信息等资源的交流与共享，促进新创企业从供应商、科研机构、客户、竞争对手和各类中介服务机构等外部利益相关者处获取产品和技术发展方面的信息和资源，增强企业对市场、技术和竞争者行为变化的感知能力，降低环境不确定性带来的风险。网络的关系嵌入特征会促使新创企业接触大量异质性的信息和资源（Eisenhardt & Martin，2000 Døving & Gooderham，2008）[48,55]，增强企业对外部环境的感知能力，推动企业准确快速地从广泛的外部环境中识别有效的资源和机会（Liao，Kickul & Ma，2009）[280]，促进企业绩效的提升。由此可知，感知水平高的企业能够从广泛的网络关系中识别和选取有价值的知识、信息和技术等资源，并在组织边界内传递和转化，促进技术创新和组织变革，从而获得成长和发展。

其次，社会网络体现为结构性资源整合能力的价值，通过整合能力可以将网络中个人和机构的资源转化为关系资本，进而形成网络竞争优势（Lin & Fang et al.，2009）[374]。向外部环境寻求资源，实现外部资源整合，是新创企业发展的先天瓶颈，也是其创业成功的关键活动（陈逢文和张玉利等，2015）[232]。有学者认为，网络的结构嵌入和关系嵌入是新创企业进行战略联盟、获取互补资源、进行资源配置的重要渠道和方式，对新创企业绩效有正向影响（汪蕾和蔡云等，2011）[450]。通过网络的结构嵌入和关系嵌入进行资源整合，不仅可以有效减少信息不确定性带来的风险，还可以完善信息传递机制，促进创业资源的高效结合，促进企业竞争优势的形成，提高企业绩效水平。Petruzzelli & Savino（2014）认为，企业从网络中搜寻资源，实现新旧资源、内外资源的整合能够带来创新并提高企业的竞争优势[517]。吴绍玉和王栋等（2016）通过对482个再创业调研样本的实证分析，证明创业社会网络对再创业绩效有积极影响，其中资源整合起着中介作用[239]。黄艳和陶秋燕等（2017）通过对164家新创企业的调查数据进行实证分析，结果表明丰富的社会网络可以激发新创企业的资源拼凑行为，而对现有资源整合的拼凑行为会增强其资源整合能力，从而促进新创企业创新绩效的提升[235]。由此可知，整合能力强的企业能够及时有效地对网络中的各类资源进行整合，增强资源分配柔性（Gilbert，2005；Zhou & Wu，2010）[39,482]，进而提升企业绩效。

最后，尽管网络关系嵌入和结构嵌入为企业获取关键性知识和技术等资源创造了条件，但企业要想有效利用这些关键性的知识和技术资源，需要调整组织结构、组织流程和资源基础，扬弃过时的知识和技术，打破组织惯例和核心刚性来创造适宜的环境，而实现这一切的前提是企业具备较强的重构能力（Wuyts，2005；Slotte-Kock & Coviello，2010）[518,519]。重构能力是网络资源和企业成长之间的中间变量,它能将新创企业从网络中获取的资源有效地转化为竞争优势。离开重构能力对资源的更新、转化和重组,网络资源对企业成长的促进作用会被弱化(Fahy,2006;刘烨和孙凡云等,2013)[520,521]。资源基础理论和现代演化理论认为,动态能力的构建过程是不断导入外部新要素并与现有能力基础实现互换的连续过程;动态能力的核心是以环境动态为参照与匹配目标,企业系统地产生并修改其运营惯例以寻求改善效果的才能(张军和张素平等,2012)[522]。因此,网络的结构嵌入和关系嵌入有助于新创企业开展及时有效的组织重构活动,即新创企业所嵌入外部网络的异动状况会强化其重构能力,而较强的重构能力有助于新创企业将不同领域的知识、信息和技术应用于企业的创新创业活动中,实现对复杂多变的市场需求的有效应对(Hoopes & Postrcl,1999)[499]。由此可见,重构能力是新创企业网络嵌入与绩效提升之间的桥梁,在探索网络嵌入与新创企业绩效的关系时,必须充分考虑重构能力在这其中的影响作用。

基于以上分析,本研究提出假设如下:

H12:感知能力在结构嵌入与新创企业绩效之间起到中介作用。
H13:整合能力在结构嵌入与新创企业绩效之间起到中介作用。
H14:重构能力在结构嵌入与新创企业绩效之间起到中介作用。
H15:感知能力在关系嵌入与新创企业绩效之间起到中介作用。
H16:整合能力在关系嵌入与新创企业绩效之间起到中介作用。
H17:重构能力在关系嵌入与新创企业绩效之间起到中介作用。

3.5 环境不确定性的调节作用

战略管理领域的研究学者认为,企业与环境之间存在着密切的互动关系,外部环境是企业生存的客观条件(Miller & Friesen,1982)[51]。企业要想在复杂多变的环境中实现生存和发展,需要时刻关注和理解环境变化所发出的信号(Covin & Slevin,1989)[52]。尤其对于面临资源匮乏瓶颈的新创企业而言,环境不确定性会使其在成长和发展过程中面临许多机会和挑战,对其生存和发展产生影响(Li & Zhao et al.,2008)[79],而外部环境中的信息和资源是其生存和发展的支持要素和基本保障。因此,新创企业在构建和开发自己的动态能力时,必须考虑外部环境的影响,环境不同会导致企业制定和实施不同的战略。

随着动态能力理论研究和实证研究的不断发展,学者们逐渐将环境不确定性因素引入到企业内部的能力体系中,以阐释资源基础理论提出的资源静态性所无法回答异质性资源如何提供企业可持续竞争优势的难题。本研究通过文献梳理,将从环境动态性和环境竞争性两个维度来衡量环境不确定性。环境动态性是对环境的变化速度和不稳定程度的描述(Miller & Friesen, 1983; Jaworski & Kohli, 1993)[339,356],反映了环境中客户偏好和产品技术等因素的不确定性;环境竞争性描述的是环境中资源的稀缺性和竞争的强度,反映了企业所处环境中竞争强度和威胁程度的不确定性(Miller & Friesen, 1983)[339]。有研究表明,企业在市场上的竞争地位会被环境动态性和环境竞争性影响甚至改变(Pawar & Eastman, 1997; Shamir & Howell, 1999)[523,524],环境动态性和环境竞争性程度越高,企业往往越需要通过强化自身的感知能力、整合能力和重构能力,应对环境中的不确定性,以抓住机会应对挑战,获得生存与发展,提高竞争优势和企业绩效。基于此,本研究根据理论梳理和文献回顾的结果,分别从环境不确定性的两个特征,即环境动态性和环境竞争性,分析其在动态能力(感知能力、整合能力、重构能力)与新创企业绩效关系间的调节效应。环境不确定性在动态能力与新创企业绩效关系间的调节作用的影响路径如图3.5所示。

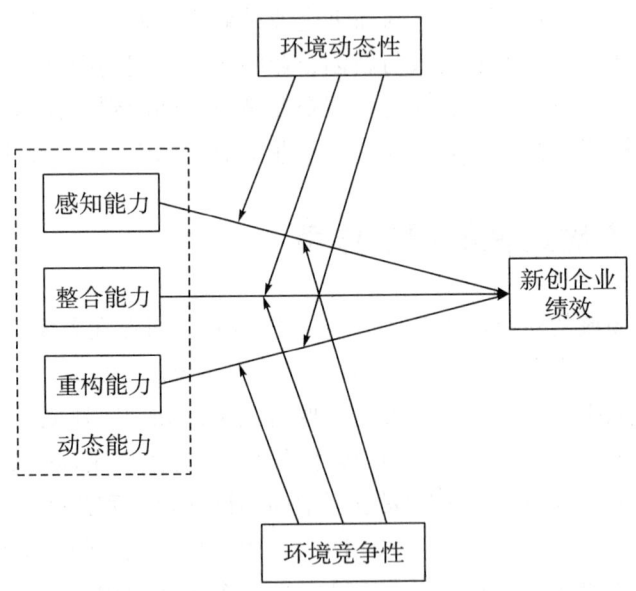

图 3.5 环境不确定性在动态能力与新创企业绩效关系间的调节作用的影响路径

3.5.1 环境动态性的调节作用

环境动态性程度较高时，动态能力对企业生存和发展的重要作用会更加凸显（Teece，2007）[76]。当环境动态性程度较高时，企业需要不断扫描、搜寻、学习和探索，以确保能够从快速更新的环境发出的信息中识别出关键的价值性资源。在中国经济转型背景下，经济快速发展并且逐渐趋于市场化，这给新创企业带来更多的成长机会（Hoskisson & Eden et al.，2000）[525]；但由于中国进入市场经济的时间不长，成熟的制度体系和创业政策还比较缺乏，顾客需求和技术革新难以预测（Isobe，Makino & Montgomery，2000）[526]，导致新创企业面临巨大的威胁。因此，在动态多变的环境下，新创企业对资源和机会的敏锐识别和准确判断的感知能力对其生存和发展更加重要（刘井建，2011）[308]。同时，当环境动态性程度较高时，企业通常需要不断整合资源和能力，以满足动态变化的市场需求（Jaworski & Kohli，1993）[356]。Li & Liu（2014）认为，面对快速变化的技术和市场环境，整合能力强的企业可以通过加强与联盟对象的高效率的沟通整合行业信息等来创造竞争优势。因此，在动态性环境下，整合能力强的企业会取得更好的绩效水平。此外，面对动态变化的市场趋势，企业需要强大的重构能力突破组织惯例和核心刚性的束缚，更新和转化资源基础以形成新的价值和战略，及时响应环境的变化（Teece，Pisano & Shuen，1997）[16]。Li & Liu（2014）认为在环境突然改变的情况下，重构能力强的企业能够灵活地调整组织惯例，重新构建和配置资源和能力，先于竞争对手采取行动把握机会，因而在市场竞争中获胜[70]。李德强和彭灿等（2017）在其研究中证明了环境动态性在动态能力与双元创新关系中起到正向调节作用[366]。

基于以上分析，本研究提出假设如下：

H18：环境动态性正向调节感知能力与新创企业绩效之间的关系。

H19：环境动态性正向调节整合能力与新创企业绩效之间的关系。

H20：环境动态性正向调节重构能力与新创企业绩效之间的关系。

3.5.2 环境竞争性的调节作用

所有企业都处于一定的外部环境中，外部环境的竞争性会对企业绩效产生影响（Zahra，1996）[87]。竞争激烈的环境往往伴随着资源的稀缺性，迫使企业追求高效率或低价格（Miller & Friesen，1983；Zahra，1996）[87,339]，面临失去原有竞争优势的风险（Ferrier，Smith & Grimm，1999；Wilden &

Gudergan, 2015)[72,527]。虽然对企业而言,环境竞争性更多地表现为一种压力,但也可能为企业发展带来机会。企业可以通过强化自己的动态能力,感知环境变化,整合内外资源,重新构建或配置资源和能力以应对威胁和利用机会(Makadok, 2001)[321],获取和维持长期竞争优势。因此,当环境竞争性程度较高时,市场上可能会出现新的产品/服务/竞争策略/商业模式(Zahra, 1993)[18],顾客的需求偏好会改变,购买对象的选择范围会扩大,对产品和服务的要求会提高(Christensen, 1997; Zahra & Bogner, 2000)[487,528];此时,企业更需要加强对外部环境的扫描和学习,关注竞争者、顾客和供应商等实体组织的动态,及时整合新知识和新技术等新资源才能获取可持续竞争优势,在激烈的竞争环境中脱颖而出。面对外部环境存在的竞争性特征,重构能力的作用也会凸显,因为企业需要发挥动态能力的作用,实现对资源、流程和内外关系的重新构建或配置,以适应环境竞争性带来的变化以及防止竞争对手的模仿和跟随(Helfat & Finkelstein et al., 2007; Wilden & Gudergan, 2015)[72,529],有效提高自身的绩效水平和竞争优势(Priem, Rasheed & Kotulic, 1995; Weick, 1995; Wade, 2002)[530-532]。由此可见,环境的竞争性会使新创企业处于高度不确定性和高风险的状态,产品生命周期可能缩短,企业既定的发展战略和投资收益目标等多方面都可能受到冲击。在此情况下,动态能力的作用会更加突出。动态能力强的新创企业善于感知机会和威胁,整合和重构资源和能力基础以匹配外部环境竞争性的要求,促进企业绩效的提升。

基于以上分析,本研究提出假设如下:

H21:环境竞争性正向调节感知能力与新创企业绩效之间的关系。

H22:环境竞争性正向调节整合能力与新创企业绩效之间的关系。

H23:环境竞争性正向调节重构能力与新创企业绩效之间的关系。

3.6 假设汇总与模型构建

基于对现有研究的梳理和回顾,本研究尝试构建了涵盖网络嵌入(结构嵌入和关系嵌入)、动态能力(感知能力、整合能力和重构能力)与新创企业绩效在内的分析框架,同时进一步考察环境不确定性(环境动态性和环境竞争性)这一外生变量在动态能力(感知能力、整合能力和重构能力)与新创企业绩效关系间的调节作用。本研究具体的理论模型如图 3.6 所示,基于理论分析提出的 23 条研究假设汇总如表 3.1 所示。

3 理论模型与研究假设

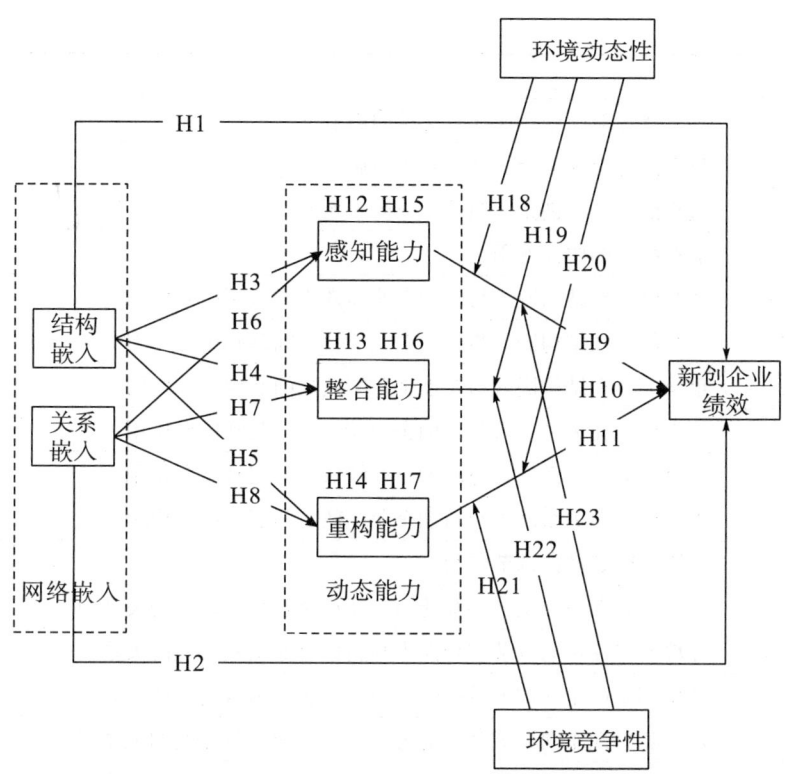

图 3.6 网络嵌入、动态能力与新创企业绩效关系的理论模型

表 3.1 网络嵌入、动态能力与新创企业绩效关系的理论假设汇总表

假设	内容
	网络嵌入与新创企业绩效
H1	结构嵌入对新创企业绩效有正向影响。
H2	关系嵌入对新创企业绩效有正向影响。
	网络嵌入与动态能力
H3	结构嵌入对感知能力有正向影响。
H4	结构嵌入对整合能力有正向影响。
H5	结构嵌入对重构能力有正向影响。
H6	关系嵌入对感知能力有正向影响。
H7	关系嵌入对整合能力有正向影响。
H8	关系嵌入对重构能力有正向影响。
	动态能力与新创企业绩效

续表3.1

假设	内容
H9	感知能力对新创企业绩效有正向影响。
H10	整合能力对新创企业绩效有正向影响。
H11	重构能力对新创企业绩效有正向影响。
	动态能力的中介作用
H12	感知能力在结构嵌入与新创企业绩效之间起到中介作用
H13	整合能力在结构嵌入与新创企业绩效之间起到中介作用
H14	重构能力在结构嵌入与新创企业绩效之间起到中介作用
H15	感知能力在关系嵌入与新创企业绩效之间起到中介作用
H16	整合能力在关系嵌入与新创企业绩效之间起到中介作用
H17	重构能力在关系嵌入与新创企业绩效之间起到中介作用
	环境不确定性的调节作用
H18	环境动态性正向调节感知能力与新创企业绩效之间的关系。
H19	环境动态性正向调节整合能力与新创企业绩效之间的关系。
H20	环境动态性正向调节重构能力与新创企业绩效之间的关系。
H21	环境竞争性正向调节感知能力与新创企业绩效之间的关系。
H22	环境竞争性正向调节整合能力与新创企业绩效之间的关系。
H23	环境竞争性正向调节重构能力与新创企业绩效之间的关系。

3.7 本章小结

本章在网络嵌入、动态能力与新创企业绩效关系的初步假设命题基础上，进一步对现有理论和文献进行分析和梳理，用结构嵌入和关系嵌入两个维度表征网络嵌入，用感知能力、整合能力和重构能力三个维度表征动态能力，用环境动态性和环境竞争性两个维度表征环境不确定性，深入剖析了网络嵌入（结构嵌入和关系嵌入）通过动态能力（感知能力、整合能力和重构能力）的中介作用提升新创企业绩效的作用机制。同时，在此基础上，提出环境动态性和环境竞争性在动态能力（感知能力、整合能力和重构能力）与新创企业绩效关系间的调节作用。通过理论推导和论证，提出了本研究具体的理论模型和细化的研究假设。

4 研究设计与研究方法

为深入有效地分析网络嵌入、动态能力与新创企业绩效三者的关系以及环境不确定性的调节作用,本研究除了采用规范的文献回顾和理论推演外,还应用定量的实证研究方法对理论模型和研究假设进行验证。本研究以新创企业为研究对象,因无法从公开资料中直接获得有关网络嵌入、动态能力、环境不确定性和新创企业绩效等相关变量的测量数据,故采用问卷调查的方法来获取样本数据。本章将从问卷设计、变量测量、预试问卷分析和主要实证方法四个方面对本研究的研究设计与实证方法进行介绍和阐述。

4.1 问卷设计

问卷调查法被经常运用于企业管理问题的研究中(陈晓萍、徐淑英和樊景立,2012)[533]。合理的研究思路和问卷设计、有效的调查数据和调查资料是确保量表信度和效度的重要保障。为确保问卷设计的科学性和规范性,本研究主要参考王重鸣(1990)、马国庆(2002)关于问卷设计的有益建议和方法[534,535],主要从问卷调研对象、问卷设计过程和问卷基本内容三个方面进行思考。

4.1.1 问卷调研对象

本研究对网络嵌入、动态能力和新创企业绩效的关系进行研究,研究对象是新创企业。从企业层面看,根据蔡莉和单安标等(2010)[115]对新创企业的界定,选择成立年限在8年以内(包括8年)的企业为研究对象,涉及农、林、牧、渔业,信息传输、软件和技术服务业,批发与零售业,文化、体育和娱乐业,住宿和餐饮业,制造业等多个行业。从个人层面看,具体调研对象为新创企业的创始人或者中高层管理人员(核心团队成员),这些被访者熟悉企业运营管理的具体情况,能够确保调研信息的准确性。

4.1.2 问卷设计过程

问卷设计过程主要包括以下三个步骤：第一，问卷初稿设计。本研究对有关网络嵌入、动态能力和新创企业绩效等关键变量的理论文献进行检索和回顾，重点借鉴主流学者和权威研究的理论构思，以及已经被学者们广泛使用的成熟量表，结合本国的文化和语言特点以及本研究的具体对象和内容，对量表的某些题项进行重译和修改，形成初步调查问卷。第二，调查问卷修订。本研究主要通过两个渠道征询专业意见以对调查问卷进行修订。一方面征求校内专家、老师和同学的意见。分别向本学术团队的导师、十余名硕博士以及同班同学征求意见，讨论量表设计的合理性和用词的准确性；同时还向校内外组织与战略管理研究领域的专家和老师征求意见，讨论题项设计的科学性，并根据其建议对问卷进行修订。另一方面向新创企业的创始人或中高管征询建议，检测企业的实际管理者是否能准确理解问卷的每一个题项，以及对网络嵌入和动态能力等关键变量的认识。本研究在综合校内外专家学者和企业管理人员建议的基础上，对问卷进行修订和调整。第三，小范围预测试。本研究通过小范围问卷调查获取数据以进行预测试，目的在于分析和检验问卷的信度和效度，以删除不合理的测量题项，确保最终调查问卷结构的合理性和科学性。预测试环节主要是在四川省创新创业中心和四川大学 MBA 和 EMBA 中心的帮助下，对四川省内 131 家符合条件的企业进行了问卷调查。

4.1.3 问卷基本内容

本研究根据前述的理论模型和研究假设，确定问卷量表中的测量题项，共包括五方面的内容：第一部分是企业的基本情况；第二部分是对新创企业网络嵌入情况的调查；第三部分是对新创企业动态能力情况的调查；第四部分是对新创企业外部环境不确定性的调查；第五部分是对新创企业绩效情况的调查。综合考虑被访者回答的难易程度和测量的准确度，本研究参照前人做法，采用 5 级李克特（Likert－type）打分法（Mullen，1995）[536]对第二部分至第五部分的所有题项进行评价。

4.2 变量测量

本研究涉及的关键变量包括新创企业绩效（被解释变量）、网络嵌入（结构嵌入和关系嵌入）（解释变量）、动态能力（感知能力、整合能力和重构能力)(中介变量)、环境不确定性(环境动态性和环境竞争性)(调节变量)。本研究将重点借鉴主流学者和权威研究的理论构思以及已经被学者们广泛使用的成熟量表,结合本国的文化和语言特点以及专家学者和企业核心管理者的建议进行适当修订。下文将对变量测量进行详细说明,具体解释变量测度的问卷题项。考虑到客观指标数据获取较为困难,本研究将采用问卷调查的主观评价方法,通过5级李克特打分法来获取样本数据。同时考虑到被测变量大多数为潜变量,为确保测度题项的一致性,提高测度的信度(Churchill,1979)[537],本研究将采用多个题项对潜变量进行测度。

4.2.1 被解释变量

所谓新创企业绩效(New Venture Performance,NVP),是对新创企业所从事活动的业绩和效率的统称,通常被认为是企业战略目标实现的程度(易朝辉,2012)[114]。新创企业绩效在大量研究中也被称为新企业绩效或创业绩效。由于抽象性和复杂性等特点,新创企业绩效尚未形成一致和统一的测量体系,但学者们普遍认为应该从多个方面对新创企业绩效进行测量(Murphy,Trailer & Hill,1996;Venkatraman & Ramanujam,1986;Covin & Slevin,1991)[100,107,144]。本研究也认同 Murphy,Trailer & Hill(1996)[100]等诸多学者的观点,认为应该从财务绩效和非财务绩效两个方面对新创企业绩效进行测量。

虽然绝大多数学者认同从财务绩效和非财务绩效两个方面对新创企业绩效进行测量的观点,但是就具体的测量指标体系而言,却尚未形成一致结论。本研究通过对主流学者关于新创企业绩效研究文献的总结,发现学者们主要从以下几方面对新创企业绩效进行测量:盈利性、成长性;财务绩效、成长绩效;主观绩效、客观绩效;生存绩效和成长绩效。

本研究结合我国新创企业的实际情况,主要参照 Venkatraman & Ramanujam(1986)和 Murphy,Trailer & Hill(1996)[100,144]所提出的组织绩效的分析框架,并结合 Covin & Slevin(1991)、Li & Zhang(2007)、蔡莉和汤淑琴等(2014)[108]、郭润萍和蔡莉(2017)[107-109,134]等学者普遍采用的测量指标,主要从盈利性和成长性两个方面综合考察新创企业绩效,采用5个题项对其进行测量,分别为:(1)与主要竞争者相比,我们的市场份额增长速度快,(2)与主要竞争者相比,我们的销售总额增长速度快,(3)与主要竞争者相比,我们的新员工数量增长速度快,(4)与主要竞争者相比,我们的净利润水平高,(5)与主要竞争者相比,我们的投资回报率高。本部分采用5级李克特打分法对测量题项进行评价。新创企业绩效的初始测量题项见表 4.1。

表 4.1　新创企业绩效的初始测量题项

维度	测量题项
新创企业绩效	与主要竞争者相比，我们的市场份额增长速度快
	与主要竞争者相比，我们的销售总额增长速度快
	与主要竞争者相比，我们的新员工数量增长速度快
	与主要竞争者相比，我们的净利润水平高
	与主要竞争者相比，我们的投资回报率高

文献来源：Venkatraman & Ramanujam（1986）；Murphy（1996）；Li & Zhang（2007）蔡莉和汤淑琴等（2014）；郭润平和蔡莉（2017）

4.2.2　解释变量

本研究的解释变量是网络嵌入（Network Embeddedness，NE），是指新创企业在创业过程中构建和形成的各种外部联系。本研究依据 Granovetter（1985）[64]对网络嵌入的概念界定及其维度划分，主要关注网络嵌入的结构嵌入特征（Structural Embeddedness，SE）和关系嵌入特征（Relational Embeddedness，RE）两个维度。如前所述，结构嵌入是指网络核心主体的行为受到其所嵌入的社会网络结构的影响程度，通常以网络密度、网络规模和网络中心度三个指标进行描述（Granovetter，1985；Uzzi，1996；Gulati，1998；Rowley, Behrens & Krackhardt，2000；Capaldo，2007；张方华，2010；易朝辉和罗志辉，2015）[64,73,75,180−183]。网络规模是指网络核心主体与其他经济主体保持直接联系数量的多少，影响新创企业资源获取的范围和程度（Katila & Mang，1999；Baum, Calabrese & Silverman，2000）[188,189]。网络密度是指与网络核心主体发生联系的潜在网络内经济主体相互间的实际联结数量占他们之间可能出现的最大可能联结数量的比例（Izquierdo & Hanneman，2006）[190]，比例越高则密度越大，是对网络成员间发生相互联系的密集程度的衡量（Gnyawali，2001）[191]。网络中心度是指网络核心主体在网络中对核心位置的占有程度，体现了其在网络中的权利和地位。关系嵌入是指网络成员间在互动过程中建立起来的具体的人际关系，主要涉及社会网络的人格化方面，通常以关系强度、关系持久度和关系信任度三个指标进行描述（Granovetter，1985；Capaldo，2007；Eisingerich, Bell & Tracey，2010；潘文安，2012；张方华，2010；易朝辉和罗志辉，2015）[64,73,180,182,197,198]。关系强度是指网络核心主体与其他经济主体相互联系的密切和频繁程度(Krackhardt,1995；McEvily & Zaheer,1999)[190,200]。关系信任度主要指网络成员间行为的默契程度和相互的信任程度(Uzzi,1997)[154]。关系持久度主要指网络成员间联系的稳定程度(Granovetter,1985)[237]。

在具体测度过程中，本研究根据 Granovetter(1985)[64]对网络嵌入的概念界定及其维度划分，参考 Gulati(1998)、Rowley,Behrens & Krackhardt(2000)、Capaldo(2007)、Eisingerich,Bell & Tracey(2010)、张方华(2010)、潘文安(2012)、易朝辉和罗志辉(2015)[73,180−183,197,198]等学者普遍采用的测量指标，采用3个题项对结构嵌入维度进行测量，分别为：(1)我们与很多网络成员建立了广泛联系，(2)我们关系网络中的绝大多数成员相互间都有往来，(3)其他网络成员经常通过我们介绍认识并建立联系；采用3个题项对关系嵌入维度进行测量，分别是：(1)我们与网络成员联系频繁，(2)我们与网络成员相互信任，(3)我们与网络成员关系持久。其中，网络成员主要包括新创企业在创业过程中与顾客、供应商、同行业企业、竞争者、政府机构、行业协会、高校、科研机构、金融机构、投资机构和中介服务机构等利益相关者群体构建和形成的各种外部关系。在测度结构嵌入和关系嵌入变量时，本研究采用被学术界广泛认可的自我中心网络分析法，只要求调查对象根据其所认知的网络成员个体特征以及网络成员之间的相互关系等信息，对其最主要的联系对象及其相关特征进行描述即可(Swedberg,1994)[538]。本部分采用5级李克特打分法对测量题项进行评价。网络嵌入的初始测量题项见表4.2所示。

表4.2 网络嵌入的初始测量题项

维度	测量题项
结构嵌入	我们与很多网络成员建立了广泛联系
	我们关系网络中的绝大多数成员相互间都有往来
	其他网络成员经常通过我们介绍认识并建立联系
关系嵌入	我们与网络成员联系频繁
	我们与网络成员相互信任
	我们与网络成员关系持久
文献来源：Granovetter(1985)；Gulati(1998)；Rowley,Behrens & Krackhardt(2000)；Capaldo(2007)；张方华(2010)；潘文安(2012)；易朝辉和罗志辉(2015)	

4.2.3 中介变量

本研究选取动态能力（Dynamic Capability，DC）作为中介变量。在对动态能力的概念内涵界定、构成维度划分和测量方式选择方面，主要基于 Teece 等主流学者对动态能力的最初界定，关注其中的整合能力和重构能力两个维度（Teece & Pisano，1994；Teece，Pisano & Shuen，1997；Wu，2010）[16,65,310]；同时，吸收并借鉴 Teece 等学者关于动态能力概念内涵界定的新近研究进展，将感知能力视为动态能力构念的构成维度之一（Teece，2000，2007；O'reilly Ⅲ & Tushman，2008；Pavlou & Sawy，2011；Wilhelm，Schlömer & Maurer，2015）[76,248,249,282,283]。感知能力（Sensing Capability，SC）是新创企业对有关外部环境信息的收集和使用，以对环境变化中存在的机会或威胁做出回应的能力，反映了企业对外部环境变化的敏感程度（Teece，2007；Augier & Teece，2009）[76,272]。整合能力（Integrating Capability，IC）是新创企业系统收集、协调和配置资源和能力以形成新资源、产生新价值以积极应对外部环境变化的能力（Teece，Pisano & Shuen，1997；Eriksson，Nummela & Saarenketo，2014）[16,285]。重构能力（Reconfiguring Capability，RC）是新创企业重新构建和配置企业的资源和能力，促进企业为不断适应环境变化而进行转变的能力（Teece & Pisano，1994；Teece，Pisano & Shuen，1997；Lavie，2006）[16,65,289]。

在具体测度过程中，本研究借鉴 Teece et al.（1997，2000，2007）[16,76,249]和 O'reilly Ⅲ & Tushman（2008）[248]等学者对动态能力的概念界定和维度划分的阐释，参考 Lin & Wu（2014）、Schilke（2014）、吴航（2016）、龙思颖（2016）、李德强和彭灿等（2017）[56,279,287,353,366]等学者普遍采用的测量指标，采用 3 个题项对感知能力维度进行测量，分别为：（1）我们能有效搜寻未被满足的市场需求，（2）我们能有效识别顾客需要的产品（服务），（3）我们能有效判断行业相关技术和市场变化趋势；采用 4 个题项对整合能力维度进行测量，分别为：（1）我们会整合顾客信息以探索潜在市场，（2）我们会整合行业信息以进行管理决策，（3）我们会整合行业相关知识和技术开发新产品（服务），（4）我们会密切关注竞争对手的市场行为；采用 5 个题项对重构能力维度进行测量，分别为：（1）我们对市场变化或竞争对手的行动反应迅速，（2）我们能随业务重心的改变迅速进行相应调整，（3）我们能适时对工作流程/任务/职能进行调整，（4）我们能适时对企业内外部关系网络进行调整，（5）我们能及时更新或淘汰已经过时的资源和知识。本部分采用 5 级李克特打分法对测量题项进行评价。动态能力的初始测量题项见表 4.3。

4 研究设计与研究方法

表4.3 动态能力的初始测量题项

维度	测量题项
感知能力	我们能有效搜寻未被满足的市场需求
	我们能有效识别顾客需要的产品（服务）
	我们能有效判断行业相关技术和市场变化趋势
整合能力	我们会密切关注竞争对手的市场行为
	我们会整合顾客信息以探索潜在市场
	我们会整合行业信息以进行管理决策
	我们会整合行业相关知识和技术开发新产品（服务）
重构能力	我们对市场变化或竞争对手的行动反应迅速
	我们能随业务重心的改变迅速进行相应调整
	我们能适时对工作流程/任务/职能进行调整
	我们能适时对企业内外部关系网络进行调整
	我们能够及时更新或抛弃过时的资源或知识

文献来源：Teece et al.（1997；2000；2007）；O'reilly Ⅲ & Tushman（2008）；Lin & Wu（2014）；蔡莉和汤淑琴等（2014）；龙思颖（2016）；李德强和彭灿等（2017）

4.2.4 调节变量

本研究选取环境不确定性（Environmental Uncertainty，EU）作为调节变量。在国外许多学者的研究中，环境不确定性是一个包含环境动态性（Environmental Dynamism，ED）和环境竞争性（Environmental Competitiveness，EC）的多维构念（Duncan，1972；Miles，1978；Milliken，1987；Buchko，1994；Jansen，Bosch & Volberda，2006；Tan，1993；Tan & Tan，2005；Wilden & Gudergan，2015；Srivastava，Moser & Hartmann，2018）[72,330,340,345,347,348,355,539,540]。这种维度划分思想也得到国内众多研究学者的认可（冯军政，2012；陈勇，2012；彭伟和符正平，2015；陈熹和范雅楠等，2015；龙思颖，2016；李德强和彭灿等，2017）[23,68,353,363,366,509]。本研究将借鉴Duncan（1972）、Jansen（2005）和陈勇（2012）[23,330,359]的相关研究，将环境不确定性划分为环境动态性和环境竞争性两个维度。其中，环境动态性是指外部环境变化的速度和不可预测的程度（Keats & Hitt，1988）[541]，包括市场需求、产品技术、顾客喜好和行业政策的变化等；环境竞争性是指外部环境竞争的激烈程度和资源的稀缺性，主要表现为总体竞争强度、竞争对手情况和价格竞争强度（Miller & Friesen，1983）[339]。

Robert et al.（2011）在其研究中直接指出，环境动态性和环境竞争性对企业战略决策制定具有相对独立的影响效应。国内外许多学者也将环境动态性（Song & Droge et al.，2005；Autry & Grawe et al.，2010；Chavez & Yu et al.，2015；尹苗苗和李秉泽等，2015；李浩和胡海青，2016；陶秋燕和李锐等，2016；胡海青和王兆群等，2017）[354,345,542-546]和环境竞争性（马鸿佳，2008；李忆和司有和，2008；陈勇，2012；李浩和胡海青，2016；李德强和彭灿等，2017）[23,350,354,366,547]作为影响新创企业成长的外生变量进行研究。在具体测度过程中，本研究参照Jansen et al.（2005，2006）、Wilden & Gudergan（2015）、陈勇（2012）、尹苗苗和李秉泽等（2015）、李浩和胡海青（2016）[23,72,354,355,359,545]等学者普遍采用的测量指标，采用4个题项对环境动态性维度进行测量，分别为：(1) 我们行业市场和顾客需求的变化很快，(2) 我们行业推出新产品（服务）的速度很快，(3) 我们行业产品技术变化的速度很快，(4) 政府出台的行业政策对我们的影响很大；采用4个题项对环境竞争性维度进行测量，分别为：(1) 我们行业的市场竞争非常激烈，(2) 我们行业的竞争对手非常强大，(3) 我们行业的竞争对手数量很多，(4) 我们行业的价格竞争非常突出。本部分采用5级李克特打分法对测量题项进行评价。环境不确定性的初始测量题项见表4.4。

表4.4 环境不确定性的初始测量题项

维度	测量题项
环境动态性	我们行业市场和顾客需求的变化很快
	我们行业推出新产品（服务）的速度很快
	我们行业产品技术变化的速度很快
	政府出台的行业政策对我们的影响很大
环境竞争性	我们行业的市场竞争非常激烈
	我们行业的竞争对手非常强大
	我们行业的竞争对手数量很多
	我们行业的价格竞争非常突出

文献来源：Duncan（1972）；Jansen（2006）；Wilden & Gudergan（2014）；陈勇（2012）；尹苗苗和李秉泽等（2015）；李浩和胡海青（2016）

4.3 预试问卷分析

在进行正式问卷调查之前，本研究将会进行小范围的预调研和预测试，主要是为了对问卷设计和问项表述的进一步完善与改进，提高正式调查回收数据的有效性和可靠性。

4.3.1 数据分析方法

在预测试阶段，本研究主要通过对小样本数据进行信度和效度分析来检测问卷的整体结构和变量的测量题项。信度（Reliability）主要指量表工具所测得的结果的稳定性（Stability）及一致性（Consistency）（吴明隆，2010）[548]。信度分值越高，代表解释潜变量各观测变量的具有共方差的程度越高，说明问卷具有越好的内部一致性。虽然本研究所采用的量表主要来源于已被学者们广泛使用的经典文献中的成熟量表，但是为了确保研究结论的有效性，即使是使用前人开发并经过验证的成熟量表，也还是需要重新检验其信度（吴明隆，2010）[548]。本研究将根据两个指标的得分来判别量表的可信度：一是用修正的题项－总体相关系数（Corrected Item–Total Correlation，CICT）来计算题项与总分的相关，判断单个题项的信度，CICT 值应该大于 0.35（李怀祖，2017[549]）；二是用 Cronbach's α 系数来检验量表的内部一致性，当 Cronbach's α 系数参考值大于 0.7 时，被测题项才可以被接受；如果删除某个题项后，α 系数提高，则表示应该删除该题项，反之则应保留该题项。

问卷的效度（Validity）是指测量结果的准确性或可靠性（吴明隆，2010）[577]，是对变量准确程度的测量，体现了测量结果与试图测量对象之间的接近程度（曾五一和黄炳艺，2005）[550]；换句话讲，效度主要体现的是问卷到底能从多大程度上体现所测变量的理论和内涵。效度包括内容效度（Content Validity）和建构效度（Construct Validity）。内容效度是指问卷内容或测量题项的适切性与代表性。本研究在设计调查问卷时主要借鉴已被学者们广泛使用的经典文献中的成熟量表，并根据专家学者和企业管理者的建议进行修订，可认为该问卷具有较高的内容效度。建构效度是指量表能够测量出理论或概念特征的程度（王保进，2007）[551]，通常用收敛效度（Convergent Validity）和区别效度（Discriminant Validity）来检验，在统计分析中常被考虑，对研究的测量结果具有重要意义。

本研究将采用探索性因子分析法（Exploratory Factor Analysis，EFA）

对小样本数据进行分析以检测问卷的建构效度。进行探索性因子分析前，需要对样本进行 KMO 样本充分性测度和 Bartlett 球体检验（马庆国，2002）[535]。通常来讲，只有当 KMO 值大于 0.7 和 Bartlett 球体检验概率值小于显著性水平时，才可以进行探索性因子分析（马庆国，2002）[535]。本研究也将遵守该准则，在探索性因子分析中，通过主成分分析法，利用最大方差旋转法得出主要因子。一般来讲，只有当量表各题项的因子载荷系数均要大于 0.5 时才能将同一变量的各测量题项合并为一个因子（马庆国，2002）[535]。在评价题项的区别效度时，本研究主要遵循如下原则：如果只有一个题项单独成为一个因子，那么将该题项删除；如果该题项所属的因子载荷小于 0.5，那么将该题项删除；如果该题项在两个及以上因子的载荷均大于 0.5，则属于横跨因子现象，那么将该题项删除。

4.3.2 样本数据收集

本研究预试问卷分析的数据主要来源于四川省内的新创企业。在四川省创新创业中心和四川大学商学院 MBA 和 EMBA 中心相关部门和人员的协助下，选取 131 家新创企业进行问卷调查，被调查者均为新创企业的创始人或者中高层管理人员。此次调查共发放问卷 131 份，回收 125 份，其中有 4 份问卷存在多处未答的情况，还有 11 份问卷存在因多处问题回答均为同一数值而缺乏区分度的情况，故将有问题的 15 份问卷予以删除，最终获得有效问卷 110 份，占回收问卷的 84%。学术界通常认为，进行探索性因子分析所需的最低样本量为变量数的 5-10 倍，本研究需要处理的变量数为 4 个，小样本测试收集的 110 份有效问卷符合要求。因此，本研究将根据上述分析方法对问卷量表的信度和效度进行检测，为后续正式实证研究的开展奠定基础。

4.3.3 样本数据分析

4.3.3.1 小样本数据描述性统计

对样本数据整理过后，本部分将进行数据的描述性统计分析，包括对样本数据的均值、标准差、偏度和峰度等进行分析以观察数据的分布形态，为下一步的数据分析奠定基础。如表 4.5 所示，分析结果表明标准差的数值很小，偏度和峰度也在正常范围，样本近似地服从正态分布。

4 研究设计与研究方法

表 4.5 描述统计量（N=110）

题号	最小值	最大值	均值	标准差	偏度	峰度
SE1	1	5	4.01	1.080	−.691	−.141
SE2	1	5	3.67	1.140	−.461	−.458
SE3	1	5	3.55	1.090	−.161	−.990
RE1	1	5	3.48	1.063	−.088	−.365
RE2	1	5	3.51	1.027	−.126	−.294
RE3	1	5	3.55	1.035	−.223	−.021
SC1	1	5	3.72	1.038	−.609	.100
SC2	1	5	3.76	.984	−.607	−.173
SC3	1	5	3.77	.970	−.831	.473
IC1	1	5	3.98	1.015	−.985	.713
IC2	1	5	3.91	.995	−.796	.300
IC3	1	5	3.97	.955	−.911	1.082
IC4	1	5	3.89	1.037	−.689	−.225
RC1	1	5	3.74	1.010	−.364	−.391
RC2	1	5	3.97	.957	−.473	−.462
RC3	1	5	3.94	.972	−.177	−.879
RC4	1	5	3.85	.932	−.382	−.294
RC5	1	5	3.79	.974	−.390	−.580
ED1	1	5	3.73	1.148	−.540	−.447
ED2	1	5	3.64	1.168	−.435	−.599
ED3	1	5	3.43	1.182	−.354	−.708
EC1	1	5	4.25	.943	−1.029	.492
EC2	1	5	4.12	.999	−.855	.156
EC3	1	5	4.12	1.068	−1.193	.974
NVP1	1	5	3.40	1.075	−.468	−.370
NVP2	1	5	3.36	1.076	−.339	−.261
NVP3	1	5	2.97	1.135	−.021	−.660
NVP4	1	5	3.12	1.112	−.053	−.565
NVP5	1	5	3.31	1.094	−.407	−.429

（注：SE－结构嵌入；RE－关系嵌入；SC－感知能力；IC－整合能力；RC－重构能力；ED－环境动态性；EC－环境竞争性；NVP－新创企业绩效。）

4.3.3.2 小样本数据的信度分析

如表 4.6－4.11 所示，各个变量 Cronbach's α 系数均大于 0.7，删除某个测量题项后 Cronbach's α 系数均比量表总的 α 系数要小，题项－总体相关系数（CICT）也均远大于 0.35，说明新创企业绩效分量表的各题项之间具有较好的内部一致性，不需要删除题项。需要说明的是，删除"我们的新员工数量增长速度快"这一题项后，量表总的 Cronbach's α 系数与删除前均为 0.907，可以考虑是否将该题项删除，但最终可通过后面探索性因子分析的结果综合判定。

表 4.6 新创企业绩效的信度检验结果（N=110）

变量	题号	题项 （与主要竞争者相比）	CITC	删除该题项 后的 α 值	α
新创企业绩效	NVP1	我们的市场份额增长速度快	0.820	0.873	0.907
	NVP2	我们的销售总额增长速度快	0.789	0.880	
	NVP3	我们的新员工数量增长速度快	0.659	0.907	
	NVP4	我们的净利润水平高	0.778	0.882	
	NVP5	我们的投资回报率高	0.778	0.881	

表 4.7 网络嵌入－结构嵌入的信度检验结果（N=110）

变量	题号	题项	CITC	删除该题项 后的 α 值	α
结构嵌入	SE1	我们与很多网络成员建立了广泛联系	0.653	0.797	0.829
	SE2	我们关系网络中的绝大多数成员相互间都有往来	0.752	0.695	
	SE3	其他网络成员经常通过我们介绍认识并建立联系	0.663	0.788	

表 4.8　网络嵌入－关系嵌入的信度检验结果（N=110）

变量	题号	题项	CITC	删除该题项后的α值	α
关系嵌入	RE1	我们与网络成员联系频繁	0.809	0.921	0.925
	RE2	我们与网络成员相互信任	0.861	0.878	
	RE3	我们与关联企业关系持久	0.868	0.872	

表 4.9　动态能力－感知能力的信度检验结果（N=110）

变量	题号	题项	CITC	删除该题项后的α值	α
感知能力	SC1	我们能有效搜寻未被满足的市场需求	0.850	0.937	0.942
	SC2	我们能有效识别顾客需要的产品（服务）	0.914	0.887	
	SC3	我们能有效判断行业相关技术和市场变化趋势	0.874	0.919	

表 4.10　动态能力－整合能力的信度检验结果（N=110）

变量	题号	题项	CITC	删除该题项后的α值	α
整合能力	IC1	我们会密切关注竞争对手的市场行为	0.806	0.880	0.911
	IC2	我们会整合顾客信息以探索潜在市场	0.820	0.875	
	IC3	我们会整合行业信息以进行管理决策	0.827	0.875	
	IC4	我们会整合行业相关知识和技术开发新产品（服务）	0.739	0.904	

表 4.11 动态能力－重构能力的信度检验结果（N=110）

变量	题号	题项	CITC	删除该题项后的 α 值	α
重构能力	RC1	我们对市场变化或竞争对手的行动反应迅速	0.723	0.891	0.905
	RC2	我们能随业务重心的改变迅速进行相应调整	0.804	0.872	
	RC3	我们能适时对工作流程/任务/职能进行调整	0.756	0.883	
	RC4	我们能适时对企业内外部关系网络进行调整	0.787	0.875	
	RC5	我们能够及时更新或抛弃过时的资源或知识	0.732	0.887	

如表 4.12 所示，"我们行业市场和顾客需求的变化很快""我们行业推出新产品（服务）的速度很快""我们行业产品技术变化的速度很快"3 个题项的 Cronbach's α 系数为 0.753，大于 0.7，删除某个测量题项后 Cronbach's α 系数均比量表总的 α 系数要小，题项－总体相关系数（CICT）也均远大于 0.35。只有"政府出台的行业政策对我们的影响很大"这一题项不满足条件，删除该题项后量表总的 Cronbach's α 系数变大，题项－总体相关系数（CICT）显著小于 0.35，说明"政府出台的行业政策对我们的影响很大"题项与环境动态性的其他测量题项的一致性稍有差异。删除该题项后再次进行信度检验，结果如表 4.13 所示，变量的 Cronbach's α 系数为 0.838，大于 0.7，删除某个测量题项后 Cronbach's α 系数均比量表总的 α 系数要小，题项－总体相关系数（CICT）也均远大于 0.35，各指标通过了信度检验。经过信度检验，环境动态性的测度题项由原来的四个题项经删除后剩下三个题项。

4 研究设计与研究方法

表 4.12 环境不确定性－环境动态性的信度检验结果（N=110）

变量	题号	题项	CITC	删除该题项后的 α 值	α
环境动态性	ED1	我们行业市场和顾客需求的变化很快	0.655	0.636	0.753
	ED2	我们行业推出新产品（服务）的速度很快	0.668	0.628	
	ED3	我们行业产品技术变化的速度很快	0.652	0.635	
	ED4	政府出台的行业政策对我们的影响很大	0.264	0.839	

表 4.13 环境不确定性－环境动态性的信度检验结果（N=110）

变量	题号	题项	CITC	删除该题项后的 α 值	α
环境动态性	ED1	我们行业市场和顾客需求的变化很快	0.658	0.817	0.838
	ED2	我们行业推出新产品（服务）的速度很快	0.682	0.795	
	ED3	我们行业产品技术变化的速度很快	0.769	0.708	

随后对环境竞争性因子进行信度检验，结果如表 4.14 所示，"我们行业的市场竞争非常激烈""我们行业的竞争对手非常强大""我们行业的竞争对手数量很多"三个题项的 Cronbach's α 系数为 0.830，大于 0.7，删除某个测量题项后 Cronbach's α 系数均比量表总的 α 系数要小，题项－总体相关系数（CICT）也均远大于 0.35。只有"我们行业的价格竞争非常突出"这一题项不满足条件，删除该题项后量表总的 Cronbach's α 系数变大，说明"我们行业的价格竞争非常突出"题项与环境竞争性的其他测量题项的一致性稍有差异。删除该题项后再次进行信度检验，结果如表 4.15 所示，变量的 Cronbach's α 系数为 0.877，大于 0.7，题项－总体相关系数（CICT）也均远大于 0.35，删除某个测量题项后 Cronbach's α 系数均比量表总的 α 系数要小，各指标通过了信度检验。经过信度检验，环境竞争性的测度题项由原来的四个题项经删除后剩下三个题项。

表 4.14　环境不确定性－环境竞争性的信度检验结果（N=110）

变量	题号	题项	CITC	删除该题项后的 α 值	α
环境竞争性	EC1	我们行业的市场竞争非常激烈	0.756	0.729	0.830
	EC2	我们行业的竞争对手非常强大	0.682	0.759	
	EC3	我们行业的竞争对手数量很多	0.742	0.726	
	EC4	我们行业的价格竞争非常突出	0.443	0.873	

表 4.15　环境不确定性－环境竞争性的信度检验结果（N=110）

变量	题号	题项	CITC	删除该题项后的 α 值	α
环境竞争性	EC1	我们行业的市场竞争非常激烈	0.830	0.760	0.877
	EC2	我们行业的竞争对手非常强大	0.718	0.865	
	EC3	我们行业的竞争对手数量很多	0.735	0.841	

4.3.3.3　小样本数据的效度分析

接下来，本研究将采用探索性因子分析对量表效度进行检验。

首先对新创企业绩效分量表进行探索性因子分析以检验其建构效度。利用主成分分析法和最大方差旋转法提取因子，结果如表 4.16 所示，新创企业绩效分量表的 KMO 值为 0.757，大于 0.7，并且 Bartlett 球体检验统计值显著异于 0（p<0.01），表明适合对其进行因子分析。在此基础上，本研究用小样本数据对所构建的新创企业绩效分量表的 5 个题项进行探索性因子，结果如表 4.17 和表 4.18 所示，根据特征根大于 1，经过最大方差法旋转后各题项因子载荷大于 0.5 的要求，提取了 1 个因子，解释了总体方差的 72.94%，且所有因子的载荷均在 0.6 以上（最小的载荷为 0.645），符合大于 0.5 的要求，非常明显 NVP1－NVP5 这五个题项反映的是新创企业绩效的情况。由上述可见新创企业绩效分量表具有较好的效度。

4 研究设计与研究方法

表4.16 新创企业绩效分量表的KMO及Bartlett球体检验统计结果（N=110）

KMO取样适度性度量值	0.757	
Bartlett球体检验	近似卡方	418.272
	自由度	10
	显著性	0.000

表4.17 新创企业绩效分量表解释的总方差（N=110）

成分	初始特征值			平方和负荷量萃取		
	总和	方差的%	累积%	总和	方差的%	累积%
1	3.647	72.944	72.944	3.647	72.944	72.944
2	.619	12.387	85.331			
3	.437	8.732	94.063			
4	.194	3.877	97.940			
5	.103	2.060	100.000			

表4.18 新创企业绩效分量表的探索性因子分析结果（N=110）

题号	题项（与主要竞争对象相比）	因子载荷 1
NVP1	我们的市场份额增长速度快	0.882
NVP2	我们的销售总额增长速度快	0.823
NVP3	我们的新员工数量增长速度快	0.758
NVP4	我们的净利润水平高	0.711
NVP5	我们的投资回报率高	0.645

接下来，对动态能力分量表进行探索性因子分析以检验其建构效度。结果如表4.19所示，动态能力分量表的KMO值为0.912，大于0.7，并且Bartlett球体检验统计值显著异于0（p<0.01），表明适合对其进行因子分析。在此基础上，本研究用小样本数据对所构建的动态能力分量表的12个题项进行探索性因子。结果如表4.20和表4.21所示，根据经过最大方差法旋转后各题项因子载荷大于0.5的要求，提取出了三个因子，共解释了总体方差的79.83%，且所有因子的载荷均在0.6以上（最小的载荷为0.645），符合大于0.5的要求，不存在横跨不同因子的题项，说明因子载荷在三个因子间均具有

较好的区分度。通过因子分析可以观察到三个因子的含义非常明确，因子1包含RC1-RC5这5个题项，符合理论预设，非常明显是对重构能力的测量，因子2包含IC1-IC4这四个题项，符合理论预设，非常明显是对整合能力的测量，因子3包含SC1-SC3这三个题项，符合理论预设，非常明显是对感知能力的测量。由上述可见动态能力分量表具有较好的效度。

表4.19 动态能力分量表的KMO及Bartlett球体检验统计结果（N=110）

KMO取样适度性度量值		0.912
Bartlett球体检验	近似卡方	1112.523
	自由度	66
	显著性	0.000

表4.20 动态能力分量表解释的总方差（N=110）

成分	初始特征值			平方和负荷量萃取			转轴平方和负荷量		
	总和	方差的%	累积%	总和	方差的%	累积%	总和	方差的%	累积%
1	7.407	61.727	61.727	7.407	61.727	61.727	3.460	28.830	28.830
2	1.352	11.264	72.991	1.352	11.264	72.991	3.320	27.663	56.493
3	0.821	6.838	79.829	0.821	6.838	79.829	2.800	23.336	79.829
4	0.471	3.924	83.753						
5	0.420	3.499	87.252						
6	0.343	2.855	90.107						
7	0.306	2.548	92.655						
8	0.236	1.964	94.619						
9	0.219	1.825	96.444						
10	0.178	1.482	97.926						
11	0.152	1.267	99.193						
12	0.097	0.807	100.000						

表 4.21 动态能力分量表的探索性因子分析结果（N=110）

题号	题项	因子载荷		
		1	2	3
RC3	我们能适时对工作流程/任务/职能进行调整	0.882	0.149	0.102
RC2	我们能随业务重心的改变迅速进行相应调整	0.823	0.225	0.265
RC4	我们能适时对企业内外部关系网络进行调整	0.758	0.385	0.205
RC5	我们能够及时更新或抛弃过时的资源或知识	0.711	0.211	0.383
RC1	我们对市场变化或竞争对手的行动反应迅速	0.645	0.446	0.250
IC3	我们会整合行业信息以进行管理决策	0.234	0.812	0.334
IC1	我们会密切关注竞争对手的市场行为	0.286	0.793	0.316
IC2	我们会整合顾客信息以探索潜在市场	0.262	0.772	0.365
IC4	我们会整合行业相关知识和技术开发新产品（服务）	0.283	0.764	0.237
SC2	我们能有效识别顾客需要的产品（服务）	0.283	0.348	0.851
SC3	我们能有效判断行业相关技术和市场变化趋势	0.301	0.342	0.824
SC1	我们能有效搜寻未被满足的市场需求	0.227	0.387	0.815

接下来，对网络嵌入分量表进行探索性因子分析以检验其建构效度。结果如表 4.22 所示，网络嵌入分量表的 KMO 值为 0.832，大于 0.7，并且 Bartlett 球体检验统计值显著异于 0（p<0.01），结果表明适合对其进行因子分析。在此基础上，本研究用小样本数据对所构建的网络嵌入分量表的六个题项进行探索性因子。结果如表 4.23 和表 4.24 所示，根据经过最大方差法旋转后各题项因子载荷大于 0.5 的要求，提取出了两个因子，共解释了总体方差的 81.50%，且所有因子的载荷均在 0.7 以上（最小的载荷为 0.754），符合大于 0.5 的要求，不存在横跨不同因子的题项，说明因子载荷在两个因子间均具有较好的区分度。通过因子分析可以观察到两个因子的含义非常明确，因子 1 包含 RE1—RE3 这三个题项，符合理论预设，非常明显是对关系嵌入的测量，因子 2 包含 SE1—SE3 这三个题项，符合理论预设，非常明显是对结构嵌入的测量。由上述可见网络嵌入分量表具有较好的效度。

表4.22 网络嵌入分量表的 KMO 及 Bartlett 球体检验统计结果（N=110）

KMO 取样适度性度量值		0.832
Bartlett 球体检验	近似卡方	461.121
	自由度	15
	显著性	0.000

表4.23 网络嵌入分量表构成的解释的总方差（N=110）

成分	初始特征值			平方和负荷量萃取			转轴平方和负荷量		
	总和	方差的%	累积%	总和	方差的%	累积%	总和	方差的%	累积%
1	4.033	67.209	67.209	4.033	67.209	67.209	2.558	42.639	42.639
2	.858	14.292	81.501	.858	14.292	81.501	2.332	38.862	81.501
3	.476	7.941	89.442						
4	.310	5.167	94.609						
5	.189	3.143	97.752						
6	.135	2.248	100.000						

表4.24 网络嵌入分量表的探索性因子分析结果（N=110）

题号	题项	因子载荷	
		1	2
RE2	我们与网络成员相互信任	0.916	.250
RE3	我们与网络成员关系持久	0.902	.288
RE1	我们与网络成员联系频繁	0.785	.476
SE1	我们与很多网络成员建立了广泛联系	.190	0.845
SE2	我们关系网络中的绝大多数成员相互间都有往来	.345	0.822
SE3	其他网络成员经常通过我们介绍认识并建立联系	.368	0.754

接下来，对环境不确定性分量表进行探索性因子分析以检验其建构效度，结果如表4.25所示，环境不确定性分量表的 KMO 值为 0.832，大于 0.7，并且 Bartlett 球体检验统计值显著异于 0（p<0.01），结果表明适合对其进行因子分析。在此基础上，本研究用小样本数据对所构建的环境不确定性分量表的六个题项进行探索性因子。结果如表4.26和表4.27所示，根据经过最大方差

法旋转后各题项因子载荷大于0.5的要求,提取了两个因子,共解释了总体方差的79.01%,且所有因子的载荷均在0.8以上(最小的载荷为0.837),不存在横跨不同因子的题项,说明因子载荷在两个因子间均具有较好的区分度。通过因子分析可以观察到2个因子的含义非常明确,因子1包含EC1—EC3这三个题项,符合理论预设,非常明显是对环境竞争性的测量,因子2包含ED1—ED3这三个题项,符合理论预设,非常明显是对环境动态性的测量。由上述可见环境不确定性分量表具有较好的效度。

表4.25 环境不确定性分量表的KMO及Bartlett球体检验统计结果(N=110)

KMO取样适度性度量值		0.724
Bartlett球体检验	近似卡方	342.074
	自由度	15
	显著性	0.000

表4.26 环境不确定性分量表构成的解释的总方差(N=110)

成分	初始特征值			平方和负荷量萃取			转轴平方和负荷量		
	总和	方差的%	累积%	总和	方差的%	累积%	总和	方差的%	累积%
1	3.027	50.448	50.448	3.027	50.448	50.448	2.428	40.468	40.468
2	1.714	28.568	79.016	1.714	28.568	79.016	2.313	38.547	79.016
3	.471	7.852	86.868						
4	.325	5.422	92.291						
5	.289	4.820	97.111						
6	.173	2.889	100.000						

表4.27 环境不确定性分量表的探索性因子分析结果(N=110)

题号	题项	因子载荷	
		1	2
EC1	我们行业的市场竞争非常激烈	0.917	0.196
EC2	我们行业的竞争对手非常强大	0.885	0.060
EC3	我们行业的竞争对手数量很多	0.865	0.122
ED2	我们行业推出新产品(服务)的速度很快	0.123	0.887

续表4.27

题号	题项	因子载荷	
		1	2
ED3	我们行业产品技术变化的速度很快	0.053	0.877
ED1	我们行业市场和顾客需求的变化很快	0.191	0.837

4.4 主要实证方法介绍

研究方法的科学性和适宜性有助于提高实证研究结果的准确性和可靠性。本研究在正式的实证研究中采用的统计分析方法包括描述性统计分析、效度分析、信度分析、相关分析和回归分析。研究方法使用的分析工具是SPSS22.0和AMOS21.0，具体分析方法介绍如下：

(1) 描述性统计分析

描述性统计分析（Descriptive Statistics）主要包括两方面的内容。一方面是对样本企业的特征和构成情况进行描述，主要包括企业年龄、企业规模、行业分布和地域分布等；另一方面是对研究变量的最大值、最小值、均值、标准差甚至样本的正态分析状况进行分析。如，均值是对一组数据中所有数据之和再除以这组数据的总个数的描述，反映的是数据的集中程度；标准差是对一组数据内各个数据间的离散程度的描述。

(2) 信度分析

信度（Reliability）主要指量表工具所测得的结果的稳定性（Stability）及一致性（Consistency）（吴明隆，2010）[548]。本研究将根据两个指标来判别量表的可信度：一是用修正的题项-总体相关系数（Corrected Item-Total Correlation，CICT）来测量量表的信度；二是用Cronbach's α系数来检验量表的内部一致性。

(3) 效度分析

问卷的效度（Validity）是指测量结果的准确性或可靠性（吴明隆，2010）[548]。效度包括内容效度（Content Validity）和建构效度（Construct Validity）。内容效度是指问卷内容或测量题项的适切性与代表性。建构效度指量表能够测量出理论或概念特征的程度（王保进，200）[551]，本研究主要检验建构效度。

(4) 相关分析

相关分析（Correlation Analysis）是对两个或多个具有相关性的变量进行分析，衡量变量间相关密切程度的一种被广泛使用的方法。变量间的关系通常以一个统计值表示，该统计值被称为相关系数。相关分析中最常用的指标是 Pearson 系数。

（4）回归分析

回归分析（Regression Analysis）可以进一步解释两个变量之间的因果影响关系，即通过采用一个或者多个自变量来对因变量进行预测，这个预测是在相关分析的基础上进行的。如果变量间存在相关关系，则可以通过回归分析确定变量之间的因果关系，并通过建立回归模型来表现具体关系。

4.5 本章小结

本章主要对本研究的调研问卷设计、研究变量测量、问卷数据收集、样本数据分析和主要实证方法等进行了介绍。本研究基于前人的研究成果，首先确定问卷调研对象、问卷设计过程和问卷包含的基本内容；然后对问卷涉及的各个变量进行测量，以确定问卷具体的题项；接着进行小样本问卷发放与回收，对小样本数据进行描述性统计分析，根据对量表信度和效度的检测结果修订问卷；最后对本研究实证部分会采用的主要实证方法进行简要介绍。

5 实证研究与分析讨论

本研究通过问卷调查的方式，获取了大量一手调研数据。本章将通过对数据进行整理和分析，探讨网络嵌入（结构嵌入和关系嵌入）、动态能力（感知能力、整合能力和重构能力）与新创企业绩效之间的关系，还会讨论环境不确定性（环境动态性和环境竞争性）在动态能力（感知能力、整合能力和重构能力）与新创企业绩效关系间的调节作用，以对本研究的理论模型和研究假设进行验证。本章主要包括四个部分，第一是对问卷统计过程和情况以及调查样本的描述性统计分析结果进行介绍，第二是对问卷量表的信度、效度和变量间的相关性进行分析，第三是对变量间的相关关系进行回归分析，第四是对假设检验结果进行分析。

5.1 问卷统计与样本描述

5.1.1 问卷发放与回收

本研究于 2017 年 10 月至 12 月进行问卷发放与回收工作，共历时两个多月，对我国四川、上海、北京、重庆、浙江、武汉等各省和直辖市的新创企业的创始人或中高层管理者进行问卷调查。就新创企业的界定而言，本研究根据 McDougall & Covin et al. （1994）和 Li & Atuahene（2001）的观点[88,135]，以成立年限小于并等于 8 年的自主创业企业为研究对象。通过四种途径发放与回收问卷，问卷包括纸质问卷和电子问卷两种类型，内容一致。第一，通过四川大学商学院 MBA 中心、EMBA 中心、EDP 中心、校友会四个部门的工作人员代为发放。其中，在商学院 MBA 中心和 EMBA 中心课堂以及 EDP 中心的总裁和高管培训班级课堂上发放纸质问卷，同时通过 MBA 中心、EMBA 中心、EDP 中心和校友会的班级和校友微信群、QQ 群等网络平台发放电子问卷 242 份，回收问卷 213 份，有效问卷 103 份。第二，依托导师团队的研究项目

5 实证研究与分析讨论

和课题,在前往深圳、北京、四川、上海等地孵化园和企业园区进行实地调研时,现场发放纸质问卷 69 份,回收问卷 61 份,有效问题 54 份。第三,委托朋友和同学及其人际关系(有的同学工作接触新创企业高管较多,有的同学和朋友本身就在创业),发放纸质和电子问卷 144 份,回收问卷 111 份,有效问卷 79 份。第四,通过四川省创新创业中心等政府下属机构和部门发放纸质和电子问卷 109 份,回收问卷 79 份,有效问卷 72 份。在筛选问卷时,主要对数据残缺不全、作答均为同一数值等存在问题的问卷,企业成立年限超过 8 年、作答者不属于企业中高管或创始人等不符合要求的问卷进行剔除。

本研究通过以上四种途径共发放问卷 564 份,回收问卷 354 份,有效问卷 308 份,有效问卷回收率为 54.60%(具体见表 5.1)。

表 5.1 本研究问卷的发放与回收情况

问卷发放方式	发放数量	回收数量	回收率	有效数量	有效率
MBA 中心、EMBA 中心、EDP 中心、校友会发放	242	213	88.01%	103	42.56%
企业现场发放	69	61	88.40%	54	78.26%
委托朋友、同学发放	144	111	77.08%	79	54.86%
委托政府下属机构发放	109	79	72.47%	72	66.05%
合计	564	354	62.76%	308	54.60%

5.1.2 样本的基本情况

本研究主要从企业成立年限、企业规模、所属行业和调研对象职位四方面对样本的基本情况进行描述。

表 5.2 样本企业基本信息描述(N=308)

样本企业基本信息	次数	百分比	有效的百分比	累计百分比
企业成立年限				
1 年及以下	18	5.8	5.8	5.8
2—3 年	93	30.2	30.2	36
4—5 年	109	35.4	35.4	71.4
6—8 年	88	28.6	28.6	100
企业规模				

续表5.2

样本企业基本信息	次数	百分比	有效的百分比	累计百分比
5人及以下	27	8.7	8.7	8.7
6—20人	102	33.1	33.1	41.8
21—50人	84	27.3	27.3	69.1
51—100人	54	17.6	17.6	86.7
100人以上	41	13.3	13.3	100
企业所属行业				
农、林、牧、渔业	46	14.9	14.9	14.9
信息传输、软件和技术服务业	66	21.4	21.4	36.3
批发与零售	26	8.4	8.4	44.7
文化、体育和娱乐业	24	7.8	7.8	52.5
住宿和餐饮业	21	6.8	6.8	59.3
金融业	27	8.8	8.8	68.1
制造业	16	5.2	5.2	73.3
教育	28	9.1	9.1	82.4
房地产业	7	2.3	2.3	84.7
商务服务业和租赁	22	7.2	7.2	91.9
建筑业	7	2.3	2.3	94.2
其他	18	5.8	5.8	100
调研对象职位				
企业创始人	62	20.1	20.1	20.1
高层管理者	187	60.7	60.7	80.8
中层管理者	59	19.2	19.2	100

5.1.3 描述性统计分析

对样本数据整理过后,本部分将进行数据的描述性统计分析,包括对样本数据的均值、标准差、偏度和峰度等进行分析以观察数据的分布形态,为下一步的数据分析奠定基础。如表5.3所示,结果表明标准差的数值很小,偏度和峰度也在正常范围内,样本近似地服从正态分布。

5 实证研究与分析讨论

表 5.3 描述统计量（N=308）

题号	最小值	最大值	均值	标准差	偏度	峰度
SE1	1	5	3.84	1.080	−.579	−.456
SE2	1	5	3.64	1.140	−.432	−.600
SE3	1	5	3.53	1.090	−.114	−.998
RE1	1	5	3.48	1.041	−.166	−.506
RE2	1	5	3.45	1.028	−.222	−.400
RE3	1	5	3.51	1.035	−.195	−.517
SC1	1	5	3.59	1.038	−.271	−.543
SC2	1	5	3.74	.984	−.492	−.224
SC3	1	5	3.80	.970	−.671	.167
IC1	1	5	3.93	1.015	−.740	−.063
IC2	1	5	3.87	.995	−.661	−.067
IC3	1	5	3.94	.955	−.713	.233
IC4	1	5	3.85	1.037	−.638	−.312
RC1	1	5	3.71	1.010	−.426	−.347
RC2	1	5	3.83	.957	−.486	−.378
RC3	1	5	3.83	.972	−.635	.029
RC4	1	5	3.79	.932	−.449	−.186
RC5	1	5	3.66	.974	−.391	−.199
ED1	1	5	3.62	1.148	−.514	−.423
ED2	1	5	3.51	1.168	−.429	−.562
ED3	1	5	3.42	1.182	−.327	−.635
EC1	1	5	4.22	.943	−1.181	1.030
EC2	1	5	4.09	.999	−.965	.373
EC3	1	5	4.05	1.068	−.985	.271
NVP1	1	5	3.36	1.075	−.299	−.405
NVP2	1	5	3.34	1.076	−.246	−.355
NVP3	1	5	3.08	1.135	.035	−.672
NVP4	1	5	3.25	1.112	−.135	−.529
NVP5	1	5	3.29	1.094	−.255	−.476

（注：SE—结构嵌入；RE—关系嵌入；SC—感知能力；IC—整合能力；RC—重构能

力；ED－环境动态性；EC－环境竞争性；NVP－新创企业绩效。）

5.2 量表信度与效度分析

5.2.1 大样本信度分析

对新创企业绩效分量表进行信度检验，结果如表5.4－5.7所示，各个变量的Cronbach's α系数为均大于0.7，删除某个测量题项后Cronbach's α系数均比量表总的α系数要小，题项－总体相关系数（CICT）也均远大于0.35，说明新创企业绩效的各题项之间具有较好的内部一致性，不需要删除题项。

表5.4　新创企业绩效的信度检验结果（N=308）

变量	题号	题项 （与主要竞争者相比）	CITC	删除该题项 后的α值	α
新创企业绩效	NVP1	我们的市场份额增长速度快	0.823	0.887	0.915
	NVP2	我们的销售总额增长速度快	0.824	0.887	
	NVP3	我们的新员工数量增长速度快	0.728	0.907	
	NVP4	我们的净利润水平高	0.753	0.901	
	NVP5	我们的投资回报率高	0.782	0.895	

表5.5　网络嵌入－结构嵌入和关系嵌入的信度检验结果（N=308）

变量	题号	题项	CITC	删除该题项 后的α值	α
结构嵌入	SE1	我们与很多网络成员建立了广泛联系	0.729	0.838	0.870
	SE2	我们关系网络中的绝大多数成员相互间都有往来	0.815	0.758	
	SE3	其他网络成员经常通过我们介绍认识并建立联系	0.716	0.850	
关系嵌入	RE1	我们与网络成员联系频繁	0.868	0.922	.947
	RE2	我们与网络成员相互信任	0.892	0.923	
	RE3	我们与关联企业关系持久	0.871	0.924	

表 5.6 动态能力-感知能力、整合能力和重构能力的信度检验结果（N=308）

变量	题号	题项	CITC	删除该题项后的α值	α
感知能力	SC1	我们能有效搜寻未被满足的市场需求	0.771	0.882	0.899
	SC2	我们能有效识别顾客需要的产品（服务）	0.847	0.815	
	SC3	我们能有效判断行业相关技术和市场变化趋势	0.784	0.869	
整合能力	IC1	我们会密切关注竞争对手的市场行为	0.761	0.904	0.916
	IC2	我们会整合顾客信息以探索潜在市场	0.823	0.883	
	IC3	我们会整合行业信息以进行管理决策	0.865	0.869	
	IC4	我们会整合行业相关知识和技术开发新产品（服务）	0.775	0.900	
重构能力	RC1	我们对市场变化或竞争对手的行动反应迅速	0.800	0.912	0.927
	RC2	我们能随业务重心的改变迅速进行相应调整	0.844	0.903	
	RC3	我们能适时对工作流程/任务/职能进行调整	0.801	0.911	
	RC4	我们能适时对企业内外部关系网络进行调整	0.838	0.905	
	RC5	我们能够及时更新或抛弃过时的资源或知识	0.760	0.919	

表 5.7 环境不确定性-环境动态性和环境竞争性的信度检验结果（N=308）

变量	题号	题项	CITC	删除该题项后的α值	α
环境动态性	ED1	我们行业市场和顾客需求的变化很快	0.743	0.854	0.881
	ED2	我们行业推出新产品（服务）的速度很快	0.766	0.834	
	ED3	我们行业产品技术变化的速度很快	0.800	0.804	

续表5.7

变量	题号	题项	CITC	删除该题项后的α值	α
环境竞争性	EC1	我们行业的市场竞争非常激烈	0.810	0.782	0.877
	EC2	我们行业的竞争对手非常强大	0.730	0.849	
	EC3	我们行业的竞争对手数量很多	0.744	0.840	

5.2.2 探索性因子分析

本部分将继续对新创企业绩效、动态能力、网络嵌入和环境不确定性四个分量表进行探索性因子分析以检验其建构效度。

首先对新创企业绩效分量表进行探索性因子分析以检验其建构效度。利用主成分分析法和最大方差旋转法提取因子，结果如表5.8所示，新创企业绩效分量表的KMO值为0.802，大于0.7，并且Bartlett球体检验统计值显著异于0（p<0.01），结果表明适合对其进行因子分析。在此基础上，本研究用样本数据对所构建的新创企业绩效分量表的5个题项进行探索性因子，结果如表5.9和表5.10所示，根据特征根大于1，经过最大方差法旋转后各题项因子载荷大于0.5的要求，提取出了一个因子，解释了总体方差的74.67%，且所有因子的载荷均在0.8以上（最小的载荷为0.825），符合大于0.5的要求，非常明显NVP1-NVP5这五个题项反映的是新创企业绩效的情况。由上述可见新创企业绩效分量表具有较好的建构效度。

表5.8 新创企业绩效分量表的KMO及Bartlett球体检验统计结果（N=308）

KMO取样适度性度量值		0.802
Bartlett球体检验	近似卡方	1250.832
	自由度	10
	显著性	0.000

表5.9 新创企业绩效分量表解释的总方差（N=308）

成分	初始特征值			平方和负荷量萃取		
	总和	方差的%	累积%	总和	方差的%	累积%
1	3.735	74.699	74.699	3.735	74.699	74.699
2	.628	12.552	87.251			

5 实证研究与分析讨论

续表5.9

成分	初始特征值			平方和负荷量萃取		
	总和	方差的%	累积%	总和	方差的%	累积%
3	.349	6.977	94.228			
4	.171	3.420	97.648			
5	.118	2.352	100.000			

表5.10 新创企业绩效分量表的探索性因子分析结果（N=308）

题号	题项 （与主要竞争对象相比）	因子载荷
		1
NVP1	我们的市场份额增长速度快	0.894
NVP2	我们的销售总额增长速度快	0.896
NVP3	我们的新员工数量增长速度快	0.825
NVP4	我们的净利润水平高	0.842
NVP5	我们的投资回报率高	0.862

接下来，对动态能力分量表进行探索性因子分析以检验其建构效度。结果如表5.11所示，动态能力分量表的KMO值为0.937，大于0.7，并且Bartlett球体检验统计值显著异于0（p<0.01），结果表明适合对其进行因子分析。在此基础上，本研究用样本数据对所构建的动态能力分量表的12个题项进行探索性因子，结果如表5.12和表5.13所示，根据经过最大方差法旋转后各题项因子载荷大于0.5的要求，提取了三个因子，共解释了总体方差的80.20%，且所有因子的载荷均在0.6以上（最小的载荷为0.697），符合大于0.5的要求，且不存在横跨不同因子的题项，说明因子载荷在三个因子间均具有较好的区分度。通过因子分析可以观察到三个因子的含义非常明确，因子1包含RC1—RC5这五个题项，符合理论预设，非常明显是对重构能力的测量，因子2包含IC1—IC4这四个题项，符合理论预设，非常明显是对整合能力的测量，因子3包含SC1—SC3这三个题项，符合理论预设，非常明显是对感知能力的测量。由上述可见动态能力分量表具有较好的建构效度。

表 5.11 动态能力分量表的 KMO 及 Bartlett 球体检验统计结果（N=308）

KMO 取样适度性度量值		0.937
Bartlett 球体检验	近似卡方	3209.070
	自由度	66
	显著性	0.000

表 5.12 动态能力分量表解释的总方差（N=308）

成分	初始特征值			平方和负荷量萃取			转轴平方和负荷量		
	总和	方差的%	累积%	总和	方差的%	累积%	总和	方差的%	累积%
1	7.782	64.851	64.851	7.782	64.851	64.851	3.757	31.306	31.306
2	1.148	9.564	74.415	1.148	9.564	74.415	3.326	27.719	59.024
3	.694	5.785	80.200	.694	5.785	80.200	2.541	21.175	80.200
4	.405	3.372	83.571						
5	.340	2.833	86.405						
6	.328	2.733	89.138						
7	.321	2.671	91.810						
8	.241	2.006	93.816						
9	.220	1.830	95.646						
10	.205	1.706	97.351						
11	.168	1.404	98.755						
12	.149	1.245	100.000						

表 5.13 动态能力分量表的探索性因子分析结果（N=308）

题号	题项	因子载荷		
		1	2	3
RC3	我们能适时对工作流程/任务/职能进行调整	0.856	0.200	0.191
RC2	我们能随业务重心的改变迅速进行相应调整	0.810	0.333	0.227
RC4	我们能适时对企业内外部关系网络进行调整	0.797	0.305	0.294
RC5	我们能够及时更新或抛弃过时的资源或知识	0.742	0.250	0.324

续表5.13

题号	题项	因子载荷		
		1	2	3
RC1	我们对市场变化或竞争对手的行动反应迅速	0.722	0.454	0.213
IC3	我们会整合行业信息以进行管理决策	0.321	0.809	0.314
IC4	我们会整合行业相关知识和技术开发新产品（服务）	0.319	0.769	0.275
IC1	我们会密切关注竞争对手的市场行为	0.286	0.757	0.315
IC2	我们会整合顾客信息以探索潜在市场	0.339	0.751	0.352
SC2	我们能有效识别顾客需要的产品（服务）	0.310	0.334	0.820
SC1	我们能有效搜寻未被满足的市场需求	0.280	0.306	0.813
SC3	我们能有效判断行业相关技术和市场变化趋势	0.295	0.477	0.697

接下来，对网络嵌入分量表进行探索性因子分析以检验其建构效度，结果如表5.14所示，网络嵌入分量表的KMO值为0.876，大于0.7，并且Bartlett球体检验统计值显著异于0（p<0.01），结果表明适合对其进行因子分析。在此基础上，本研究用样本数据对所构建的网络嵌入分量表的六个题项进行探索性因子，结果如表5.15和表5.16所示，根据经过最大方差法旋转后各题项因子载荷大于0.5的要求，提取了两个因子，共解释了总体方差的85.24%，且所有因子的载荷均在0.7以上（最小的载荷为0.770），符合大于0.5的要求，不存在横跨不同因子的题项，说明因子载荷在两个因子间均具有较好的区分度。通过因子分析可以观察到两个因子的含义非常明确，因子1包含RE1—RE3这三个题项，符合理论预设，非常明显是对关系嵌入的测量，因子2包含SE1—SE3这三个题项，符合理论预设，非常明显是对结构嵌入的测量。由上述可见网络嵌入分量表具有较好的建构效度。

表5.14 网络嵌入分量表的KMO及Bartlett球体检验统计结果（N=308）

KMO取样适度性度量值		0.876
Bartlett球体检验	近似卡方	1600.340
	自由度	15
	显著性	0.000

表 5.15 网络嵌入分量表构成的解释的总方差 （N=308）

成分	初始特征值			平方和负荷量萃取			转轴平方和负荷量		
	总和	方差的%	累积%	总和	方差的%	累积%	总和	方差的%	累积%
1	4.386	73.101	73.101	4.386	73.101	73.101	2.681	44.684	44.684
2	.728	12.140	85.241	.728	12.140	85.241	2.433	40.557	85.241
3	.387	6.457	91.698						
4	.224	3.739	95.437						
5	.144	2.405	97.842						
6	.129	2.158	100.000						

表 5.16 网络嵌入分量表的探索性因子分析结果 （N=308）

题号	题项	因子载荷	
		1	2
RE3	我们与网络成员关系持久	0.897	0.323
RE2	我们与网络成员相互信任	0.889	0.342
RE1	我们与网络成员联系频繁	0.841	0.445
SE1	我们与很多网络成员建立了广泛联系	0.266	0.857
SE2	我们关系网络中的绝大多数成员相互间都有往来	0.401	0.828
SE3	其他网络成员经常通过我们介绍认识并建立联系	0.385	0.770

接下来，对环境不确定性分量表进行探索性因子分析以检验其建构效度，结果如表 5.17 所示，环境不确定性分量表的 KMO 值为 0.781，大于 0.7，并且 Bartlett 球体检验统计值显著异于 0 （p<0.01），结果表明适合对其进行因子分析。在此基础上，本研究用样本数据对所构建的环境不确定性分量表的 6 个题项进行探索性因子，结果如表 5.18 和表 5.19 所示，根据经过最大方差法旋转后各题项因子载荷大于 0.5 的要求，提取了两个因子，共解释了总体方差的 80.58%，且所有因子的载荷均在 0.8 以上（最小的载荷为 0.861），符合大于 0.5 的要求，不存在横跨不同因子的题项，说明因子载荷在两个因子间均具有较好的区分度。通过因子分析可以观察到两个因子的含义非常明确，因子 1 包含 EC1－EC3 这三个题项，符合理论预设，非常明显是对环境竞争性的测量，因子 2 包含 ED1－ED3 这三个题项，符合理论预设，非常明显是对环境动

态性的测量。由上述可见环境不确定性分量表具有较好的建构效度。

表 5.17 环境不确定性分量表的 KMO 及 Bartlett 球体检验统计结果（N=308）

KMO 取样适度性度量值		0.781
Bartlett 球体检验	近似卡方	1037.619
	自由度	15
	显著性	0.000

表 5.18 环境不确定性分量表构成的解释的总方差（N=308）

成分	初始特征值			平方和负荷量萃取			转轴平方和负荷量		
	总和	方差的%	累积%	总和	方差的%	累积%	总和	方差的%	累积%
1	3.333	55.548	55.548	3.333	55.548	55.548	2.423	40.388	40.388
2	1.502	25.036	80.584	1.502	25.036	80.584	2.412	40.196	80.584
3	.379	6.323	86.907						
4	.316	5.266	92.173						
5	.247	4.121	96.294						
6	.222	3.706	100.000						

表 5.19 环境不确定性分量表的探索性因子分析结果（N=308）

题号	题项	因子载荷	
		1	2
EC1	我们行业的市场竞争非常激烈	0.908	0.134
EC2	我们行业的竞争对手非常强大	0.876	0.190
EC3	我们行业的竞争对手数量很多	0.861	0.198
ED2	我们行业推出新产品（服务）的速度很快	0.178	0.904
ED3	我们行业产品技术变化的速度很快	0.186	0.867
ED1	我们行业市场和顾客需求的变化很快	0.155	0.866

5.2.3 验证性因子分析

本研究将采用 AMOS21.0 软件，通过构建结构方程模型，对各分量表的建构效度和拟合度进行检验。

5.2.3.1 动态能力分量表的验证性因子分析

对动态能力分量表进行验证性因子分析。如表5.20所示，动态能力分量表测量模型拟合结果显示，χ^2值为129.352（自由度df=51），$\chi^2/df=2.53$，小于3；NFI=0.960，TLI=0.968，IFI=0.976，CFI=0.975，均大于0.9；RESEA为0.071，小于0.8；各路径系数均在$p<0.001$的水平上通过了显著性检验。各指标拟合程度处于较好适配状态，故本研究对动态能力分量表划分为三个变量是有效的。

而且，感知能力、整合能力、重构能力各变量的测量题项在公因子上的标准因子载荷均大于0.7（最低为0.798），组合信度CR的值均大于0.9，平均方差抽取量（AVE）的值均大于0.5，表明各变量具有较好的收敛效度。从表5.24可以看出，动态能力分量表具有较好的区分效度。总体而言，动态能力分量表具有较好的建构效度。

表5.20 动态能力分量表模型拟合结果

变量	题号	标准化因子载荷	CR	AVE
感知能力	SC1	0.827	0.901	0.753
	SC2	0.902		
	SC3	0.873		
整合能力	IC1	0.811	0.918	0.736
	IC2	0.880		
	IC3	0.910		
	IC4	0.827		
重构能力	RC1	0.853	0.928	0.720
	RC2	0.882		
	RC3	0.832		
	RC4	0.875		
	RC5	0.798		
χ^2	129.352	TLI	0.968	
df	51	CFI	0.975	

续表 5.20

变量	题号	标准化因子载荷	CR	AVE
χ^2/df	2.53	NFI	0.960	
RESEA	0.071	IFI	0.976	

5.2.3.2 网络嵌入分量表的验证性因子分析

对网络嵌入分量表进行验证性因子分析。如表 5.21 所示，网络嵌入分量表测量模型拟合结果显示，χ^2 值为 23.757（自由度 df=8），$\chi^2/\mathrm{df}=2.96$，小于 3；NFI=0.985，TLI=0.982，IFI=0.990，CFI=990，均大于 0.9；RESEA 为 0.080；各路径系数均在 p<0.001 的水平上通过了显著性检验。各指标拟合程度处于较好适配状态，故本研究对网络嵌入分量表划分为两个变量是有效的。

而且，结构嵌入、关系嵌入各变量的测量题项在公因子上的标准因子载荷均大于 0.7（最低为 0.795），组合信度 CR 的值均大于 0.8，平均方差抽取量（AVE）的值均大于 0.5，表明各变量具有较好的收敛效度。从表 5.24 可以看出，网络嵌入分量表具有较好的区分效度。总体而言，网络嵌入分量表具有较好的建构效度。

表 5.21 网络嵌入分量表模型拟合结果

变量	题号	标准化因子载荷	CR	AVE
结构嵌入	SE1	0.796	0.875	0.700
	SE2	0.914		
	SE3	0.795		
关系嵌入	RE1	0.940	0.947	0.856
	RE2	0.919		
	RE3	0.916		
χ^2	23.757	TLI	0.982	
df	8	CFI	0.990	
χ^2/df	2.96	NFI	0.985	
RESEA	0.080	IFI	0.990	

5.2.3.3 环境不确定性分量表的验证性因子分析

对环境不确定性分量表进行验证性因子分析。如表 5.22 所示,环境不确定性分量表测量模型拟合结果显示,χ^2 值为 11.684(自由度 df=8),χ^2/df=1.461,小于 2;NFI=0.989,TLI=0.993,IFI=0.996,CFI=996,均大于 0.9;RESEA 为 0.039,小于 0.05;各路径系数均在 $p<0.001$ 的水平上通过了显著性检验。各指标拟合程度处于较好适配状态,故本研究对环境不确定性分量表划分为两个变量是有效的。

而且,环境动态性、环境竞争性各变量的测量题项在公因子上的标准因子载荷均大于 0.7(最低为 0.796),组合信度 CR 的值均大于 0.8,平均方差抽取量(AVE)的值均大于 0.5,表明各变量具有较好的收敛效度。从表 5.24 可以看出,环境不确定性分量表具有较好的区分效度。总体而言,环境不确定性分量表具有较好的建构效度。

表 5.22 环境不确定性分量表模型拟合结果

变量	题号	标准化因子载荷	CR	AVE
环境动态性	ED1	0.810	0.882	0.714
	ED2	0.843		
	ED3	0.880		
环境竞争性	EC1	0.910	0.879	0.709
	EC2	0.796		
	EC3	0.816		
χ^2	11.684	NFI	0.989	
df	8	IFI	0.996	
χ^2/df	1.461	TLI	0.993	
RESEA	0.039	CFI	0.996	

5.2.3.4 新创企业绩效分量表的验证性因子分析

对新创企业绩效分量表进行验证性因子分析。如表 5.23 所示,新创企业绩效分量表测量模型拟合结果显示,新创企业绩效各测量题项的标准化因子载荷均大于 0.7(最小为 0.720),可以接受。组合信度 CR 的值均大于 0.8,平均方差抽取量(AVE)的值均大于 0.5,表明各变量具有较好的收敛效度。从

表 5.24 可以看出，新创企业绩效分量表具有较好的区分效度。总体而言，新创企业绩效分量表具有较好的建构效度。

表 5.23 新创企业绩效分量表模型拟合结果

变量	题号	标准化因子载荷	CR	AVE
新创企业绩效	NVP1	0.922	0.911	0.674
	NVP2	0.921		
	NVP3	0.771		
	NVP4	0.720		
	NVP5	0.749		

表 5.24 判别效度

	SE	RE	SC	IC	RC	ED	EC	NVP
SE	0.837							
RE	.719**	0.925						
SC	.442**	.532**	0.868					
IC	.390**	.449**	.761**	0.858				
RC	.397**	.506**	.672**	.717**	0.849			
ED	.292**	.301**	.369**	.424**	.527**	0.939		
EC	.292**	.255**	.200**	.302**	.344**	.379**	0.938	
NVP	.361**	.452**	.483**	.474**	.606**	.452**	.220**	0.821

（注：SE－结构嵌入；RE－关系嵌入；SC－感知能力；IC－整合能力；RC－重构能力；ED－环境动态性；EC－环境竞争性；NVP－新创企业绩效。）

**. 相关性在 0.01 层上显著（双尾）。

5.2.4 变量相关性分析

通过 Pearson 相关分析来检验结构嵌入、关系嵌入、感知能力、整合能力、重构能力、环境动态性、环境竞争性和新创企业绩效关系的密切程度。如表 5.25 所示，Pearson 相关系数表明各变量之间的关系处于比较理想的状态，都在 0.01 置信水平（双尾）上显著相关，且其绝对值均小于 0.75，可以进一步进行假设检验。

表 5.25 变量间的 Pearson 相关系数

	SE	RE	SC	IC	RC	ED	EC	NVP
SE	1							
RE	.719**	1						
SC	.442**	.532**	1					
IC	.390**	.449**	.741**	1				
RC	.397**	.506**	.672**	.717**	1			
ED	.292**	.301**	.369**	.424**	.527**	1		
EC	.292**	.255**	.200**	.302**	.344**	.379**	1	
NVP	.361**	.452**	.483**	.474**	.606**	.452**	.220**	1

（注：SE－结构嵌入；RE－关系嵌入；SC－感知能力；IC－整合能力；RC－重构能力；ED－环境动态性；EC－环境竞争性；NVP－新创企业绩效。）

**. 相关性在 0.01 层上显著（双尾）。

5.3 回归分析与假设检验

5.3.1 回归的三大问题检验

本研究将采用回归分析对样本数据进行检验，从而对理论模型和研究假设进行验证。Pearson 相关分析的结果表明，结构嵌入、关系嵌入、感知能力、整合能力、重构能力、环境动态性、环境竞争性和新创企业绩效之间存在显著相关性，可进行回归分析。为确保回归分析结果的科学性，必须首先对回归分析三大问题进行检验（马庆国，2002）[535]。

(1) 多重共线问题

本研究对回归模型的方差膨胀因子（VIF）进行计算，结果表明，所有模型中的 VIF 值均在 0—10 之间，自变量之间不存在多重共线性问题。

(2) 异方差的问题

本研究对回归模型进行异方差检验，以标准化残差为纵轴，标准化预测为横轴进行残差项分析，结果表明，散点图呈现无序状态，所有回归模型均不存在异方差问题。

(3) 序列相关问题

本研究对回归模型的 DW 值进行计算，结果表明，所有回归模型的 DW

值均接近于 2，所有回归模型均不存在序列相关问题。

5.3.2 动态能力的中介作用

本节将分析动态能力（感知能力、整合能力和重构能力）在网络嵌入（结构嵌入和关系嵌入）与新创企业绩效关系间的中介作用，即网络嵌入（结构嵌入和关系嵌入）如何通过影响动态能力（感知能力、整合能力和重构能力）来实现对新创企业绩效的影响。如图 5.5 所示，如果自变量 X 通过影响 M 来影响因变量 Y，则 M 为中介变量（温忠麟、侯杰泰和张雷，2005）[511]。

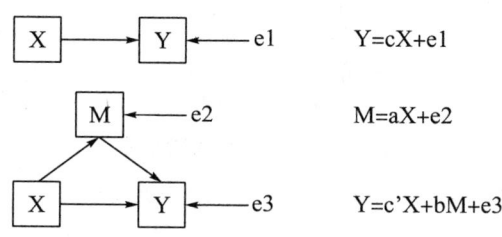

图 5.5 中介作用示意图

资料来源：根据温忠麟、侯杰泰和张雷（2005）研究整理

在公式 Y=cX+e1 中，c 是系数，代表的是 X 对 Y 的总体影响程度；在公式 Y=c'X+bM+e3 中，c'代表的是 X 对 Y 的直接影响，e3 代表中介效应的大小，用 c-c'来测量。中介作用包括完全中介作用和部分中介作用，如果中介变量 M 的加入导致自变量 X 对因变量 Y 的影响力度消失，则说明中介变量 M 在自变量 X 和因变量 Y 之间发挥完全中介作用；如果中介变量 M 的加入导致自变量 X 对因变量 Y 的影响力度降低，则说明中介变量 M 在自变量 X 和因变量 Y 之间发挥部分中介作用。中介作用的验证步骤如图 5.6 所示。

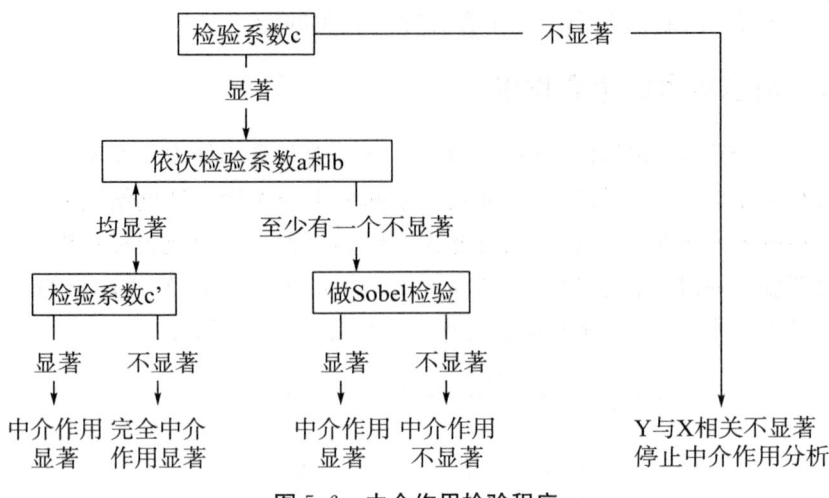

图 5.6 中介作用检验程序

资料来源：根据温忠麟、侯杰泰和张雷（2005）研究整理

第一步：检验方程 $Y=cX+e1$ 中的系数 c。如果 c 不显著，则说明自变量 X 与因变量 Y 之间的关系不显著，应该停止中介作用的检验。反之，则进行第二步。

第二步：检验方程 $M=aX+e2$ 中的系数 a 和方程 $Y=c'X+bM+e3$ 中的系数 b。如果系数 a 和 b 中至少有一个系数不显著，则要进行 Sobel 检验。Sobel 检验适用于分析回归系数的乘积项 ab 是否显著，如果显著则存在中介作用，反之，则不存在中介作用。如果系数 a 和 b 都显著，则可进行第三步。

第三步：检验方程 $Y=c'X+bM+e3$ 中的系数 c'，如果系数 c' 显著，则说明具有部分中介作用；如果系数 c' 不显著，则说明具有完全中介作用。

接下来，本研究将按照温忠麟、侯杰泰和张雷（2005）[541] 提出的中介作用检验方法和思路进行分析和验证。

5.3.2.1 网络嵌入对新创企业绩效的影响

为进一步验证结构嵌入和关系嵌入对新创企业绩效的作用，本研究将结构嵌入和关系嵌入作为自变量，新创企业绩效作为因变量，运用 SPSS22.0 软件进行多元回归分析，结果如表 5.26 所示。回归分析结果显示，结构嵌入对新创企业绩效有正向影响（β=0.290，Sig.=0.000，$p<0.05$），关系嵌入对新创企业绩效有正向影响（β=0.223，Sig.=0.000，$p<0.05$），验证了假设 H1 "结构嵌入对新创企业绩效有正向影响"和 H2 "关系嵌入对新创企业绩效有

正向影响"成立。

表 5.26 结构嵌入和关系嵌入对新创企业绩效影响的系数

模型		非标准化系数		标准化系数	T	显著性	调整后R平方	F
		B	标准错误	Beta				
1	（常数）	1.596	.188		8.498	.000	0.225	45.631
	结构嵌入	.269	.070	.290	3.834	.000		
	关系嵌入	.220	.075	.223	2.954	.000		

注：应变数：新创企业绩效

5.3.2.2 网络嵌入对动态能力的影响

（1）网络嵌入对感知能力的影响

为验证结构嵌入和关系嵌入对感知能力的作用，本研究将结构嵌入和关系嵌入作为自变量，感知能力作为因变量，运用SPSS22.0软件进行多元回归分析，结果如表5.27。回归分析结果显示，结构嵌入对感知能力有正向影响（$\beta=0.248$，Sig.$=0.000$，$p<0.05$），关系嵌入对感知能力有正向影响（$\beta=0.305$，Sig.$=0.000$，$p<0.05$），验证了假设H3"结构嵌入对感知能力有正向影响"和H6"关系嵌入对感知能力有正向影响"成立。

表 5.27 结构嵌入和关系嵌入对感知能力影响的系数

模型		非标准化系数		标准化系数	T	显著性	调整后R平方	F
		B	标准错误	Beta				
1	（常数）	2.005	.170		11.790	.000	0.263	55.745
	结构嵌入	.214	.064	.248	3.363	.001		
	关系嵌入	.280	.068	.305	4.142	.000		

注：应变数：感知能力

（2）网络嵌入对整合能力的影响

为验证结构嵌入和关系嵌入对整合能力的作用，本研究将结构嵌入和关系嵌入作为自变量，整合能力作为因变量，运用SPSS22.0软件进行多元回归分析，结果如表5.28。回归分析结果显示，结构嵌入对整合能力有正向影响（$\beta=0.357$，Sig.$=0.000$，$p<0.05$），关系嵌入对感知能力有正向影响（$\beta=0.169$，Sig.$=0.000$，$p<0.05$），再次验证了假设H4"结构嵌入对整合能力有正向影响"和H7"关系嵌入对整合能力有正向影响"成立。

表 5.28　结构嵌入和关系嵌入对整合能力影响的系数

模型		非标准化系数		标准化系数	T	显著性	调整后 R 平方	F
		B	标准错误	Beta				
1	（常数）	2.451	.170		14.411	.000	0.226	52.931
	结构嵌入	.297	.064	.357	4.678	.000		
	关系嵌入	.141	.068	.169	2.222	.027		

注：应变数：整合能力

（3）网络嵌入对重构能力的影响

为验证结构嵌入和关系嵌入对重构能力的作用，本研究将结构嵌入和关系嵌入作为自变量，重构能力作为因变量，运用 SPSS22.0 软件进行多元回归，结果如表 5.29。回归分析结果显示，结构嵌入对重构能力有正向影响（β=0.301，Sig.＝0.000，p＜0.05），关系嵌入对重构能力有正向影响（β=0.253，Sig.＝0.000，p＜0.05），再次验证了假设 H5"结构嵌入对重构能力有正向影响"和 H8"关系嵌入对重构能力有正向影响"成立。

表 5.29　结构嵌入和关系嵌入对重构能力影响的系数

模型		非标准化系数		标准化系数	T	显著性	调整后 R 平方	F
		B	标准错误	Beta				
1	（常数）	2.234	.158		14.173	.000	0.264	56.029
	结构嵌入	.241	.059	.301	4.091	.000		
	关系嵌入	.215	.063	.253	3.435	.001		

注：应变数：重构能力

5.3.2.3　动态能力对新创企业绩效的影响

为验证感知能力、整合能力和重构能力对新创企业绩效的作用，本研究将感知能力、整合能力和重构能力作为自变量，新创企业绩效作为因变量，运用 SPSS22.0 软件进行多元回归分析，结果如表 5.30。回归分析结果显示，感知能力对新创企业绩效有正向影响（β=0.210，Sig.＝0.000，p＜0.05），整合能力对新创企业绩效有正向影响（β=0.149，Sig.＝0.000，p＜0.05），重构能力对新创企业绩效有正向影响（β=0.424，Sig.＝0.000，p＜0.05），再次验证了假设 H9"感知能力对新创企业绩效有正向影响"、H10"整合能力对新创企业绩效有正向影响"和 H11"重构能力对新创企业绩效有正向影响"

成立。

表 5.30 感知能力、整合能力和重构能力对新创企业绩效影响的系数

模型		非标准化系数		标准化系数	T	显著性	调整后 R 平方	F
		B	标准错误	Beta				
1	（常数）	0.543	.226		2.401	.017	0.345	54.867
	感知能力	.226	.079	.210	2.851	.005		
	整合能力	.156	.090	.149	2.032	.043		
	重构能力	.493	.080	.424	6.130	.000		

注：应变数：新创企业绩效

5.3.2.4 动态能力在结构嵌入与新创企业绩效关系间的中介作用

（1）感知能力在结构嵌入与新创企业绩效关系间的中介作用

本研究已经在前面部分验证了假设 H1"结构嵌入对新创企业绩效有正向影响"成立，假设 H3"结构嵌入对感知能力有正向影响"成立，因此，可以继续检验感知能力在结构嵌入与新创企业绩效关系间的中介作用（H12）（温忠麟、侯杰泰和张雷，2005）[511]。

表 5.31 感知能力在结构嵌入－新创企业绩效的中介作用的模型摘要

模型	R	R 平方	调整后 R 平方	标准偏斜度错误
1	.208[a]	.208	.206	.82085
2	.310[b]	.310	.305	.76759

a. 预测值：（常数），结构嵌入
b. 预测值：（常数），结构嵌入，感知能力

表 5.32 感知能力在结构嵌入－新创企业绩效的中介作用的变异数分析[a]

模型		平方和	df	平均值平方	F	显著性
1	回归	54.253	1	54.253	80.517	.000[b]
	残差	206.183	306	.674		
	总计	260.435	307			
2	回归	80.733	2	40.366	68.512	.000[c]
	残差	179.703	305	.589		
	总计	260.435	307			

a. 应变数：新创企业绩效
b. 预测值：（常数），结构嵌入

c. 预测值：(常数)，结构嵌入，感知能力

表 5.33 感知能力在结构嵌入－新创企业绩效的中介作用的系数[a]

模型		非标准化系数		标准化系数	T	显著性
		B	标准错误	Beta		
1	(常数)	1.795	.178		10.106	.000
	结构嵌入	.424	.047	.456	8.973	.000
2	(常数)	.913	.212		4.311	.000
	结构嵌入	.264	.050	.284	5.249	.000
	感知能力	.391	.058	.363	6.704	.000

a. 应变数：新创企业绩效

从表 5.31、表 5.32 和表 5.33 可以看出，对比模型 1 和模型 2，在加入感知能力这一中介变量之后，调整后的 R 方值为 0.305，说明模型 2 能够解释新创企业绩效整体 30.5% 的变化，F 值在 0.001 的水平上显著（F=68.512），且结构嵌入和感知能力对新创企业绩效的回归系数均显著（β 分别为 0.284 和 0.363，p<0.05）。同时，结构嵌入对新创企业绩效的影响作用降低，回归系数由原来的 0.424 降低到了 0.264，由此可以判定感知能力在结构嵌入与新创企业绩效关系间发挥部分中介作用。假设 H12"感知能力在结构嵌入与新创企业绩效之间起到中介作用"成立。

(2) 整合能力在结构嵌入与新创企业绩效关系间的中介作用

本研究已经在前面部分验证了假设 H1"结构嵌入对新创企业绩效有正向影响"成立，假设 H4"结构嵌入对整合能力有正向影响"成立，因此，可以继续检验整合能力在结构嵌入与新创企业绩效关系间的中介作用（H13）（温忠麟、侯杰泰和张雷，2005）[511]。

表 5.34 整合能力在结构嵌入－新创企业绩效的中介作用的模型摘要

模型	R	R 平方	调整后 R 平方	标准偏斜度错误
1	.456[a]	.208	.206	.82085
2	.548[b]	.301	.296	.77273

a. 预测值：(常数)，结构嵌入
b. 预测值：(常数)，结构嵌入，整合能力

表 5.35　整合能力在结构嵌入－新创企业绩效的中介作用的变异数分析[a]

模型		平方和	df	平均值平方	F	显著性
1	回归	54.253	1	54.253	80.517	.000[b]
	残差	206.183	306	.674		
	总计	260.435	307			
2	回归	78.316	2	39.158	65.579	.000[c]
	残差	182.119	305	.597		
	总计	260.435	307			

a. 应变数：新创企业绩效
b. 预测值：(常数)，结构嵌入
c. 预测值：(常数)，结构嵌入，整合能力

表 5.36　整合能力在结构嵌入－新创企业绩效的中介作用的系数[a]

模型		非标准化系数		标准化系数	T	显著性
		B	标准错误	Beta		
1	(常数)	1.795	.178		10.106	.000
	结构嵌入	.424	.047	.456	8.973	.000
2	(常数)	.821	.227		3.617	.000
	结构嵌入	.279	.050	.300	5.576	.000
	整合能力	.381	.060	.342	6.348	.000

a. 应变数：新创企业绩效

从表 5.34、表 5.35 和表 5.36 可以看出，对比模型 1 和模型 2，在加入整合能力这一中介变量之后，调整后的 R 方值为 0.296，说明模型 2 能够解释新创企业绩效整体 29.6% 的变化，F 值在 0.001 的水平上显著（F=65.579），且结构嵌入和整合能力对新创企业绩效的回归系数均显著（β 分别为 0.300 和 0.342，p<0.05）。同时，结构嵌入对新创企业绩效的影响作用降低，回归系数由原来的 0.424 降低到了 0.279，由此可以判定整合能力在结构嵌入与新创企业绩效关系间发挥部分中介作用。假设 H13 "整合能力在结构嵌入与新创企业绩效之间起到中介作用" 成立。

(3) 重构能力在结构嵌入与新创企业绩效关系间的中介作用

本研究已经在前面部分验证了假设 H1 "结构嵌入对新创企业绩效有正向影响" 成立，假设 H5 "结构嵌入对重构能力有正向影响" 成立，因此，可以

继续检验重构能力在结构嵌入与新创企业绩效关系间的中介作用（H14）（温忠麟、侯杰泰和张雷，2005）[511]。

表5.37 重构能力在结构嵌入－新创企业绩效的中介作用的模型摘要

模型	R	R平方	调整后R平方	标准偏斜度错误
1	.456[a]	.208	.206	.82085
2	.605[b]	.366	.362	.73562

a. 预测值：（常数），结构嵌入
b. 预测值：（常数），结构嵌入，重构能力

表5.38 重构能力在结构嵌入－新创企业绩效的中介作用的变异数分析[a]

模型		平方和	df	平均值平方	F	显著性
1	回归	54.253	1	54.253	80.517	.000[b]
	残差	206.183	306	.674		
	总计	260.435	307			
2	回归	95.390	2	47.695	88.139	.000[c]
	残差	165.045	305	.541		
	总计	260.435	307			

a. 应变数：新创企业绩效
b. 预测值：（常数），结构嵌入
c. 预测值：（常数），结构嵌入，重构能力

表5.39 重构能力在结构嵌入－新创企业绩效的中介作用的系数[a]

模型		非标准化系数		标准化系数	T	显著性
		B	标准错误	Beta		
1	（常数）	1.795	.178		10.106	.000
	结构嵌入	.424	.047	.456	8.973	.000
2	（常数）	.509	.217		2.345	.020
	结构嵌入	.216	.049	.233	4.452	.000
	重构能力	.530	.061	.456	8.719	.000

a. 应变数：新创企业绩效

从表5.37、表5.38和表5.39可以看出，对比模型1和模型2，在加入重构能力这一中介变量之后，调整后的R方值为0.362，说明模型2能够解释新

5 实证研究与分析讨论

创企业绩效整体 36.2% 的变化,F 值在 0.001 的水平上显著(F=88.139),且结构嵌入和重构能力对新创企业绩效的回归系数均显著(β 分别为 0.233 和 0.456,p<0.05)。同时,结构嵌入对新创企业绩效的影响作用降低,回归系数由原来的 0.424 降低到了 0.216,由此可以判定重构能力在结构嵌入与新创企业绩效关系间发挥部分中介作用。假设 H14 "重构能力在结构嵌入与新创企业绩效之间起到中介作用"成立。

5.3.2.5 动态能力在关系嵌入与新创企业绩效关系间的中介作用

(1) 感知能力在关系嵌入与新创企业绩效关系间的中介作用

本研究已经在前面部分验证了假设 H2 "关系嵌入对新创企业绩效有正向影响"成立,假设 H6 "关系嵌入对感知能力有正向影响"成立,因此,可以继续检验感知能力在关系嵌入与新创企业绩效关系间的中介作用(H15)(温忠麟、侯杰泰和张雷,2005)[511]。

表 5.40 感知能力在关系嵌入−新创企业绩效的中介作用的模型摘要

模型	R	R 平方	调整后 R 平方	标准偏斜度错误
1	.440[a]	.193	.191	.82863
2	.546[b]	.298	.293	.77423

a. 预测值:(常数),关系嵌入

b. 预测值:(常数),关系嵌入,感知能力

表 5.41 感知能力在关系嵌入−新创企业绩效的中介作用的变异数分析[a]

模型		平方和	df	平均值平方	F	显著性
1	回归	50.329	1	50.329	73.300	.000[b]
	残差	210.106	306	.687		
	总计	260.435	307			
2	回归	77.611	2	38.805	64.738	.000[c]
	残差	182.825	305	.599		
	总计	260.435	307			

a. 应变数:新创企业绩效

b. 预测值:(常数),关系嵌入

c. 预测值:(常数),关系嵌入,感知能力

表 5.42 感知能力在关系嵌入－新创企业绩效的中介作用的系数[a]

模型		非标准化系数		标准化系数	T	显著性
		B	标准错误	Beta		
1	(常数)	1.835	.181		10.132	.000
	关系嵌入	.434	.051	.440	8.562	.000
2	(常数)	.957	.214		4.482	.000
	关系嵌入	.254	.054	.257	4.677	.000
	感知能力	.400	.059	.371	6.746	.000

a. 应变数：新创企业绩效

从表 5.40、表 5.41 和表 5.42 可以看出，对比模型 1 和模型 2，在加入感知能力这一中介变量之后，调整后的 R 方值为 0.293，说明模型 2 能够解释新创企业绩效整体 29.3% 的变化，F 值在 0.001 的水平上显著（F=64.738），且关系嵌入和感知能力对新创企业绩效的回归系数均显著（β 分别为 0.257 和 0.371，p<0.05）。同时，关系嵌入对新创企业绩效的影响作用降低，回归系数由原来的 0.434 降低到了 0.254，由此可以判定感知能力在关系嵌入与新创企业绩效关系间发挥部分中介作用。假设 H15"感知能力在关系嵌入与新创企业绩效之间起到中介作用"成立。

（2）整合能力在关系嵌入与新创企业绩效关系间的中介作用

本研究已经在前面部分验证了假设 H2"关系嵌入对新创企业绩效有正向影响"成立，假设 H7"关系嵌入对整合能力有正向影响"成立，因此，可以继续检验整合能力在关系嵌入与新创企业绩效关系间的中介作用（H16）（温忠麟，侯杰泰和张雷，2005）[511]。

表 5.43 整合能力在关系嵌入－新创企业绩效的中介作用的模型摘要

模型	R	R 平方	调整后 R 平方	标准偏斜度错误
1	.440[a]	.193	.191	.82863
2	.550[b]	.302	.298	.77177

a. 预测值：(常数)，关系嵌入
b. 预测值：(常数)，关系嵌入，整合能力

表 5.44　整合能力在关系嵌入-新创企业绩效的中介作用的变异数分析[a]

模型		平方和	df	平均值平方	F	显著性
1	回归	50.329	1	50.329	73.300	.000[b]
	残差	210.106	306	.687		
	总计	260.435	307			
2	回归	78.769	2	39.384	66.123	.000[c]
	残差	181.666	305	.596		
	总计	260.435	307			

a. 应变数：新创企业绩效
b. 预测值：(常数)，关系嵌入
c. 预测值：(常数)，关系嵌入，整合能力

表 5.45　整合能力在关系嵌入-新创企业绩效的中介作用的系数[a]

模型		非标准化系数		标准化系数	T	显著性
		B	标准错误	Beta		
1	(常数)	1.835	.181		10.132	.000
	关系嵌入	.434	.051	.440	8.562	.000
2	(常数)	.744	.231		3.221	.001
	关系嵌入	.291	.052	.295	5.651	.000
	整合能力	.402	.058	.361	6.910	.000

a. 应变数：新创企业绩效

从表 5.43、表 5.44 和表 5.45 可以看出，对比模型 1 和模型 2，在加入整合能力这一中介变量之后，调整后的 R 方值为 0.298，说明模型 2 能够解释新创企业绩效整体 29.8% 的变化，F 值在 0.001 的水平上显著（F=66.123），且关系嵌入和整合能力对新创企业绩效的回归系数均显著（β 分别为 0.295 和 0.361，$p<0.05$）。同时，关系嵌入对新创企业绩效的影响作用降低，回归系数由原来的 0.434 降低到了 0.291，由此可以判定整合能力在关系嵌入与新创企业绩效关系间发挥部分中介作用。假设 H16"感知能力在关系嵌入与新创企业绩效之间起到中介作用"成立。

（3）重构能力在关系嵌入与新创企业绩效关系间的中介作用

本研究已经在前面部分验证了假设 H2"关系嵌入对新创企业绩效有正向影响"成立，假设 H8"关系嵌入对重构能力有正向影响"成立，因此，可以

继续检验重构能力在关系嵌入与新创企业绩效关系间的中介作用（H17）（温忠麟、侯杰泰和张雷，2005）[511]。

表 5.46　重构能力在关系嵌入－新创企业绩效的中介作用的模型摘要

模型	R	R 平方	调整后 R 平方	标准偏斜度错误
1	.440a	.193	.191	.82863
2	.601b	.361	.357	.73852

a. 预测值：（常数），关系嵌入
b. 预测值：（常数），关系嵌入，重构能力

表 5.47　重构能力在关系嵌入－新创企业绩效的中介作用的变异数分析a

模型		平方和	df	平均值平方	F	显著性
1	回归	50.329	1	50.329	73.300	.000b
	残差	210.106	306	.687		
	总计	260.435	307			
2	回归	94.084	2	47.042	86.250	.000c
	残差	166.352	305	.545		
	总计	260.435	307			

a. 应变数：新创企业绩效
b. 预测值：（常数），关系嵌入
c. 预测值：（常数），关系嵌入，重构能力

表 5.48　重构能力在关系嵌入－新创企业绩效的中介作用的系数a

模型		非标准化系数		标准化系数	T	显著性
		B	标准错误	Beta		
1	（常数）	1.835	.181		10.132	.000
	关系嵌入	.434	.051	.440	8.562	.000
2	（常数）	.508	.219		2.319	.021
	关系嵌入	.214	.051	.217	4.155	.000
	重构能力	.542	.061	.467	8.957	.000

a. 应变数：新创企业绩效

从表 5.46、表 5.47 和表 5.48 可以看出，对比模型 1 和模型 2，在加入重构能力这一中介变量之后，调整后的 R 方值为 0.357，说明模型 2 能够解释新

创企业绩效整体35.7%的变化，F值在0.001的水平上显著（F=86.250），且关系嵌入和重构能力对新创企业绩效的回归系数均显著（β分别为0.217和0.467，p<0.05）。同时，关系嵌入对新创企业绩效的影响作用降低，回归系数由原来的0.434降低到了0.214，由此可以判定重构能力在关系嵌入与新创企业绩效关系间发挥部分中介作用。假设H17"重构能力在关系嵌入与新创企业绩效之间起到中介作用"成立。

5.3.3 环境不确定性的调节作用

5.3.3.1 环境动态性的调节作用

（1）环境动态性在感知能力与新创企业绩效关系间的调节作用

将新创企业绩效作为因变量，感知能力和环境动态性作为自变量进行回归，然后在上述模型基础上加入感知能力和环境动态性的乘积项进行回归，两次回归结果如表5.49、表5.50和表5.51所示。

表5.49 环境动态性在感知能力－新创企业绩效的调节作用的模型摘要

模型	R	R平方	调整后R平方	标准偏斜度错误
1	.598[a]	.357	.353	.74085
2	.609[b]	.371	.365	.73412

a. 预测值：（常数），环境动态性，感知能力
b. 预测值：（常数），环境动态性，感知能力，乘积项

表5.50 环境动态性在感知能力－新创企业绩效的调节作用的变异数分析[a]

模型		平方和	df	平均值平方	F	显著性
1	回归	93.032	2	46.516	84.750	.000[b]
	残差	167.403	305	.549		
	总计	260.435	307			
2	回归	96.601	3	32.200	59.749	.000[c]
	残差	163.834	304	.539		
	总计	260.435	307			

a. 应变数：新创企业绩效
b. 预测值：（常数），环境动态性，感知能力
c. 预测值：（常数），环境动态性，感知能力，乘积项

表 5.51　环境动态性在感知能力－新创企业绩效的调节作用的系数[a]

模型		非标准化系数		标准化系数	T	显著性
		B	标准错误	Beta		
1	（常数）	.797	.204		3.916	.000
	感知能力	.375	.054	.348	6.921	.000
	环境动态性	.322	.045	.363	7.210	.000
2	（常数）	1.992	.506		3.935	.000
	感知能力	.053	.137	.049	.385	.701
	环境动态性	−.072	.159	−.081	−.453	.651
	乘积项	.103	.040	.641	2.573	.011

a. 应变数：新创企业绩效

从表 5.49、表 5.50 和表 5.51 可以看出，对比模型 1 和模型 2，在加入感知能力与环境动态性的乘积项之后，调整后的 R 方值为 0.365，说明模型 2 能够解释新创企业绩效整体 36.5% 的变化，F 值在 0.001 的水平上显著（F=59.749），且感知能力与环境动态性的乘积项对新创企业绩效的回归系数显著（$\beta=0.641$，$p<0.05$）。由此可以判定环境动态性在感知能力与新创企业绩效关系间存在调节作用。假设 H18 "环境动态性正向调节感知能力与新创企业绩效之间的关系"成立。

(2) 环境动态性在整合能力与新创企业绩效关系间的调节作用

将新创企业绩效作为因变量，整合能力和环境动态性作为自变量进行回归，然后在上述模型基础上加入整合能力和环境动态性的乘积项进行回归，两次回归结果如表 5.52、表 5.53 和表 5.54 所示。

表 5.52　环境动态性在整合能力－新创企业绩效的调节作用的模型摘要

模型	R	R 平方	调整后 R 平方	标准偏斜度错误
1	.572[a]	.327	.322	.75815
2	.579[b]	.336	.329	.75441

a. 预测值：（常数），环境动态性，整合能力
b. 预测值：（常数），环境动态性，整合能力，乘积项

表 5.53 环境动态性在整合能力－新创企业绩效的调节作用的变异数分析[a]

模型		平方和	df	平均值平方	F	显著性
1	回归	85.125	2	42.562	74.049	.000[b]
	残差	175.310	305	.575		
	总计	260.435	307			
2	回归	87.417	3	29.139	51.198	.000[c]
	残差	173.019	304	.569		
	总计	260.435	307			

a. 应变数：新创企业绩效
b. 预测值：(常数)，环境动态性，整合能力
c. 预测值：(常数)，环境动态性，整合能力，乘积项

表 5.54 环境动态性在整合能力－新创企业绩效的调节作用的系数[a]

模型		非标准化系数		标准化系数	T	显著性
		B	标准错误	Beta		
1	(常数)	.884	.217		4.072	.000
	整合能力	.339	.060	.304	5.655	.000
	环境动态性	.317	.048	.358	6.645	.000
2	(常数)	1.959	.578		3.391	.001
	整合能力	.062	.150	.056	.412	.681
	环境动态性	−.042	.185	−.048	−.229	.819
	乘积项	.090	.045	.578	2.007	.046

a. 应变数：新创企业绩效

从表 5.52、表 5.53 和表 5.54 可以看出，对比模型 1 和模型 2，在加入整合能力与环境动态性的乘积项之后，调整后的 R 方值为 0.329，说明模型 2 能够解释新创企业绩效整体 32.9% 的变化，F 值在 0.001 的水平上显著（F=51.198），且整合能力与环境动态性的乘积项对新创企业绩效的回归系数显著（β=0.578，p<0.05）。由此可以判定环境动态性在整合能力与新创企业绩效关系间存在调节作用。假设 H19 "环境动态性正向调节整合能力与新创企业绩效之间的关系" 成立。

（3）环境动态性在重构能力与新创企业绩效关系间的调节作用

将新创企业绩效作为因变量，重构能力和环境动态性作为自变量进行回

归,然后在上述模型基础上加入重构能力和环境动态性的乘积项进行回归,两次回归结果如表 5.55、表 5.56 和表 5.57 所示。

表 5.55 环境动态性在重构能力－新创企业绩效的调节作用的模型摘要

模型	R	R 平方	调整后 R 平方	标准偏斜度错误
1	.617[a]	.380	.376	.72741
2	.622[b]	.387	.381	.72483

a. 预测值:(常数),环境动态性,重构能力
b. 预测值:(常数),环境动态性,重构能力,乘积项

表 5.56 环境动态性在重构能力－新创企业绩效的调节作用的变异数分析[a]

模型		平方和	df	平均值平方	F	显著性
1	回归	99.050	2	49.525	93.597	.000[b]
	残差	161.385	305	.529		
	总计	260.435	307			
2	回归	100.722	3	33.574	63.905	.000[c]
	残差	159.713	304	.525		
	总计	260.435	307			

a. 应变数:新创企业绩效
b. 预测值:(常数),环境动态性,重构能力
c. 预测值:(常数),环境动态性,重构能力,乘积项

表 5.57 环境动态性在重构能力－新创企业绩效的调节作用的系数[a]

模型		非标准化系数		标准化系数	T	显著性
		B	标准错误	Beta		
1	(常数)	.590	.209		2.822	.005
	重构能力	.487	.062	.419	7.814	.000
	环境动态性	.248	.047	.279	5.214	.000
2	(常数)	1.528	.566		2.702	.007
	重构能力	.241	.151	.207	1.593	.112
	环境动态性	−.059	.178	−.067	−.333	.740
	乘积项	.078	.044	.501	1.784	.075

a. 应变数:新创企业绩效

5 实证研究与分析讨论

从表 5.55、表 5.56 和表 5.57 可以看出，对比模型 1 和模型 2，在加入重构能力与环境动态性的乘积项之后，调整后的 R 方值为 0.381，说明模型 2 能够解释新创企业绩效整体 38.1% 的变化，F 值在 0.001 的水平上显著（F=63.905），且重构能力与环境动态性的乘积项对新创企业绩效的回归系数不显著（$\beta=0.501$，$p>0.05$）。由此可以判定环境动态性在重构能力与新创企业绩效关系间不存在调节作用。假设 H20"环境动态性正向调节重构能力与新创企业绩效之间的关系"不成立。

为更直观地表现环境动态性在感知能力与新创企业绩效关系间、在整合能力与新创企业绩效关系间的调节作用，本研究根据温忠麟、刘红云和侯杰泰（2012）[552] 提出的方法绘制调节作用图。

① 环境动态性在感知能力与新创企业绩效关系间的调节作用。如图 5.3 所示，环境动态性在感知能力与新创企业绩效关系间起到了调节作用。其中，实线表示环境动态性水平高，虚线表示环境动态性水平低。实线的斜率大于虚线的斜率，表明当环境动态性水平越高，感知能力对新创企业绩效的正向影响效应越强，反之，当环境动态性水平越低，感知能力对新创企业绩效的正向影响效应越弱。

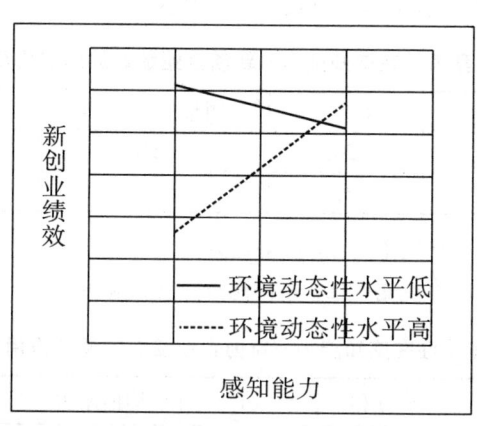

图 5.3 不同环境动态性水平下感知能力对新创企业绩效的影响

② 环境动态性在整合能力与新创企业绩效关系间的调节作用。如图 5.4 所示，环境动态性在整合能力与新创企业绩效关系间起到了调节作用。其中，实线表示环境动态性水平高，虚线表示环境动态性水平低。实线的斜率大于虚线的斜率，表明当环境动态性水平越高，整合能力对新创企业绩效的正向影响效应越强，反之，当环境动态性水平越低，整合能力对新创企业绩效的正向影响效应越弱。

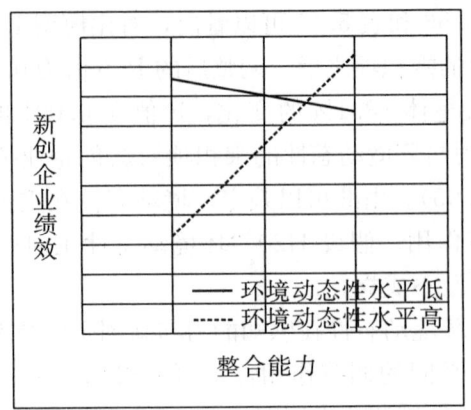

图 5.4 不同环境动态性水平下整合能力对新创企业绩效的影响

5.3.3.2 环境竞争性的调节作用

(1) 环境竞争性在感知能力与新创企业绩效关系间的调节作用

将新创企业绩效作为因变量,感知能力和环境竞争性作为自变量进行回归,然后在上述模型基础上加入感知能力和环境竞争性的乘积项进行回归,两次回归结果如表 5.58、表 5.59 和表 5.60 所示。

表 5.58 环境竞争性在感知能力—新创企业绩效的调节作用的模型摘要

模型	R	R 平方	调整后 R 平方	标准偏斜度错误
1	.512[a]	.262	.258	.79359
2	.523[b]	.274	.266	.78885

a. 预测值:(常数),环境竞争性,感知能力

b. 预测值:(常数),环境竞争性,感知能力,乘积项

表 5.59 环境竞争性在感知能力—新创企业绩效的调节作用的变异数分析[a]

模型		平方和	df	平均值平方	F	显著性
1	回归	68.352	2	34.176	54.266	.000[b]
	残差	192.083	305	.630		
	总计	260.435	307			
2	回归	71.259	3	23.753	38.170	.000[c]
	残差	189.176	304	.622		
	总计	260.435	307			

a. 应变数:新创企业绩效

b. 预测值：(常数)，环境竞争性，感知能力

c. 预测值：(常数)，环境竞争性，感知能力，乘积项

表 5.60 环境竞争性在感知能力－新创企业绩效的调节作用的系数[a]

模型		非标准化系数		标准化系数	T	显著性
		B	标准错误	Beta		
1	(常数)	.876	.273		3.214	.001
	感知能力	.519	.053	.481	9.705	.000
	环境竞争性	.128	.052	.123	2.473	.014
2	(常数)	2.554	.822		3.106	.002
	感知能力	.063	.218	.058	.289	.773
	环境竞争性	−.294	.202	−.282	−1.457	.146
	乘积项	.114	.053	.632	2.161	.031

a. 应变数：新创企业绩效

从表 5.58、表 5.59 和表 5.60 可以看出，对比模型 1 和模型 2，在加入感知能力与环境竞争性的乘积项之后，调整后的 R 方值为 0.266，说明模型 2 能够解释新创企业绩效整体 26.6% 的变化，F 值在 0.001 的水平上显著（F=38.170），且感知能力与环境竞争性的乘积项对新创企业绩效的回归系数显著（$\beta=0.632$，$p<0.05$）。由此可以判定环境竞争性在感知能力与新创企业绩效关系间存在作用。假设 H21"环境竞争性正向调节感知能力与新创企业绩效之间的关系"成立。

（2）环境竞争性在整合能力与新创企业绩效关系间的调节作用

将新创企业绩效作为因变量，整合能力和环境竞争性作为自变量进行回归，然后在上述模型基础上加入整合能力和环境竞争性的乘积项进行回归，两次回归结果如表 5.61、表 5.62 和表 5.63 所示。

表 5.61 环境竞争性在整合能力－新创企业绩效的调节作用的模型摘要

模型	R	R 平方	调整后 R 平方	标准偏斜度错误
1	.480[a]	.231	.226	.81053
2	.490[b]	.240	.232	.80694

a. 预测值：(常数)，环境竞争性，整合能力

b. 预测值：(常数)，环境竞争性，整合能力，乘积项

表 5.62　环境竞争性在整合能力－新创企业绩效的调节作用的变异数分析[a]

模型		平方和	df	平均值平方	F	显著性
1	回归	60.061	2	30.031	45.711	.000[b]
1	残差	200.374	305	.657		
1	总计	260.435	307			
2	回归	62.487	3	20.829	31.988	.000[c]
2	残差	197.949	304	.651		
2	总计	260.435	307			

a. 应变数：新创企业绩效
b. 预测值：(常数)，环境竞争性，整合能力
c. 预测值：(常数)，环境竞争性，整合能力，乘积项

表 5.63　环境竞争性在整合能力－新创企业绩效的调节作用的系数[a]

模型		非标准化系数		标准化系数	T	显著性
		B	标准错误	Beta		
1	(常数)	1.128	.269		4.189	.000
1	整合能力	.521	.059	.467	8.813	.000
1	环境竞争性	.038	.055	.037	.691	.490
2	(常数)	2.692	.853		3.154	.002
2	整合能力	.097	.227	.087	.429	.668
2	环境竞争性	−.357	.212	−.343	−1.684	.093
2	乘积项	.105	.054	.624	1.930	.055

a. 应变数：新创企业绩效

从表 5.61、表 5.62 和表 5.63 可以看出，对比模型 1 和模型 2，在加入整合能力与环境竞争性的乘积项之后，调整后的 R 方值为 0.232，说明模型 2 能够解释新创企业绩效整体 23.2% 的变化，F 值在 0.001 的水平上显著（F=31.988），且整合能力与环境竞争性的乘积项对新创企业绩效的回归系数不显著（β=0.624，p>0.05）。由此可以判定环境竞争性在整合能力与新创企业绩效关系间不存在作用。假设 H22 "环境竞争性正向调节整合能力与新创企业绩效之间的关系"不成立。

（3）环境竞争性在重构能力与新创企业绩效关系间的调节作用

将新创企业绩效作为因变量，重构能力和环境竞争性作为自变量进行回

5 实证研究与分析讨论

归,然后在上述模型基础上加入重构能力和环境竞争性的乘积项进行回归,两次回归结果如表 5.64、表 5.65 和表 5.66 所示。

表 5.64 环境竞争性在重构能力－新创企业绩效的调节作用的模型摘要

模型	R	R 平方	调整后 R 平方	标准偏斜度错误
1	.570[a]	.325	.321	.75913
2	.582[b]	.338	.332	.75294

a. 预测值:(常数),环境竞争性,重构能力
b. 预测值:(常数),环境竞争性,重构能力,乘积项

表 5.65 环境竞争性在重构能力－新创企业绩效的调节作用的变异数分析[a]

模型		平方和	df	平均值平方	F	显著性
1	回归	84.671	2	42.335	73.464	.000[b]
	残差	175.764	305	.576		
	总计	260.435	307			
2	回归	88.091	3	29.364	51.794	.000[c]
	残差	172.345	304	.567		
	总计	260.435	307			

a. 应变数:新创企业绩效
b. 预测值:(常数),环境竞争性,重构能力
c. 预测值:(常数),环境竞争性,重构能力,乘积项

表 5.66 环境竞争性在重构能力－新创企业绩效的调节作用的系数[a]

模型		非标准化系数		标准化系数	T	显著性
		B	标准错误	Beta		
1	(常数)	.795	.253		3.138	.002
	重构能力	.664	.058	.572	11.456	.000
	环境竞争性	−.005	.052	−.005	−.092	.927
2	(常数)	2.505	.740		3.384	.001
	重构能力	.196	.199	.169	.985	.325
	环境竞争性	−.449	.188	−.431	−2.387	.018
	乘积项	.119	.049	.687	2.456	.015

a. 应变数:新创企业绩效

从表 5.64、表 5.65 和表 5.66 可以看出，对比模型 1 和模型 2，在加入重构能力与环境竞争性的乘积项之后，调整后的 R 方值为 0.332，说明模型 2 能够解释新创企业绩效整体 33.2% 的变化，F 值在 0.001 的水平上显著（F=51.794），且重构能力与环境竞争性的乘积项对新创企业绩效的回归系数显著（$\beta=0.687$，$p<0.05$）。由此可以判定环境竞争性在重构能力与新创企业绩效关系间不存在作用。假设 H23"环境竞争性正向调节重构能力与新创企业绩效之间的关系"成立。

为更加直观地表现环境竞争性在感知能力与新创企业绩效关系间、在重构能力与新创企业绩效关系间的调节作用，同样根据温忠麟、刘红云和侯杰泰（2012）提出的方法绘制调节作用图。

①环境竞争性在感知能力与新创企业绩效关系间的调节作用。如图 5.5 所示，环境竞争性在感知能力与新创企业绩效关系间起到了调节作用。其中，实线表示环境竞争性水平高，虚线表示环境竞争性水平低。实线的斜率大于虚线的斜率，表明当环境竞争性水平越高，感知能力对新创企业绩效的正向影响效应越强，反之，当环境竞争性水平越低，感知能力对新创企业绩效的正向影响效应越弱。

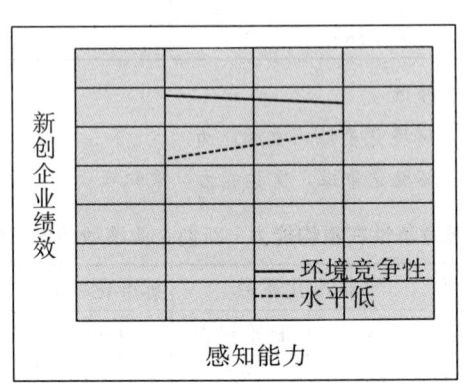

图 5.9　不同环境竞争性水平下感知能力对新创企业绩效的影响

②环境竞争性在重构能力与新创企业绩效关系间的调节作用。将"低重构能力、低环境竞争性""低重构能力、高环境竞争性""高重构能力、低环境竞争性"和"高重构能力、高环境竞争性"四种情况下的新创企业绩效制绘制成图。如图 5.10 所示，环境竞争性在重构能力与新创企业绩效关系间起到了调节作用。其中，实线表示环境竞争性水平高，虚线表示环境竞争性水平低。实线的斜率大于虚线的斜率，表明当环境竞争性水平越高，重构能力对新创企业

绩的正向影响效应越强,反之,当环境竞争性水平越低,重构能力对新创企业绩效的正向影响效应越弱。

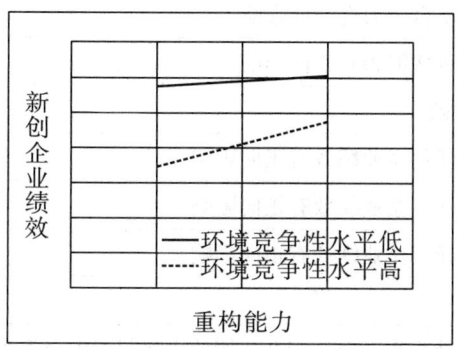

图 5.10 不同环境竞争性水平下重构能力对新创企业绩效的影响

5.4 检验结果汇总与分析

5.4.1 假设检验结果汇总

本研究通过文献梳理和理论推导提出了网络嵌入、动态能力与新创企业绩效关系的理论模型,并在此基础上提出 23 个假设。本章通过回归分析对假设进行验证,其中有 21 个假设成立,2 个假设不成立,不成立的假设是 H20 和 H22。具体的实证检验结果汇总如表 5.67 所示。

表 5.67 研究假设检验结果汇总

假设	研究假设	研究结果
网络嵌入与新创企业绩效		
H1	结构嵌入对新创企业绩效有正向影响。	成立
H2	关系嵌入对新创企业绩效有正向影响。	成立
网络嵌入与动态能力		
H3	结构嵌入对感知能力有正向影响。	成立
H4	结构嵌入对整合能力有正向影响。	成立
H5	结构嵌入对重构能力有正向影响。	成立
H6	关系嵌入对感知能力有正向影响。	成立

续表5.67

假设	研究假设	研究结果
H7	关系嵌入对整合能力有正向影响。	成立
H8	关系嵌入对重构能力有正向影响。	成立
动态能力与新创企业绩效		
H9	感知能力对新创企业绩效有正向影响。	成立
H10	整合能力对新创企业绩效有正向影响。	成立
H11	重构能力对新创企业绩效有正向影响。	成立
动态能力的中介作用		
H12	感知能力在结构嵌入与新创企业绩效之间起到中介作用。	成立
H13	整合能力在结构嵌入与新创企业绩效之间起到中介作用。	成立
H14	重构能力在结构嵌入与新创企业绩效之间起到中介作用。	成立
H15	感知能力在关系嵌入与新创企业绩效之间起到中介作用。	成立
H16	整合能力在关系嵌入与新创企业绩效之间起到中介作用。	成立
H17	重构能力在关系嵌入与新创企业绩效之间起到中介作用。	成立
环境不确定性的调节作用		
H18	环境动态性正向调节感知能力与新创企业绩效之间的关系。	成立
H19	环境动态性正向调节整合能力与新创企业绩效之间的关系。	成立
H20	环境动态性正向调节重构能力与新创企业绩效之间的关系。	不成立
H21	环境竞争性正向调节感知能力与新创企业绩效之间的关系。	成立
H22	环境竞争性正向调节整合能力与新创企业绩效之间的关系。	不成立
H23	环境竞争性正向调节重构能力与新创企业绩效之间的关系。	成立

5.4.2 假设检验结果分析

本研究通过理论梳理和文献回顾，构建了网络嵌入、动态能力和新创企业绩效之间关系的理论模型，并在此基础上提出23项假设。经过对数据进行分析，其中21项假设得到数据支持，2项假设未通过验证。对于具体的假设检验结果，本研究进行如下讨论。

第一，网络嵌入对新创企业绩效的影响。本研究基于 Granovetter (1985)[64]提出的网络嵌入分析框架，将网络嵌入划分为结构嵌入和关系嵌入，

5 实证研究与分析讨论

在研究中分别对结构嵌入与新创企业绩效和关系嵌入与新创企业绩效的关系假设进行了检验,结果表明结构嵌入对新创企业绩效有正向影响,关系嵌入对新创企业绩效有正向影响,即假设 H1 和假设 H2 得到验证。这一结论符合大多数学者的观点和研究结论。我国是典型的关系型社会,"关系"对企业的生存和成长具有非常重要的影响。新创企业通常因新进入缺陷而面临资源匮乏的窘境,成为其成长甚至发展壮大的绊脚石。在此情况之下,新创企业往往会选择通过嵌入社会网络获取创业所需的资源,社会网络成为新创企业获取资源的重要渠道(胡海青和王兆群等,2017;陶秋燕和孟猛猛,2017)[33,365]。许多研究表明,新创企业的成长与发展具有很强的社会网络依赖性,常常会进行社会网络投资,与其他社会组织结成协同群体,通过嵌入社会网络以获得更多的社会资源和社会资本来促进企业的发展(陈劲和李飞宇,2001;吴冰和王重鸣等,2009)[553,554]。社会网络的结构嵌入对新创企业绩效有正向影响,这一结论进一步验证了网络规模、网络位置和网络密度等对于新创企业绩效的促进作用。新创企业社会网络的结构特征对其盈利和成长具有重要影响,新创企业通过扩大网络规模,能够促进其与更多来自不同领域或者具有不同功能的网络成员交往和互动(Rowley,Behrens & Krackhardt,2000)[183];新创企业在网络中处于中心位置能够控制和利用更多有效的资源和信息(罗吉和党兴华等,2016)[394];高密度的社会网络使网络中的企业更易建立比较固定的交往对象和合作关系;这些均能够为新创企业提供更多的合作伙伴、有效信息和可用资源(Kim & Aldrich,2005)[555]。社会网络的关系嵌入对新创企业绩效有正向影响,这一结论进一步验证了关系强度、关系持久度和关系信任度等对新创企业绩效的促进作用。新创企业与网络成员之间构建的彼此信任、真诚合作和相互尊重的交往关系能够促使其拥有良好的伙伴关系,比较顺利地获得创业支持,提高市场份额和盈利能力(Peng & Luo,2000)[27]。另外,网络成员间的紧密协作关系能够促进信任与合作,有利于高质量的信息和知识等资源的转移获取以及基于共同解决问题的合作产生(Coleman,1990;Walker,Kogut & Shan,2000)[398,399],进而促进企业绩效的提升(Kreiser et al.,2011)[400]。

第二,网络嵌入对动态能力的影响。本研究基于 Teece et al. (1997,2007)[16,76]等学者关于动态能力概念界定和维度划分的思想,将动态能力划分为感知能力、整合能力和重构能力,分别分析结构嵌入与感知能力、整合能力和重构能力的关系和关系嵌入与感知能力、整合能力和重构能力的关系,结果表明结构嵌入分别对感知能力、整合能力和重构能力有正向影响,关系嵌入分别对感知能力、整合能力和重构能力有正向影响,即假设 H3"结构嵌入对感知能力有正向影响"、假设 H4 "结构嵌入对整合能力有正向影响"、假设 H5 "结构嵌入对重构能力有正向影响"、假设 H6 "关系嵌入对感知能力有正向影响"、假设 H7 "关系嵌入对整合能力有正向影响"、假设 H8 "关系嵌入对重构能力有正向影响"均得到验证。这一结论符合大多数学者的观点和研究结论。有研究认为，网络嵌入有利于新创企业接触更多广泛和异质的网络成员，通过与这些网络成员建立相互信任和互惠的伙伴关系，获得优势和稀缺的创业资源，最终促进动态能力的构建和开发（Wu，2007；马鸿佳和董保宝，2010；吴俊杰和戴勇，2013）[59,265,556]。具体来讲，新创企业的结构嵌入对动态能力有积极影响。新创企业的社会网络规模越大，所处位置越重要，网络密度越高，其越能够通过结构嵌入接触更加广泛、多元和异质的网络成员，促使其获取并利用关键信息和资源，促进对创业机会和威胁的感知、识别、利用与整合（Hite & Hesterly，2001；Samuelsson & Davidsson，2009；谢洪明和张颖等，2014）[178,202,557]，采取更加行之有效的方法应对环境的变化（Pavlou & Sawy，2011；林萍，2012）[283,314]。新创企业的关系嵌入对动态能力有积极影响。新创企业与外界网络成员之间的互动程度高，彼此间建立了信任互惠的关系，便能够以较低的成本获得真实可靠的信息，从而提高对外界环境信息的敏感程度（林萍，2012）[314]；能够通过与网络成员建立战略联盟整合互补资源（王庆喜和宝贡敏，2007）[451]，提高适应环境变化的整合能力；能根据网络成员对市场的反应及时决策，积极响应市场变化，增强应对环境变化的重构能力（董保宝，2011）[41]。总体而言，新创企业需要借助社会网络获得优势资源和必要支持，通过社会网络的动态性保持组织的灵活性与创新性（Fountain & Atkinson，1998）[74]。随着组织的网络化和经济的全球化，当今企业竞争优势的来源绝不是仅仅依靠组织内部的静态资源和能力，新创企业在充分利用和发挥内部战略性资源的同时，也要与外界网络中的其他组织建立更为广泛的合作关系，并不断提高关系的密切程度和信任程度等，从而充分获取、吸收和利用多样化的高质量资源，构建和开发动态能力。

第三，动态能力对新创企业绩效的影响。本研究分别研究了感知能力、整合能力和重构能力对新创企业绩效的影响。结果表明，假设 H9 "感知能力对新创企业有正向影响"，假设 H10 "整合能力对新创企业有正向影响"，假设 H11 "重构能力对新创企业有正向影响"均得到验证。这说明动态能力的构建和开发会促进新创企业盈利能力和成长水平的提高。在复杂多变的环境下，企业的战略重心已经由关注组织内部的静态资源逐渐转向如何通过感知环境变化带来的机会和威胁，从而通过对新旧资源，内外部资源，不同领域资源的整合，必要时进行组织结构和流程等各方面的调整以重新构建或者配置资源以实现组织内外部保持动态平衡的状态。动态能力强调了企业对外部环境的适应和应变。我国学者江积海和刘敏（2014）曾指出，企业成长的过程就是其动态能力即感知能力、学习能力、整合能力和重构能力不断转化和提升的过程，动态能力的演化提升会促进竞争优势的获取和企业绩效的提高[312]。换句话说，企业不断成长壮大的基础是构建和开发与环境相适应的动态能力，通过不断学习和创新，对资源和能力基础进行更新，克服组织惯性和路径依赖，获取、利用和开发新的机会推动自身的成长和绩效提升（关士续，2005）[558]。具体而言，具有较强感知能力和整合能力的新创企业往往拥有多种资源获取渠道和途径，能够快速从外部搜索多种有效信息和知识等资源，在此基础上实现对大量的创新信息和资源的整合，从而获得较多应对环境变化的方法和策略（Liao, Kickul & Ma, 2009）[280]；具有较强重构能力的新创企业能够在感知机会和威胁时快速做出决策，并通过重新构建或者配置企业的资源基础、组织结构和流程等来把握和利用机会，进而更好地适应环境的变化（Teece, 2007; Tseng & Lee, 2014; 吴航, 2016）[76,279,559]。总体来讲，企业的动态能力越强，越能够比竞争对手更加快速地对环境变化做出响应，及时满足市场和客户的需求，构建可持续竞争优势（Kleinbaum & Stuart, 2014）[560]。对新创企业更是如此，因其与成熟企业相比存在着巨大差异（李志能，2002）[61]，面临着许多新生者的不利条件，动态能力对于其生存和发展就更加重要（Zahra, Sapienza & Davidsson, 2006）[19]。新创企业可以通过提高和改善动态能力增强组织变革的柔性和组织战略的灵活性和协调性来应对竞争和变化，提升企业的竞争优势和绩效水平（董保宝，2012）[66]。动态能力强的新创企业能够更好地应对迅速变化的环境，整合内外部的资源，更新资源基础和创新资源组合（Parida & Patel et al., 2016; 李巍和周娜等, 2017）[459,460]；缺乏动态能力的新创企业会因不断变化的环境快速消耗其资源禀赋而面临市场淘汰（Newbert, 2005; Wu, 2007）[265,456]。

第四，动态能力在网络嵌入与新创企业绩效关系间的中介作用。为探索网络嵌入对新创企业绩效影响的作用机制，本研究在理论梳理和文献回顾的基础上，分别研究了感知能力、整合能力和重构能力在结构嵌入与新创企业绩效关系间的中介作用，感知能力、整合能力和重构能力在关系嵌入与新创企业绩效关系间的中介作用。结果表明，假设H12"感知能力在结构嵌入与新创企业绩效之间起到中介作用"，假设H13"整合能力在结构嵌入与新创企业绩效之间起到中介作用"，假设H14"重构能力在结构嵌入与新创企业绩效之间起到中介作用",假设 H15 "感知能力在关系嵌入与新创企业绩效之间起到中介作用",假设 H16 "整合能力在关系嵌入与新创企业绩效之间起到中介作用",假设 H17 "重构能力在关系嵌入与新创企业绩效之间起到中介作用"均得到验证。网络嵌入(结构嵌入和关系嵌入)一方面可以直接对新创企业绩效产生正向影响,另一方面还可以通过动态能力(感知能力、整合能力和重构能力)的中介作用对新创企业绩效产生间接的正向影响。"网络嵌入——动态能力——新创企业绩效"这一理论研究路径,从动态能力的角度解释了网络嵌入对我国新创企业绩效的影响机制,揭开了网络嵌入影响新创企业绩效的黑箱。已有研究表明,新创企业的网络嵌入有利于构建和开发企业的动态能力,而动态能力能促使新创企业将从社会网络中获取的知识、技术和信息等资源转化为企业的竞争优势,促进企业财务绩效和非财务绩效的提高(陈钦约,2010;陈勇,2012)[23,238]。企业成功依赖于开发资源和内部整合创新的动态能力,其能将静态资源转化为企业的竞争优势(梁娟和陈国宏,2015)[17]。企业如果只是获取了资源,而并未根据环境变化对这些资源进行开发、利用和创新,是不会为企业创造可持续竞争优势的,反而可能导致绩效的降低(Gurisatti,1997)[15]。Barney(1991)基于资源基础理论(RBV)视角提出,具有价值性、稀缺性、不可模仿性和难以替代性的资源是企业竞争优势的来源[10],而要获取和创造竞争优势来源的资源基础首先是拥有大量多样且高质量的资源。对于新创企业而言,因为其"新"和"小"等缺陷导致其"资源池"匮乏,而社会网络恰好是其获取资源的一个重要途径。新创企业可以通过结构嵌入或者关系嵌入获取资源,但如何将这些嵌入在社会网络中的资源转化为企业绩效,依靠的是动态能力(Hamel & Prahalad,1993;Kleinbaum & Stuart,2014;王晓辉,2013)[560-562]。新创企业通过构建和开发感知能力、整合能力和重构能力实现对静态资源的动态管理和转化,进而促进企业绩效的提升(刘烨和孙凡云等,2013)[521]。

第五,环境不确定性在动态能力与新创企业绩效关系间的调节作用。为探索外部环境在动态能力与新创企业绩效关系间的调节作用,本研究在理论梳理和文献回顾的基础上,分别研究了环境动态性在感知能力—新创企业绩效、整合能力—新创企业绩效、重构能力—新创企业绩效的调节作用,环境竞争性在感知能力—新创企业绩效、整合能力—新创企业绩效、重构能力—新创企业绩效的调节作用。结果表明,假设 H18 "环境动态性正向调节感知能力与新创企业绩效之间的关系",假设 H19 "环境动态性正向调节整合能力与新创企业绩效之间的关系",假设 H21 "环境竞争性正向调节感知能力与新创企业绩效之间的关系",假设H23"环境竞争性正向调节重构能力与新创企业绩效之间的关系"得到验证,而假设H20"环境动态性正向调节重构能力与新创企业绩效之间的关系"和假设H22"环境竞争性正向调节整合能力与新创企业绩效之间的关系"没有通过验证。战略管理领域的学者认为,外部环境是企业生存的客观条件(Miller & Friesen,1982)[339],企业与环境之间有着密切的互动关系,企业需要时刻关注和理解环境变化所传递的信号才能生存和发展(Covin & Slevin,1989)[52]。尤其对于面临资源匮乏瓶颈的新创企业而言,环境不确定性会使其在成长和发展过程中面临许多机会和挑战,对其生存和发展产生影响(Li & Zhao et al.,2008)[79],而外部环境中的信息和资源是其生存和发展的支持要素和基本保障。具体来讲,环境的动性程度越高,感知能力、整合能力越能促进新创企业绩效提升的原因在于,当企业处于比较稳定的环境之中,顾客需求和技术更新相对稳定,新创企业只需要根据自己已有的知识和经验,利用现有的资源便可按照既定的战略规划进行平稳的经营管理活动,根据自己已有的资源和能力适应环境,此时,企业的存量资源和常规能力就能为其生存和成长提供动力(Li & Liu,2014)[70];而当企业处于快速变化的环境之中,为了生存和发展需要时刻关注环境中传递出的关键信号,相应地调整资源配置,重新构建资源和能力,以及时采取与环境变化匹配的行动以获取可持续竞争优势。环境竞争性程度越高,感知能力、重构能力越能促进新创企业绩效提高的原因在于,当企业处于高度竞争的环境之中,竞争程度激烈,竞争对手数量众多且实力强大,新创企业需要发挥感知能力的作用,去识别和预判竞争对手在市场上的竞争行为和竞争策略,在此基础上根据竞争对手的反应迅速对企业内部的管理和运营等做出相应调整以保持在市场上的竞争力。而环境动态性在重构能力与新创企业绩效关系间的正向调节作用没有得到验证的原因可能在于,高度动态变化的环境促使新创企业需要不断根据环境变化对企业的资源基础和常规能力进行重新构建和配置,这会消耗可观的企业资源,从而减少对有关企业发展和成长的其他方面的资源投入;高度动态的环境还会促使产业机构异化和利基市场涌现,使企业的重构活动陷入对传统市场和新型市场适应的两难境地(康健,2015)[58]。而环境竞争性在整合能力与新创企业绩效关系间的正向调节作用没有得到验证的原因可能在于,环境竞争性程度越高代表外部环境中资源稀缺程度越高,此时,新创企业强化整合能力作用的发挥也不见得能够从外部整合到高价值性的资源,反而会因此增加企业的经营管理成本和消耗企业有限的资源和能力,因而也不会对企业绩效的提升有太大影响。

以上便是本研究对"网络嵌入、动态能力与新创企业绩效关系"研究结论的总结。这些研究结论是通过对我国新创企业（成立年限8年及以下）的问卷调查数据进行实证分析得到的，与我国新创企业发展现状密切相关，能够反映出我国新创企业的一些特征，为进一步改善新创企业的经营环境、推动其健康发展和成长提供一定的参考依据。

5.5 本章小结

基于308家新创企业的问卷调查和统计分析，本章对"网络嵌入、动态能力和新创企业绩效关系"的理论模型及研究假设进行了实证检验。

在数据的收集和分析方面，本研究做了以下工作。首先，对问卷发放与回收、样本的基本情况进行了介绍，对样本进行了描述性统计分析；然后，基于整理后的数据，运用大样本数据对量表进行信度分析、探索性因子分析和验证性因子分析，以检验问卷的信度和效度；随后，进行变量间的Pearson相关性分析和归回分析前的多重共线性问题、序列相关问题和异方差问题检验；最后，运用22.0软件对网络嵌入（结构嵌入和关系嵌入）与新创企业绩效的关系、网络嵌入（结构嵌入和关系嵌入）与动态能力（感知能力、整合能力和重构能力）的关系、动态能力（感知能力、整合能力和重构能力）与新创企业绩效的关系、动态能力（感知能力、整合能力和重构能力）的中介作用、环境不确定性（环境动态性和环境竞争性）的调节作用进行回归分析。实证结果表明，本研究提出的23个假设中有21个假设成立，2个假设不成立，本研究在本章结尾处对假设结果进行了分析和讨论。

6 研究结论与研究展望

本研究在前面章节中,通过理论分析和文献回顾提出研究假设,并运用SPSS22.0软件进行回归分析,对研究假设进行了系统的检验。本章将在前文理论分析和实证分析的基础之上,对网络嵌入、动态能力与新创企业绩效关系的研究结论进行归纳和总结,阐释本研究的理论贡献和实践启示,指出研究存在的局限,提出未来的研究方向。

6.1 本研究主要研究结论

新创企业已经成为我国经济持续增长的重要驱动力量,在推动大众创业万众创新方面发挥着关键作用。新创企业的生存和发展受到我国各级政府、科研学者、企业家、创业者和新闻媒体等各界的重点关注。本研究以网络嵌入为切入点,以动态能力为中间路径,以提升新创企业绩效为导向,按照"网络嵌入——动态能力——新创企业绩效"这一理论逻辑,逐层深入剖析网络嵌入(结构嵌入和关系嵌入)、动态能力(感知能力、整合能力和重构能力)与新创企业绩效三者之间的关系。在此基础上,构建了变量之间关系的理论模型,提出了研究假设,然后通过对308家新创企业的样本数据进行实证分析,对假设进行验证和分析,最终,得出如下研究结论。

第一,网络嵌入对新创企业绩效有正向影响。现有研究普遍认可社会网络或网络嵌入对新创企业绩效提升具有十分重要的影响,但是,本研究认为网络嵌入各维度对新创企业绩效的作用仍然需要进一步的检验,这样有助于新创企业在构建其社会关系网络时得到更加具体和可行的建议。基于此,本研究通过文献梳理,并结合新创企业的特点,将网络嵌入分为结构嵌入和关系嵌入,并通过理论回顾,提出"结构嵌入对新创企业绩效有正向影响""关系嵌入对新创企业绩效有正向影响"的假设。实证分结果显示,结构嵌入和关系嵌入均会对新创企业绩效产生积极的影响。标准化后的回归系数显示,结构嵌入(β=

0.290) 对新创企业绩效的影响程度要略高于关系嵌入对新创企业绩效的影响程度（β=0.223）。为此，新创企业在构建社会关系网络时既要重视网络结构的优化，也要重视关系质量的提高，通过调整网络结构和关系获取高质量的机会、信息和资源等来应对变化，适应环境，最终获得成长和发展。

第二，网络嵌入对动态能力有正向影响。已有研究证明了社会网络或网络嵌入对动态能力的构建和开发有一定的促进作用。但是，本研究认为，网络嵌入各维度对动态能力各维度的影响作用还需进一步探索和验证，这样有助于新创企业在构建其社会关系网络和开发其动态能力时能得到更加具体和可行的建议。基于此，本研究通过文献梳理，并结合新创企业的特点，将网络嵌入分为结构嵌入和关系嵌入，将动态能力分为感知能力、整合能力和重构能力，并通过理论回顾，提出"结构嵌入对感知能力有正向影响""结构嵌入对整合能力有正向影响""结构嵌入对重构能力有正向影响""关系嵌入对感知能力有正向影响""关系嵌入对整合能力有正向影响""关系嵌入对重构能力有正向影响"的假设。实证分析结果显示，结构嵌入均会对感知能力、整合能力和重构能力产生积极影响，关系嵌入均会对感知能力、整合能力和重构能力产生积极影响。标准化后的回归系数显示，在对感知能力的影响中，关系嵌入（β=0.305）对感知能力的影响程度要略高于结构嵌入对感知能力的影响程度（β=0.248）；在对整合能力的影响中，结构嵌入（β=0.357）对整合能力的影响程度要略高于关系嵌入对整合能力的影响程度（β=0.169）；在对重构能力的影响中，结构嵌入（β=0.301）对重构能力的影响程度要略高于关系嵌入对重构能力的影响程度（β=0.253）。因此，新创企业可以通过社会网络的结构嵌入和关系嵌入不同的作用基础，在与网络成员互动和交往的过程中，在获取、鉴别和利用信息和资源的过程中，促进感知能力、整合能力和重构能力的构建和开发。这也为分析我国新创企业动态能力的特征和形成提供了思路和依据。

第三，动态能力对新创企业绩效有正向影响。已有研究证明了动态能力对企业绩效提高和竞争优势维持的积极影响。但是，本研究认为，动态能力各维度对新创企业绩效的影响作用还需要进一步探索和验证，这样有助于新创企业在构建和开发其动态能力时得到更加具体和可行的建议。基于此，本研究通过文献梳理，并结合新创企业的特点，将动态能力分为感知能力、整合能力和重构能力，并通过理论回顾，提出"感知能力对新创企业绩效有正向影响""整合能力对新创企业绩效有正向影响""重构能力对新创企业绩效有正向影响"的假设。实证分析结果表明，感知能力、整合能力和重构能力均对新创企业绩效有正向影响。标准化后的回归系数显示，在感知能力、整合能力和重构能力中，重构能力（β=0.424）对新创企业绩效的正向影响程度最高，感知能力（β=0.210）对新创企业绩效的正向影响程度次之，整合能力（β=0.149）对新创企业绩效的正向影响程度最弱。因此，新创企业可以有侧重地对感知能力、整合能力和重构能力进行构建和开发。

第四，动态能力在网络嵌入与新创企业绩效关系间起部分中介作用。本研究分别研究了感知能力、整合能力和重构能力在结构嵌入与新创企业绩效关系间的中介作用，感知能力、整合能力和重构能力在关系嵌入与新创企业绩效关系间的中介作用。实证分析结果表明，感知能力在结构嵌入与新创企业绩效关系间起部分中介作用，整合能力在结构嵌入与新创企业绩效关系间起部分中介作用，重构能力在结构嵌入与新创企业绩效关系间起部分中介作用，感知能力在关系嵌入与新创企业绩效关系间起部分中介作用，整合能力在关系嵌入与新创企业绩效关系间起部分中介作用，重构能力在关系嵌入与新创企业绩效关系间起部分中介作用。也就是说，结构嵌入不仅对新创企业绩效有直接正向影响，还会通过感知能力、整合能力和重构能力的中介作用对新创企业绩效产生间接正向影响；同样，关系嵌入不仅对新创企业绩效有直接正向影响，还会通过感知能力、整合能力和重构能力对新创企业绩效产生间接正向影响。因此，动态能力是新创企业资源转化为绩效的中间路径，新创企业通过构建和开发感知能力、整合能力和重构能力能够实现对静态资源的动态管理和转化，进而促进企业绩效的提升。

第五，环境不确定性在动态能力与新创企业绩效关系间起调节作用。本研究将环境这一外生变量引入研究框架，通过文献梳理将环境不确定性划分为环境动态性和环境竞争性，检验环境动态性和环境竞争性在动态能力与新创企业绩效关系间的调节作用。实证分析结果表明，就环境动态性而言，其在感知能力与新创企业绩效关系间起正向调节作用，在整合能力与新创企业绩效关系间起正向调节作用，而在重构能力与新创企业绩效关系间不起正向调节作用。环境动态性主要衡量的是外部环境变化的速度和不可预测的程度，包括市场需求、产品技术和顾客喜好等方面的变化。在此状况下，快速变化的环境会促使新创企业积极主动地感知顾客偏好、市场需求和产品技术的变化趋势，开发其鉴别机会和威胁的能力，为利用机会整合环境变化带来的新知识、新信息和新技术等新资源，进而提升企业绩效。尽管新创企业通过重构能够促使其对大量的市场资讯获取和鉴别过程更为专注（Eisenhardt & Martin，2000）[55]，但这种动态演进可能会消耗企业大量的可观资源，导致重构能力在动态环境下对企业绩效的促进作用没有明显差异。就环境竞争性而言，其在感知能力与新创企业绩效关系间起正向调节作用,在重构能力与新创企业绩效关系间起正向调节作用,而在整合能力与新创企业绩效关系间不起正向调节作用。环境竞争性主要衡量的是行业内企业对顾客、市场和各类资源的争夺范围和争夺程度。在此状况下,感知能力强的新创企业能够敏锐识别机会和威胁,通过快速调整业务重心和对现有资源和能力的更新和重构做出比竞争对手更快速的反应和决策,以保持竞争地位和企业绩效;而激烈竞争会导致资源的稀缺和难以获取,此时新创企业难以整合到外部高质量的资源促进企业绩效的提高。

6.2 理论贡献与实践启示

本研究以新创企业为研究对象,以社会网络的结构嵌入和关系嵌入为切入点,以提升企业绩效为导向,从动态能力的视角,根据"网络嵌入—动态能力—新创企业绩效"的研究逻辑,逐层深入剖析了网络嵌入(结构嵌入和关系嵌入)、动态能力(感知能力、整合能力和重构能力)与新创企业绩效之间的关系,具有一定的理论贡献和实践启示。

6.2.1 理论贡献

本研究基于我国新创企业情境,研究了网络嵌入作为一种极其重要的资源获取渠道对新创企业绩效提升的影响机制,具体探索和检验了网络嵌入(结构嵌入和关系嵌入)—动态能力(感知能力、整合能力和重构能力)—新创企业绩效的关系,并在此基础上提出和验证了环境不确定性(环境动态性和环境竞争性)在动态能力与新创企业绩效关系间的调节作用,研究结论对社会网络理论、资源基础理论、动态能力理论以及不确定环境下新创企业创业行为等领域的研究具有一定贡献,具体包括以下三个方面的内容:

(1) 深化了网络嵌入影响新创企业绩效的作用机制研究

本研究深化了网络嵌入影响新创企业绩效的作用机制研究。一方面,先前关于网络嵌入对企业绩效的影响主要关注的是成熟企业(李巍和许晖,2012;吴俊杰和戴勇,2013)[59,60],对以新创企业为主体的企业管理研究关注不够。然而,随着创业活动的日益活跃,近年来学者们开始关注网络嵌入对新创企业成长或绩效的影响(陈逢文和张玉利等,2015;尹苗苗和李秉泽等,2015;张鹏和邓然等,2015;刘东和郑鑫等,2016;彭学兵和王乐等,2017)[128,232,234,545,563]。另一方面,先前关于网络嵌入与企业绩效的研究大多基于社会网络理论或资源基础理论,直接研究网络嵌入对企业绩效的影响

6 研究结论与研究展望

(Peng & Luo, 2000; Akçomak & Ter Weel, 2009; Meschi & Wassmer, 2013; Packard & Aribarg et al., 2016; Yeniyurt & Carnovale, 2017; 曹鑫和黄晓治, 2015; 易朝辉和罗志辉, 2015; 陶秋燕和孟猛猛, 2017)[180,218,226,564-568]，而对网络嵌入影响企业绩效的中间机制关注不够。社会网络理论和资源基础理论认为，社会网络是企业成长的重要影响因素，是企业拥有的有价值的、稀缺性的、难以复制和难以模仿的资源，网络嵌入为新创企业生存和发展提供了必要的知识和信息等资源，能够促进新创企业绩效的提升。然而，这两种理论并未阐释知识和信息等资源转化为企业绩效的中间过程。事实上，根据动态能力理论，企业资源由于具有核心刚性和静态性等特征，很难为企业提供可持续的竞争优势进而促进其绩效的提升。本研究摆脱了过去简单的网络嵌入—资源—企业绩效的研究框架，以新创企业为研究对象，建立了网络嵌入—动态能力—新创企业绩效的研究分析框架。研究发现新创企业通过对社会网络的结构嵌入和关系嵌入，不仅能够获取生存和发展所需的资源，更重要的是，新创企业通过网络嵌入构建和开发了动态能力，通过动态能力对静态资源的不断转化持续提升其绩效。因此，本研究的研究思路和结论是对网络嵌入影响新创企业绩效作用机制研究的有益补充。

(2) 拓展了动态能力理论和网络嵌入理论相关方面研究

针对动态能力的研究而言，一方面，自从 Teece & Pisano (1994)[65]正式界定了动态能力的概念以来，学术界就一直从多个视角探讨动态能力的概念内涵和构成维度，但至今尚未形成共识。已有研究大多将动态能力视为单一构念，而从 Teece, Pisano & Shuen (1997)[16]的研究来看，动态能力应该是一个多维构念。因此，本研究基于 Teece (2007)[76]对动态能力概念和内涵进一步解读和阐释，将新创企业的动态能力划分为感知能力、整合能力和重构能力三个维度，并且这一划分也得到了实证研究的验证。另一方面，目前学术界主要聚焦于动态能力内涵和外延的探索，而对动态能力形成机制和作用机理的实证研究还不多见。本研究对目前还不多见的实证研究文献进行梳理和总结，发现学者们主要从战略导向 (King & Tucci, 2002)[38]、资源基础 (Helfat, 1997)[40]、资源整合 (董保宝和葛宝山等, 2011)[41]、组织学习 (Malik & Kotabe, 2009)[43]等方面探讨动态能力的影响因素，同时还研究了动态能力对组织绩效、竞争优势和企业多元化等方面的作用结果。本研究丰富了动态能力的影响因素研究，探讨了网络嵌入对动态能力的影响，具体表现为结构嵌入和关系嵌入对动态能力的影响；同时也丰富了动态能力作用结果的研究，具体表现为动态能力不同维度对新创企业绩效的影响。其次，针对网络嵌入理论而言,一方面,已有研究主要将网络嵌入视为单一构念,作为影响前因,探索其对企业创新或创新绩效的直接影响效应,而本研究基于 Granovetter(1985)[64]提出的网络嵌入分析框架,将网络嵌入划分为结构嵌入和关系嵌入,通过实证分析,发现结构嵌入和关系嵌入不仅对新创企业绩效有直接正向影响,还能通过动态能力三个维度的中介作用对新创企业绩效产生间接正向影响,从而丰富和拓展了网络嵌入理论研究的边界。

(3) 丰富了环境不确定性下新创企业经营管理行为研究

本研究通过前期理论梳理和文献回顾发现,虽然早已有学者提出企业的外部环境是企业生存的客观条件(Miller & Friesen, 1982)[51],企业与环境之间有着相当密切的互动关系,企业需要时刻关注和理解环境变化所传递的信号才能生存和发展(Covin & Slevin, 1989)[52]这一思想,但是就目前的研究来看,从权变视角对动态能力与新创企业绩效关系的研究还相对不足,因此,本研究将环境不确定性这一重要的外生变量引入动态能力与新创企业绩效关系的研究模型中,探索当环境的不同特征呈现出不同水平时,不同维度的动态能力会对新创企业绩效产生何种不同的影响。研究结果为丰富环境不确定性的研究提供了实证证据。一方面,以往针对环境不确定性的研究有不同的结论,有些学者将环境不确定性作为单一构念进行研究,而大部分学者认为环境不确定性应该是一个多维构念,不同维度构念的作用不同,但是,在对其维度划分的研究上尚未形成共识。因此,本研究一方面对已有研究文献中提出的环境因素在动态能力与企业绩效关系间的调节作用(Zahra, 1996; Lumpkin & Dess, 2001;葛宝山和陈小沐, 2015, 2016;胡海青和王兆群等, 2017)[71,85,365,569,570]的研究结论进行验证;另一方面,通过对前人关于环境不确定性的研究,将其划分为环境动态性和环境竞争性,通过理论推导和实证分析,探索其在动态能力的三个维度——感知能力、整合能力和重构能力与新创企业绩效关系间调节作用发挥的差异,从而为新创企业根据其面临的不同环境特征,选择合适的方法构建、开发和优化动态能力进而提升其绩效提供一种新的管理思维。因此,本研究完善了以往研究的不足,增加了新创企业动态能力影响其绩效的深度,进一步拓宽了动态性环境下和竞争性环境下新创企业经营管理行为的研究。

6.2.2 实践启示

我国新创企业在推动经济发展、国民就业和创新创业方面做出了巨大贡献,已成为我国经济持续增长的重要驱动力量。随着环境动态多变特征的日益明显以及组织网络化模式的快速推进,嵌入外部网络已成为企业能力和绩效提

6 研究结论与研究展望

升的重要方式和手段。本研究以我国新创企业为研究样本，深入考察了新创企业网络嵌入经由动态能力进而提升企业绩效的作用机制。研究在取得了一些有意义的理论结论的同时，也得到了一些有利于新创企业有针对性地构建和优化网络资源，构建和开发自身动态能力进而提升绩效的实践启示。研究结论还为我国政府相关部门制定和完善政策，更好地服务新创企业发展提供科学依据。具体包括如下四方面的内容：

(1) 新创企业应重视社会网络的构建和优化

新创企业因资源获取合法性不足与资源利用效率低下导致了严重的资源约束（Resource Constraints）问题，从而导致其创业质量和创业贡献低下。成立初弱性和规模小弱性使其难以在竞争激烈的市场环境中谋求生存（Freeman, Carroll & Hannan, 1983)[4]。有学者认为，当面临资源约束时，向外部网络搜寻资源是新创企业克服成长劣势的一种行之有效的方式（张方华，2010)[73]。丰富的新创企业实践活动也表明，新创企业的生存、发展和成长是其不断突破知识和信息等资源要素制约，获得外部网络成员认可和支持的社会化过程。因此，对于新创企业而言，除了充分把握和有效利用自身已经拥有的资源和能力外，更加需要从外部网络中获取和整合知识、信息和技能等关键资源。本研究通过理论分析和实证研究，发现新创企业社会网络的结构嵌入和关系嵌入都对其企业绩效有积极的影响。具体来讲，一方面，网络的位置、密度和规模等结构特征会决定企业获取资源的质量和数量（Gulati, 1995)[378]，从而会影响企业的盈利性和成长性（McEvily & Marcu, 2005; Hallen, 2008)[379,571]；另一方面，紧密的网络关系有助于新创企业以比较低的成本获取信息和资源，良好的关系质量可以提高新创企业获取优质资源和经验的可能性，从而有助于提升新创企业绩效。

从以上分析可知，新创企业需要重视社会网络的构建和优化：第一，新创企业需要扩大社交范围，与不同类型的组织机构建立广泛联系，如建立以政府部门和行业协会为代表的政府关系，以同类企业、顾客和供应商为代表的商业关系，以银行、金融机构和投机机构等为代表的机构关系。第二，新创企业应该提高和加强自身在网络中的核心地位和影响力，使自己在网络中居于较为中心的地位，成为网络信息和资源传输与共享的枢纽，以实现对资源和信息流向的控制和超额资源优势与信息利益的获取。第三，新创企业在与网络成员进行社会交往和业务合作的过程中，应该注重提升自己在社会网络中的品牌形象、企业声誉和品格能力等信任水平，并坚持遵守和维持与网络成员建立的情感承诺和互惠交往的关系准则，同时还应该重视与网络成员合作中的信息互惠共享、共同解决问题、和谐发展共赢等。第四，新创企业因资源和能力有限，需要在结构嵌入和关系嵌入程度的相对平衡之间做出抉择和组合，避免对网络的过度嵌入。有研究表明，企业过度嵌入网络会致使企业间信息冗余，在维系企业间网络嵌入关系时付出超额成本费用，强调外部运作能力而导致内部资源投入分散并产生挤出效应等问题从而阻碍企业生产率的提升（李德辉和范黎波等，2017）[29]。

(2) 新创企业应关注动态能力的培育和开发

动态能力理论认为，日益复杂的动态竞争环境要求企业必须具备能够迅速构建、整合和重构其内外部资源和技能的能力，以不断构建新的竞争优势。本研究的实证结果表明，动态能力的三个维度——感知能力、整合能力和重构能力在新创企业结构嵌入和关系嵌入与其绩效关系间起到了部分中介的作用，即新创企业社会网络的结构嵌入和关系嵌入会通过动态能力的中介作用对企业绩效产生影响。因此，新创企业提升竞争优势和企业绩效需要高度重视自身动态能力的构建、培育和开发。

已有研究证明，动态能力是企业构建和维持可持续竞争优势的最为重要和独特的资产（Griffith & Harvey，2001；贺小刚，2006）[77,78]。本研究通过理论和实证分析，认为新创企业的动态能力由感知能力、整合能力和重构能力三个维度构成。因此，新创企业在培育和开发动态能力时，需要根据自身的资源禀赋和常规能力，行业、市场和技术的发展变化，外部网络的发展态势等条件，对动态能力的这三个维度的能力进行恰当组合以保证三者之间的均衡发展。具体来讲，新创企业可以通过采取以下措施培育和开发动态能力：第一，新创企业应该加强与顾客、供应商、同类企业、行业协会和科研院所等外部利益相关者群体的交流与合作，获取有用信息和资源，掌握新的知识和技术，了解行业和市场发展趋势，增强对优质资源和机会的敏感度。第二，新创企业应该着力打造学习型和创新型的组织文化和氛围，促进组织和团队内的成员学习新知识和新技术，交流新观点和新方法，鼓励创新，通过沟通、学习和创新增强企业的战略柔性和资源柔性。第三，新创企业的管理者应该关注动态能力不同维度之间的均衡、交替和循环发展。从时间维度讲，新创企业可以考虑随着自身实力的增强和行业发展的演进培育和开发动态能力，在企业发展的不同阶段，有重点又分别地对待动态能力的三个维度。具体来讲，当与行业中领先企业处于竞争关系时，可以着重将整合能力作为动态能力培育的重点和出发点，积极吸收、借鉴、学习和整合外部网络中的新知识、新技术和新信息，克服自身在知识和技术等资源禀赋上的劣势；并在此过程中逐渐培育和开发重构能力，使组织保持灵活性和柔性；随着自身实力和资源储备水平的提高，逐步增强对感知能力的培育和开发，最后实现动态能力三维度的均衡发展。从空间维度讲，不同产品/服务的市场状况、技术特征和竞争态势存在差异，针对这种情况，新创企业可以考虑在某些产品和业务领域强化整合能力的发挥，而在另一些产品和业务领域强化感知能力或重构能力的发挥，从而实现不同维度的动态能力在企业不同产品和业务领域上的科学组合及相互促进。

（3）新创企业应考虑外部环境的差异和特征

外部环境常被视为影响企业获利能力的关键因素（Porter，2008）[329]，是新创企业活动实施和开展的重要基础（Zahra，1993）[18]，对其生存和发展具有重要的作用（Zahra，1996）[87]。虽然新创企业的管理者或许已经意识到外部环境这一外生变量对企业竞争优势获得的重要性，但是，不同新创企业的管理者感受到的外部环境的动态性和竞争性的内容和程度是有所差异的，相应地这些企业在选择应对策略时也会有所不同，因此对企业绩效自然也会产生不同的影响。

在本研究中，外部环境的不确定性在动态能力与新创企业绩效关系间发挥着调节作用，进一步讲，环境不确定性的不同特征在动态能力与新创企业绩效关系间的影响作用不同。而企业动态能力的构建、培育和开发会消耗企业的资源，提高企业的运营管理成本，因此，新创企业需要分析在何种环境下，发挥哪一维度动态能力的作用，来维持企业的绩效水平和竞争力，即新创企业应该根据环境动态性和环境竞争性的不同情况有针对性的发挥动态能力的作用。具体来讲，在动态性程度较高的环境下，外部环境变化的速度和不可预测的程度较高（Keats & Hitt，1988）[541]，市场需求、产品技术和顾客偏好的改变较快，新创企业应该加强感知能力作用的发挥，通过不断扫描、搜寻、学习和探索，以确保能够从快速更新的环境中识别出关键的价值性资源和机会；新创企业还应该加强整合能力作用的发挥，将新知识和新技术与已有知识和技术进行整合以开发新产品和新技术，满足不断变化的顾客和市场需要（Jaworski & Kohli，1993）[356]，或者加强与联盟企业高效率的沟通整合有效的行业信息来创造竞争优势（Li & Liu，2014）[70]。在竞争性程度较高的环境下，竞争十分激烈，竞争对手强大，价格战突出，新创企业应该重视感知能力作用的发挥，加强对外部环境的扫描和学习，了解竞争对手行为、顾客偏好和市场需求的变化，调整竞争策略以便在激烈的竞争环境中脱颖而出；新创企业还应该重视重构能力作用的发挥，通过重新构建或配置资源、调整组织流程和内外部关系等，一方面有效避免竞争对手的模仿和跟随（Wilden & Gudergan，2015）[72]，另一方面灵活应对竞争对手的竞争行为和竞争策略，进而有效提高自身的绩效水平和竞争优势（Priem, Rasheed & Kotulic, 1995[553]）[531]。综上所述，新创企业的创始人或管理者必须重点关注外部环境的动态性和竞争性两大不确定性特征，并有针对性地培育、开发和运用与外部环境变化趋势相匹配的动态能力，最大限度地提升自身的绩效水平。

（4）我国政府部门应加强对新创企业的引导

在新创企业通过网络嵌入直接提升或通过网络嵌入影响动态能力间接提升企业绩效和竞争优势的实践中，往往由于受限于自身资源和能力的不足而无法有效地与外界网络中多种类型的组织和机构建立有效联系。针对这种情况，政府及其有关部门应该积极参与其中并发挥主导作用。

第一，创造良好的创业环境。外部环境是企业生存和发展的重要影响因素，是新创企业实施创业活动的必要外部条件。政府及有关部门应从以下三方面着手：（一）改善市场环境。政府及有关部门需要进一步健全公平的市场竞争秩序，建立良好的竞争环境，加速相关法律法规的制定与完善；破除地方保护主义、消除行政壁垒，取消国有企业与民营企业之间的差别待遇与歧视性政策，加速建立全国性统一开放的市场体系；进一步完善市场道德及信用体系，降低市场交易费用，提高交易效率。（二）健全法律环境。健全的法律环境在新创企业创业过程中可以起到保驾护航的作用，已有的《公司法》《债权法》《专利法》《技术合同法》等可以解决新创企业在创业过程中的纠纷，保障新创企业的合法权益。政府及有关部门还应继续优化法律环境，特别应加强法律制度的宣传和教育。（三）完善服务环境。一方面政府及有关部门可以建立专业的商业基础设施，成立专业的创业服务平台，加大对有利于新创企业开展创业活动的信息化基础建设的投入，向新创企业提供专业的信息咨询服务。另一方面政府及有关部门可以建立创业相关的培训服务体系，为新创企业的管理人员提供创业培训教育。

第二，提供优质的创业资源。资源和能力是企业生存和发展的重要基石，是企业动态能力形成和开发的基础，是新创企业获得发展与成长的不竭动力和源泉。政府及有关部门应该从以下两方面着手：首先，政府及相关部门应制定相关政策支持新创企业的创业活动，从政府政策、平台搭建、金融支持、人才支持、智力支持、科技支持等方面多管齐下，为新创企业提供优质的创业资源。政府及有关部门应该搭建平台，通过成立行业协会或组织各类会议等途径，扩大新创企业与外界各类组织和机构的交流和互动，引导新创企业有选择地拓展和优化社会关系网络；适时引导并促成成熟企业与新创企业之间的战略合作，促进新创企业能够共享成熟企业构建的外部网络资源，从而提升新创企业的网络嵌入能力；或者是为新创企业所在区域的高校和科研院所、行业协会、咨询机构、中介服务机构或者投资和金融机构等提供政策方面的引导和资金方面的支持，促进其为新创企业的创新创业活动提供支持和帮助。其次，政府及相关部门还应该制定相应政策和措施，从政策上倾斜和扶持新创企业，帮助其突破资源瓶颈约束，顺利度过生存阶段，实现可持续的成长和发展，为国家经济发展和社会稳定做出应有的贡献。

6.3 研究局限与未来展望

本研究对网络嵌入、动态能力与新创企业绩效的关系进行探索，所得结论具有一定的理论和实践意义。虽然在研究中力求科学性与准确性，但因受到个人能力和经验等的限制，还存在一定的局限和不足，这也正好成为未来努力探索和有待完善的方向。

第一，样本的代表性和数据的缺失性问题。由于本研究的研究对象是新创企业，所以数据收集相对困难。尽管在问卷发放与回收过程中，花费了大量时间和精力，通过多种途径和渠道进行，最终达到了进行实证分析在样本数量方面的要求，同时也满足新创企业在成立年限等方面的要求；但是，最终回收的样本数据主要来源于我国西部地区，而且四川省新创企业占据较大比重，因而难以排除地域文化特征对研究结果的影响。因此，在未来研究中本研究提出的理论模型和研究假设有待在更广的地域范围内进行验证。此外，鉴于动态能力的构建和开发需要企业的长期投入，而且网络嵌入和动态能力对企业绩效的影响存在时间滞后性，但是本研究调研的数据属于横截面数据，可能会对研究结果产生影响，因此，在未来研究中，可以考虑通过对企业进行长期跟踪获取面板数据进行纵向分析。

第二，企业行业和地域等差异造成的问题。本研究受调查样本数据和个人时间精力的限制，并未在研究中将企业所属行业、企业地域分布、企业规模和成立年限等因素作为控制变量，研究其在"网络嵌入——动态能力——新创企业绩效"关系中产生的影响。比如，东部和西部新创企业，传统制造业和信息技术业新创企业可能在网络嵌入、动态能力等方面存在不同的表现或者差异。因此，在未来研究中，可以考虑根据新创企业的特点，进一步对行业类别、地域分布、企业规模和成立年限等进行细分，探究处于不同行业、不同地域、不同规模的新创企业在网络嵌入对新创企业绩效，或者动态能力对新创企业绩效作用方面的不同表现,以此为新创企业的成长和发展提供更加具体和有建设性的理论指导和实践启示。

  第三,研究中对成熟量表修订带来的问题。本研究主要基于国内外对网络嵌入和动态能力的已有研究,根据相关研究领域内的专家和企业管理者的建议,并结合小样本预测试的分析结果对参考和借鉴的成熟量表进行了相应的修订,其目的是使语言表达和题项设计更加符合我国新创企业的实际,也更贴近我国企业管理者的用语,使其在填答问卷时不会产生歧义。但是,修订后的量表可能在语义上不能完全呈现原始量表和题项设计的思想,也可能不能完全反映关键变量需要进行测量的全部内容,而李克特五点计分法也存在主观性。因此,在未来的研究中,需要进一步修正测量题项,降低存在的偏差,提高量表的科学性、准确性和客观性。

参考文献

[1] 吕一博,苏敬勤,傅宇. 中国中小企业成长的影响因素研究——基于中国东北地区中小企业的实证研究[J]. 中国工业经济,2008(01):14-23.

[2] BAKER T, NELSON R E. Creating Something from Nothing: Resource Construction through Entrepreneurial Bricolage[J]. Administrative Science Quarterly, 2005, 50(3): 329-366.

[3] S S, D C. Network Ties, Reputation, and the Financing of New Ventures[J]. Management Science, 2002, 48(3): 364-381.

[4] FREEMAN J, CARROLL G R, HANNAN M T. The Liability of Newness: Age Dependence in Organizational Death Rates[J]. American Sociological Review, 1983, 48(5): 692-710.

[5] SHANE S. Technology Regimes and New Firm Formation[J]. Management Science, 2001, 47(9): 1173-1190.

[6] ZAHRA S A. The virtuous cycle of discovery and creation of entrepreneurial opportunities[J]. Strategic Entrepreneurship Journal, 2008, 2(3): 243-257.

[7] ALDRICH H, AUSTER E R. Even dwarfs started small: Liabilities of age and size and their strategic implications[J]. Research in Organizational Behavior, 1986,

[8] STINCHCOMBE A L. Social structure and organizations[J]. Handbook of Organizations, 1965, 142-193.

[9] CARROLL G R. A stochastic model of organizational mortality: Review and reanalysis[J]. Social Science Research, 1983, 12(4): 303-329.

[10] BARNEY J. Firm Resources and Sustained Competitive Advantage[J]. Journal of Management, 1991, 17(1): 99-120.

[11] 朱秀梅,李明芳. 创业网络特征对资源获取的动态影响—基于中国转型

经济的证据[J]. 管理世界, 2011 (06): 105-115+88.

[12] LEYDEN D P, LINK A N, SIEGEL D S. A theoretical analysis of the role of social networks in entrepreneurship [J]. Research Policy, 2014, 43 (7): 1157-1163.

[13] WARREN L. A systemic approach to entrepreneurial learning: an exploration using storytelling [J]. Systems Research and Behavioral Science, 2004, 21 (1): 3-16.

[14] GRANT R M. Toward a knowledge-based theory of the firm [J]. Strategic Management Journal, 1996, 17 (S2): 109-122.

[15] GURISATTI P. Patterns of diffusion of new technologies in small metal-working firms the case of an Italian region [J]. Industrial and Corporate Change, 1997, 6 (2): 275-312.

[16] TEECE D J, PISANO G, SHUEN A. Dynamic capabilities and strategic management [J]. Strategic Management Journal, 1997, 18 (7): 509-533.

[17] 梁娟, 陈国宏. 多重网络嵌入与集群企业知识创造绩效研究[J]. 科学学研究, 2015 (01): 90-97.

[18] ZAHRA S A. Environment, corporate entrepreneurship, and financial performance: A taxonomic approach [J]. Journal of Business Venturing, 1993, 8 (4): 319-340.

[19] ZAHRA S, SAPIENZA H, DAVIDSSON P. Entrepreneurship and Dynamic Capabilities: A Review, Model and Research Agenda [J]. Journal of Management Studies, 2006, 25 (4): 917-955.

[20] 范志刚. 基于企业网络的战略柔性与企业创新绩效提升机制研究[D]. 杭州: 浙江大学, 2010.

[21] 刘光宗. 环境不确定性、CEO经验与个性对公司动态能力的影响研究[D]. 大连: 大连理工大学, 2014.

[22] 宝贡敏, 龙思颖. 企业动态能力研究: 最新述评与展望[J]. 外国经济与管理, 2015 (07): 74-87.

[23] 陈勇. 关系学习和动态能力对企业技术创新的影响研究[D]. 杭州: 浙江大学, 2012.

[24] 李大元, 项保华, 陈应龙. 企业动态能力及其功效: 环境不确定性的影响[J]. 南开管理评论, 2009 (06): 60-68.

[25] GONZALEZ-BRAMBILA C N, VELOSO F M, KRACKHARDT D. The impact of network embeddedness on research output [J]. Research Policy, 2013, 42 (9): 1555-1567.

[26] POLIDORO JR F. When the social structure overshadows competitive incentives the effects of network embeddedness on joint venture dissolution [J]. Academy of Management Journal: AMJ, 2011, 54 (1): 203-223.

[27] PENG M W, LUO Y. Managerial Ties and Firm Performance in a Transition Economy: The Nature of a Micro-Macro Link [J]. The Academy of Management Journal, 2000, 43 (3): 486-501.

[28] YUAN L, LIANXI Z, GARRY B, et al. Capabilities as a mediator linking resources and the international performance of entrepreneurial firms in an emerging economy [J]. Journal of International Business Studies, 2009, 41 (3): 419.

[29] 李德辉, 范黎波, 杨震宁. 企业网络嵌入可以高枕无忧吗——基于中国上市制造业企业的考察 [J]. 南开管理评论, 2017 (01): 67-82.

[30] 杨震宁, 李东红, 范黎波. 身陷"盘丝洞": 社会网络关系嵌入过度影响了创业过程吗? [J]. 管理世界, 2013 (12): 101-116.

[31] 李靖华, 黄继生. 网络嵌入、创新合法性与突破性创新的资源获取 [J]. 科研管理, 2017 (04): 10-18.

[32] 谢洪明, 赵丽, 程聪. 网络密度、学习能力与技术创新的关系研究 [J]. 科学学与科学技术管理, 2011 (10): 57-63.

[33] 陶秋燕, 孟猛猛. 网络嵌入性、技术创新和中小企业成长研究 [J]. 科研管理, 2017 (S1): 515-524.

[34] 周飞, 孙锐. 基于动态能力视角的跨界搜寻对商业模式创新的影响研究 [J]. 管理学报, 2016 (11): 1674-1680.

[35] 王增涛, 张宇婷, 蒋敏. 关系网络、动态能力与中小企业国际化绩效研究 [J]. 科技进步与对策, 2016 (02): 91-98.

[36] 马鸿佳, 宋春华, 葛宝山. 动态能力、即兴能力与竞争优势关系研究 [J]. 外国经济与管理, 2015 (11): 25-37.

[37] BARRETO I. Dynamic Capabilities: A Review of Past Research and an Agenda for the Future [J]. Journal of Management, 2010, 36 (1): 256-280.

[38] KING A A, TUCCI C L. Incumbent Entry into New Market Niches: The Role of Experience and Managerial Choice in the Creation of Dynamic Capabilities [J]. Management Science, 2002, 48 (2): 171-186.

[39] ZHOU K Z, WU F. Technological capability, strategic flexibility, and product innovation [J]. Strategic Management Journal, 2010, 31 (5): 547-561.

[40] HELFAT C E. Know-how and asset complementarity and dynamic capability accumulation [J]. Strategic Management Journal, 1997, 18 (5): 339-360.

[41] 董保宝, 葛宝山, 王侃. 资源整合过程、动态能力与竞争优势: 机理与路径 [J]. 管理世界, 2011 (03): 92-101.

[42] BINGHAM C B, HEIMERIKS K H, SCHIJVEN M, et al. Concurrent learning: How firms develop multiple dynamic capabilities in parallel [J]. Strategic Management Journal, 2015, 36 (12): 1802-1825.

[43] MALIK O R, KOTABE M. Dynamic Capabilities, Government Policies, and Performance in Firms from Emerging Economies: Evidence from India and Pakistan [J]. Journal of Management Studies, 2009, 46 (3): 421-450.

[44] CUNHA M P E, REGO A, OLIVEIRA P, et al. Product Innovation in Resource-Poor Environments: Three Research Streams [J]. Journal of Product Innovation Management, 2014, 31 (2): 202-210.

[45] EGGERS J P. All experience is not created equal: learning, adapting, and focusing in product portfolio management [J]. Strategic Management Journal, 2012, 33 (3): 315-335.

[46] LAVIE D. Alliance portfolios and firm performance: A study of value creation and appropriation in the U. S. software industry [J]. Strategic Management Journal, 2007, 28 (12): 1187-1212.

[47] LEONARD-BARTON D. Core capabilities and core rigidities: A paradox in managing new product development [J]. Strategic Management Journal, 1992, 13 (S1): 111-125.

[48] DøVING E, GOODERHAM P N. Dynamic capabilities as antecedents of the scope of related diversification: the case of small firm accountancy

practices [J]. Strategic Management Journal, 2008, 29 (8): 841-57.

[49] GULATI R. Network location and learning: the influence of network resources and firm capabilities on alliance formation [J]. Strategic Management Journal, 1999, 20 (5): 397-420.

[50] ZOLLO M, WINTER S G. Deliberate learning and the evolution of dynamic capabilities [J]. Organization Science, 2002, 13 (3): 339.

[51] MILLER D, FRIESEN P H. Innovation in conservative and entrepreneurial firms: Two models of strategic momentum [J]. Strategic Management Journal, 1982, 3 (1): 1-25.

[52] COVIN J G, SLEVIN D P. Strategic management of small firms in hostile and benign environments [J]. Strategic Management Journal, 1989, 10 (1): 75.

[53] 刘智勇,姜彦福. 新创企业动态能力：微观基础、能力演进及研究框架 [J]. 科学学研究, 2009 (07): 1074-1079.

[54] RINDOVA V P, KOTHA S. Continuous "Morphing": Competing through Dynamic Capabilities, Form, and Function [J]. The Academy of Management Journal, 2001, 44 (6): 1263-1280.

[55] EISENHARDT K M, MARTIN J A. Dynamic capabilities: what are they? [J]. Strategic management journal, 2000: 1105-1121.

[56] SCHILKE O. On the contingent value of dynamic capabilities for competitive advantage: The nonlinear moderating effect of environmental dynamism [J]. Strategic Management Journal, 2014, 35 (2): 179-203.

[57] 吴松强,苏思骐,沈忠芹,等. 产业集群网络关系特征对产品创新绩效的影响——环境不确定性的调节效应 [J]. 外国经济与管理, 2017 (05): 46-57+72.

[58] 康健. 集群企业双重关系嵌入、动态能力及创新绩效关系研究 [D]. 杭州：浙江工商大学, 2015.

[59] 吴俊杰,戴勇. 企业家社会网络、组织能力与集群企业成长绩效 [J]. 管理学报, 2013 (04): 516-523.

[60] 李巍,许晖. 企业社会资本、市场知识能力与经营绩效的关系研究——社会网络的分析视角 [J]. 软科学, 2012 (10): 93-98.

[61] 李志能. 新创企业：大企业的"小版本"？ [J]. 南开管理评论, 2002 (03): 33-38.

[62] ACS Z J, ARMINGTON C. Entrepreneurship, geography, and American economic growth [M]. Cambridge: Cambridge University Press, 2006.

[63] COVIN J G, MILES M P. Corporate entrepreneurship and the pursuit of competitive advantage [J]. Entrepreneurship theory and practice, 1999, 23 (3): 47-63.

[64] GRANOVETTER M. Economic Action and Social Structure: The Problem of Embeddedness [J]. American Journal of Sociology, 1985, 91 (3): 481-510.

[65] TEECE D, PISANO G. The Dynamic Capabilities of Firms: an Introduction [J]. Ind Corp Change, 1994, 3 (3): 537-556.

[66] 董保宝, 葛宝山. 新创企业资源整合过程与动态能力关系研究 [J]. 科研管理, 2012 (02): 107-114.

[67] EISENHARDT K M. Dynamic capabilities: what are they? [M]. 2003.

[68] 冯军政. 环境动荡性、动态能力对企业不连续创新的影响作用研究 [D]. 杭州: 浙江大学, 2012.

[69] 冯军政. 企业突破性创新和破坏性创新的驱动因素研究——环境动态性和敌对性的视角 [J]. 科学学研究, 2013 (09): 1421-1132.

[70] LI D-Y, LIU J. Dynamic capabilities, environmental dynamism, and competitive advantage: Evidence from China [J]. Journal of Business Research, 2014, 67 (1): 2793-2799.

[71] LUMPKIN G T, DESS G G. Linking two dimensions of entrepreneurial orientation to firm performance: the moderating role of environment and industry life cycle [J]. Journal of Business Venturing, 2001, 16 (5): 429.

[72] WILDEN R, GUDERGAN S. The impact of dynamic capabilities on operational marketing and technological capabilities: investigating the role of environmental turbulence [J]. J of the Acad Mark Sci, 2015, 43 (2): 181-199.

[73] 张方华. 网络嵌入影响企业创新绩效的概念模型与实证分析 [J]. 中国工业经济, 2010 (04): 110-119.

[74] FOUNTAIN J E, ATKINSON R D. Innovation, social capital, and the new economy [J]. Washington: Progressive Policy Institute, 1998.

[75] UZZI B. The Sources and Consequences of Embeddedness for the Economic Performance of Organizations: The Network Effect [J]. American Sociological Review, 1996, 61 (4): 674-698.

[76] TEECE D J. Explicating dynamic capabilities: the nature and microfoundations of (sustainable) enterprise performance [J]. Strategic Management Journal, 2007, 28 (13): 1319-1350.

[77] 贺小刚,李新春,方海鹰. 动态能力的测量与功效:基于中国经验的实证研究 [J]. 管理世界, 2006, 03: 94-103+13+71.

[78] GRIFFITH D A, HARVEY M G. A resource perspective of global dynamic capabilities [J]. Journal of International Business Studies, 2001, 32 (3): 597-606.

[79] LI Y, ZHAO Y, TAN J, et al. Moderating Effects of Entrepreneurial Orientation on Market Orientation-Performance Linkage: Evidence from Chinese Small Firms [J]. Journal of Small Business Management, 2008, 46 (1): 113-133.

[80] KAZANJIAN R K. Relation of dominant problems to stages of growth in technology-based new ventures [J]. Academy of management journal, 1988, 31 (2): 257-279.

[81] ADIZES I. Organizational passages—diagnosing and treating lifecycle problems of organizations [J]. Organizational dynamics, 1979, 8 (1): 3-25.

[82] CHRISMAN J J, BAUERSCHMIDT A, HOFER C W. The Determinants of New Venture Performance: An Extended Model [J]. Entrepreneurship Theory and Practice, 1998, 23 (1): 5-29.

[83] WEISS L A. Start-up businesses: A comparison of performances [J]. Sloan Management Review, 1981, 23 (1): 37.

[84] BRUSH C G, VANDERWERF P A. A comparison of methods and sources for obtaining estimates of new venture performance [J]. Journal of Business Venturing, 1992, 7 (2): 157-170.

[85] ZAHRA S A. Technology strategy and financial performance: Examining the moderating role of the firm's competitive environment [J]. Journal of Business Venturing, 1996, 11 (3): 189-219.

[86] MCDOUGALL P P, COVIN J G, ROBINSON R B, et al. The effects of

industry growth and strategic breadth on new venture performance and strategy content [J]. Strategic Management Journal, 1994, 15 (7): 537-554.

[87] WONG S Y, SOH C, NEO B S, et al. The role of information technology in Singapore's new-venture development [J]. Journal of Small Business & Entrepreneurship, 1993, 10 (3): 101-111.

[88] BATJARGAL B, HITT M A, TSUI A S, et al. Institutional polycentrism, entrepreneurs' social network and new venture growth. (Report) [J]. Academy of Management Journal, 2013, 56 (4): 1024.

[89] BAUM J R, BIRD B J, SINGH S. The Practical Intelligence of Entrepreneurs: Antecedents And A Link With New Venture Growth. [J]. Personnel Psychology, 2011, 64 (2): 397.

[90] KISS A N, BARR P S. New venture strategic adaptation: The interplay of belief structures and industry context [J]. Strategic Management Journal, 2015, 36 (8): 1245-1263.

[91] JIAO H, ALON I, KOO C K, et al. When should organizational change be implemented? The moderating effect of environmental dynamism between dynamic capabilities and new venture performance [J]. Journal of Engineering and Technology Management, 2013, 30 (2): 188-205.

[92] 蔡莉, 单标安, 刘钊, 等. 创业网络对新企业绩效的影响研究——组织学习的中介作用 [J]. 科学学研究, 2010, 28 (10): 1592-1600.

[93] VESPER K H. New Venture Planning [J]. Journal of Business Strategy, 1980, 1 (2): 73-75.

[94] KATZ J, GARTNER W B. Properties of emerging organizations [J]. Academy of management review, 1988, 13 (3): 429-441.

[95] SANDBERG W R. New venture performance: The role of strategy and industry structure [M]. Lexington Books, 1986.

[96] GARTNER W B. A conceptual framework for describing the phenomenon of new venture creation [J]. Academy of management review, 1985, 10 (4): 696-706.

[97] VENKATRAMAN N, RAMANUJAM V. Measurement of business performance in strategy research: A comparison of approaches [J].

Academy of management review, 1986, 11 (4): 801-814.

[98] JIMéNEZ-JIMéNEZ D, SANZ-VALLE R. Innovation and human resource management fit: an empirical study [J]. International Journal of Manpower, 2005, 26 (4): 364-381.

[99] AMASON A C, SHRADER R C, TOMPSON G H. Newness and novelty: Relating top management team composition to new venture performance [J]. Journal of Business Venturing, 2006, 21 (1): 125-148.

[100] MURPHY G B, TRAILER J W, HILL R C. Measuring performance in entrepreneurship research [J]. Journal of Business Research, 1996, 36 (1): 15-23.

[101] ANTONCIC B, HISRICH R D. Privatization, corporate entrepreneurship, and performance: Testing a normative model [J]. Journal of developmental entrepreneurship, 2003, 8 (3): 197.

[102] SAPIENZA H J, GRIMM C M. Founder Characteristics, Start-up Process, and Strategy/Structure Variables as Predictors of Shortline Railroad Performance [J]. Entrepreneurship Theory and Practice, 1997, 22 (1): 5-24.

[103] GILBERT B A, MCDOUGALL P P, AUDRETSCH D B. Clusters, knowledge spillovers and new venture performance: An empirical examination [J]. Journal of Business Venturing, 2008, 23 (4): 405-422.

[104] BARON R A, JINTONG T. Entrepreneurs' Social Skills and New Venture Performance: Mediating Mechanisms and Cultural Generality [J]. Journal of Management, 2009, 35 (2): 282-306.

[105] 张宝建, 孙国强, 裴梦丹, 等. 网络能力、网络结构与创业绩效——基于中国孵化产业的实证研究 [J]. 南开管理评论, 2015 (02): 39-50.

[106] 胡海青, 张宝建, 张道宏. 网络能力、网络位置与创业绩效 [J]. 管理工程学报, 2011 (04): 67-74.

[107] COVIN J G, SLEVIN D P. A conceptual model of entrepreneurship as firm behavior [J]. Entrepreneurship theory and practice, 1991, 16 (1): 7-26.

[108] 蔡莉, 汤淑琴, 马艳丽, 等. 创业学习、创业能力与新企业绩效的关系

研究 [J]. 科学学研究, 2014 (08): 1189-1197.

[109] 郭润萍, 蔡莉. 双元知识整合、创业能力与高技术新企业绩效 [J]. 科学学研究, 2017 (02): 264-271+81.

[110] ANTONCIC B. Organizational Processes In Intrapreneurship: A Conceptual Integration [J]. Journal of Enterprising Culture, 2001, 09 (02): 221-235.

[111] BOSMA N, VAN PRAAG M, THURIK R, et al. The value of human and social capital investments for the business performance of startups [J]. Small Business Economics, 2004, 23 (3): 227-236.

[112] LI H, ZHANG Y. The role of managers' political networking and functional experience in new venture performance: Evidence from China's transition economy [J]. Strategic Management Journal, 2007, 28 (8): 791-804.

[113] ZAHRA S A, COVIN J G. Contextual influences on the corporate entrepreneurship-performance relationship: A longitudinal analysis [J]. Journal of Business Venturing, 1995, 10 (1): 43-58.

[114] 易朝辉. 网络嵌入、创业导向与新创企业绩效关系研究 [J]. 科研管理, 2012 (11): 105-115.

[115] 朱秀梅, 陈琛, 蔡莉. 网络能力、资源获取与新企业绩效关系实证研究 [J]. 管理科学学报, 2010 (04): 44-56.

[116] COOPER A C, FOLTA T B, WOO C. Entrepreneurial information search [J]. Journal of Business Venturing, 1995, 10 (2): 107-120.

[117] KAPLAN R S, NORTON D P. The balanced scorecard: translating strategy into action [M]. Boston: Harvard Business Press, 1996.

[118] LUMPKIN G T, DESS G G. Clarifying the entrepreneurial orientation construct and linking it to performance [J]. Academy of management Review, 1996, 21 (1): 135-172.

[119] 张秀娥. 创业者社会网络对新创企业绩效的影响机制 [J]. 社会科学家, 2014 (03): 12-17.

[120] 董保宝, 周晓月. 新企业创业导向与绩效倒U型关系及资源整合能力的中介作用 [J]. 南方经济, 2015 (08): 107-124.

[121] 沈超红. 创业绩效结构与绩效形成机制研究 [D]. 杭州: 浙江大学, 2006.

[122] 耿新. 企业家社会资本对新创企业绩效影响研究 [D]. 济南: 山东大学, 2008.

[123] HABER S, REICHEL A. The cumulative nature of the entrepreneurial process: The contribution of human capital, planning and environment resources to small venture performance [J]. Journal of Business Venturing, 2007, 22 (1): 119-145.

[124] STAM W, ELFRING T. Entrepreneurial orientation and new venture performance: The moderating role of intra- and extraindustry social capital [J]. Academy of Management Journal, 2008, 51 (1): 97-111.

[125] 谢洪明, 张霞蓉, 程聪, 等. 网络关系强度、企业学习能力对技术创新的影响研究 [J]. 科研管理, 2012 (02): 55-62.

[126] 张宝建, 孙国强, 薛婷, et al. 网络结构对创业绩效的影响研究——基于中国孵化企业的调查分析 [J]. 软科学, 2015 (03): 5-8.

[127] 左晶晶, 谢晋宇. 社会网络结构与创业绩效——基于270名科技型大学生创业者的问卷调查 [J]. 研究与发展管理, 2013 (03): 64-73.

[128] 张鹏, 邓然, 张立琨. 企业家社会资本与创业绩效关系研究 [J]. 科研管理, 2015 (08): 120-128.

[129] 汤淑琴. 创业者经验、双元机会识别与新企业绩效的关系研究 [D]. 长春: 吉林大学, 2015.

[130] WESTHEAD P, WRIGHT M, UCBASARAN D. The internationalization of new and small firms: A resource-based view [J]. Journal of business venturing, 2001, 16 (4): 333-358.

[131] ENSLEY M D, PEARSON A W, AMASON A C. Understanding the dynamics of new venture top management teams: cohesion, conflict, and new venture performance [J]. Journal of Business Venturing, 2002, 17 (4): 365-386.

[132] RITTER T, GEMÜNDEN H G. Network competence: Its impact on innovation success and its antecedents [J]. Journal of business research, 2003, 56 (9): 745-755.

[133] COOPER A C, GIMENO-GASCON F J, WOO C Y. Initial human and financial capital as predictors of new venture performance [J]. Journal of business venturing, 1994, 9 (5): 371-395.

[134] LI H, ZHANG Y. The role of managers, political networking and

functional experience in new venture performance: Evidence from China's transition economy [J]. Strategic Management Journal, 2007, 28 (8): 791-804.

[135] LI H, ATUAHENE-GIMA K. Product Innovation Strategy and the Performance of New Technology Ventures in China [J]. The Academy of Management Journal, 2001, 44 (6): 1123-1134.

[136] HMIELESKI K M, BARON R A. Regulatory focus and new venture performance: A study of entrepreneurial opportunity exploitation under conditions of risk versus uncertainty [J]. Strategic Entrepreneurship Journal, 2008, 2 (4): 285-299.

[137] ROBINSON W T. Product innovation and start-up business market share performance [J]. Management Science, 1990, 36 (10): 1279-1289.

[138] PENROSE E T. The Theory of the Growth of the Firm [M]. New York: Oxford University Press, 2009.

[139] CARROLL G R. Organizational ecology [J]. Annual review of Sociology, 1984, 10 (1): 71-93.

[140] YLI-RENKO H, AUTIO E, TONTTI V. Social capital, knowledge, and the international growth of technology-based new firms [J]. International business review, 2002, 11 (3): 279-304.

[141] UNGER J M, RAUCH A, FRESE M, et al. Human capital and entrepreneurial success: A meta-analytical review [J]. Journal of business venturing, 2011, 26 (3): 341-358.

[142] 祝振铎,李非. 创业拼凑、关系信任与新企业绩效实证研究 [J]. 科研管理, 2017 (07): 108-116.

[143] HANSEN E L. Entrepreneurial Networks and New Organization Growth [J]. Entrepreneurship Theory and Practice, 1995, 19 (4): 7-19.

[144] VENKATRAMAN N, RAMANUJAM V. Measurement of business performance in strategy research: a comparison of approaches [J]. Academy of Management Review, 1986, 11 (4): 801.

[145] BROWN B, BUTLER J E. Competitors as allies: a study of entrepreneurial networks in the U. S. wine industry [J]. Journal of

Small Business Management, 1995, 33 (3): 57.

[146] BARNES J A. Class and Committees in a Norwegian Island Parish [J]. Human Ralations, 1954: 39-58.

[147] ELIZABETH B. Family and Social Networks [M]. London: Tavistock, 1957-1971.

[148] POLANYI K. The great transformation: The political and economic origins of our time [M] //PRESS B. Boston. 1944.

[149] LAUMANN E O, GALASKIEWICZ J, MARSDEN P V. Community Structure as Interorganizational Linkages [J]. Annual Review of Sociology, 1978 (4): 455-484.

[150] LIN N, DUMIN M. Access to occupations through social ties [J]. Social Networks, 1986, 8 (4): 365-385.

[151] ZUKIN S, DIMAGGIO P. Structures of capital the social organization of the economy [M]. Cambridge: Cambridge Uniersity. Press, 1990.

[152] HALINEN A, TöRNROOS J-Å. The role of embeddedness in the evolution of business networks [J]. Scandinavian journal of management, 1998, 14 (3): 187-205.

[153] ADLER P S, KWON S. Social capital: Prospects for a new concept [M]. Acad Manage Rev, 2002: 17-40.

[154] UZZI B. Social Structure and Competition in Interfirm Networks: The Paradox of Embeddedness [J]. Administrative Science Quarterly, 1997, 42 (1): 35-67.

[155] PETERSEN M A, RAJAN R G. The Benefits of Lending Relationships: Evidence from Small Business Data [J]. Journal of Finance, 1994, 49 (1): 3-37.

[156] HELPER S. Comparative Supplier Relations in the U. S. and Japanese Auto Industries: An Exit/Voice Approach [J]. Business and Economic History, 1990, 19: 153-162.

[157] LARSON A. Network Dyads in Entrepreneurial Settings: A Study of the Governance of Exchange Relationships [J]. Administrative Science Quarterly, 1992, 37 (1): 76-104.

[158] LAZERSON M. A New Phoenix: Modern Putting-out in the Modena Knitwear Industry [J]. Administrative Science Quarterly, 1995, 40

(1): 34-59.

[159] DORE R. Goodwill and the Spirit of Market Capitalism [J]. The British Journal of Sociology, 1983, 34 (4): 459-482.

[160] ROMO F P, SCHWARTZ M. The Structural Embeddedness of Business Decisions: The Migration of Manufacturing Plants in New York State, 1960 to 1985 [J]. American Sociological Review, 1995, 60 (6): 874-907.

[161] DACIN M T, VENTRESCA M J, BEAL B D. The Embeddedness of Organizations: Dialogue & Directions [J]. Journal of Management, 1999, 25 (3): 317-356.

[162] 丘海雄, 于永慧. 嵌入性与根植性——产业集群研究中两个概念的辨析 [J]. 广东社会科学, 2007 (1): 175-181.

[163] NAHAPIET J, GHOSHAL S. Social Capital, Intellectual Capital, and the Organizational Advantage [J]. The Academy of Management Review, 1998, 23 (2): 242-266.

[164] ANDERSSON U, FORSGREN M, HOLM U. The strategic impact of external networks: subsidiary performance and competence development in the multinational corporation [J]. Strategic Management Journal, 2002, 23 (11): 979-996.

[165] HAGEDOORN J. Understanding the cross-level embeddedness of interfirm partnership formation [J]. Academy of Management Review, 2006, 31 (3): 670.

[166] BURT R S. Structural holes the social structure of competition [M]. Cambridge/Mass: Harvard University Press, 1992.

[167] COLEMAN J S. Social capital in the creation of human capital [J]. The American Journal of Sociology, 1988, 94 (S95).

[168] 兰建平, 苗文斌. 嵌入性理论研究综述 [J]. 技术经济, 2009 (01): 104-108.

[169] GRANOVETTER M S. The Strength of Weak Ties [J]. American Journal of Sociology, 1973, 78 (6): 1360-1380.

[170] FORTNER M L. Entrepreneurs and their social networks: Motivations, expectations and outcomes [D] George Washington D. C.: The George Washington University, 2006.

[171] PETERAF M, SHANLEY M. Getting to know you: a theory of strategic group identity. (Organizational and Competitive Interactions)[J]. Strategic Management Journal, 1997, 18 (Speiss): 165.

[172] LANT T K, BAUM J A. Cognitive sources of socially constructed competitive groups: Examples from the Manhattan hotel industry [J]. The institutional construction of organizations, 1995, 15 (38).

[173] 郭劲光. 网络嵌入: 嵌入差异与嵌入绩效 [J]. 经济评论, 2006 (6): 24-30.

[174] TSAI W, GHOSHAL S. Social Capital and Value Creation: The Role of Intrafirm Networks [J]. The Academy of Management Journal, 1998, 41 (4): 464-476.

[175] INKPEN A C, TSANG E W K. Social Capital, Networks, and Knowledge Transfer [J]. The Academy of Management Review, 2005, 30 (1): 146-165.

[176] COHEN W M, LEVINTHAL D A. Absorptive Capacity: A New Perspective on Learning and Innovation [J]. Administrative Science Quarterly, 1990, 35 (1): 128-152.

[177] 许晖, 许守任, 王睿智. 网络嵌入、组织学习与资源承诺的协同演进——基于3家外贸企业转型的案例研究 [J]. 管理世界, 2013 (10): 142-155+69+88.

[178] 谢洪明, 张颖, 程聪, et al. 网络嵌入对技术创新绩效的影响: 学习能力的视角 [J]. 科研管理, 2014 (12): 1-8.

[179] 谭云清. 网络嵌入特征、搜索策略对企业开放式创新的影响研究 [J]. 管理学报, 2015, 12): 1780-1787.

[180] 易朝辉, 罗志辉. 网络嵌入、技术能力与大学衍生企业绩效 [J]. 科研管理, 2015 (10): 94-103.

[181] GULATI R. Alliances and networks [J]. Strategic Management Journal, 1998, 19 (4): 293-317.

[182] CAPALDO A. Network structure and innovation: The leveraging of a dual network as a distinctive relational capability [J]. Strategic management journal, 2007, 28 (6): 585-608.

[183] ROWLEY T, BEHRENS D, KRACKHARDT D. Redundant governance structures: an analysis of structural and relational

embeddedness in the steel and semiconductor industries [J]. Strategic Management Journal, 2000, 21 (3): 369-386.

[184] POWELL W W, ET AL. Interorganizational Collaboration and the Locus of Innovation: Networks of Learning in Biotechnology [J]. Administrative Science Quarterly, 1996, 41 (1): 116-145.

[185] ALDRICH H E, REESE P R. Does networking pay off? A panel study of entrepreneurs in the research triangle [J]. Frontiers of entrepreneurship research, 1993: 325-339.

[186] BURT R S. Structural holes and good ideas [J]. American journal of sociology, 2004, 110 (2): 349-399.

[187] TANAS J K, SAEE J. Entrepreneurial cognition and its linkage to social capital [J]. Journal of American Academy of Business, 2007, 11 (1): 179-190.

[188] BAUM J A C, CALABRESE T, SILVERMAN B S. Don't go it alone: alliance network composition and startups' performance in Canadian biotechnology [J]. Strategic Management Journal, 2000, 21 (3): 267-294.

[189] KATILA R, MANG P Y. Interorganizational Development Activities: The Likelyhood And Timing Of Contracts [J]. Academy of Management Proceedings, 1999 (1): B1-B6.

[190] IZQUIERDO L R, HANNEMAN R A. Introduction to the formal analysis of social networks using mathematica [J]. University of California, Riverside, 2006.

[191] GNYAWALI D R, MADHAVAN R. Cooperative networks and competitive dynamics: a structural embeddedness perspective [J]. Academy of Management Review, 2001, 26 (3): 431.

[192] BALKUNDI P, HARRISON D A. Ties, leaders, and time in teams: Strong inference about network structure's effects on team viability and performance [J]. Academy of Management Journal, 2006, 49 (1): 49-68.

[193] WASSERMAN S. Social network analysis: methods and applications [M]. Cambridge / New York: Cambridge University Press, 1994.

[194] 董保宝. 网络结构与竞争优势关系研究——基于动态能力中介效应的视

角[J]. 管理学报, 2012 (01): 50-56.

[195] 董保宝, 尹璐, 许杭军. 探索式创新与新创企业绩效: 基于多层级网络结构的交互效应研究[J]. 南方经济, 2017 (03): 42-56.

[196] 许慧敏, 辛冲, 周宇妙. 组织间关系网络对二元创新的影响: 基于利用式学习的中介作用[J]. 技术经济, 2016 (05): 69-75.

[197] EISINGERICH A B, BELL S J, TRACEY P. How can clusters sustain performance? The role of network strength, network openness, and environmental uncertainty [J]. Research Policy, 2010, 39 (2): 239-253.

[198] 潘文安. 关系强度、知识整合能力与供应链知识效率转移研究[J]. 科研管理, 2012 (01): 147-153+60.

[199] MCEVILY B, ZAHEER A. Bridging ties: a source of firm heterogeneity in competitive capabilities [J]. Strategic Management Journal, 1999, 20 (12): 1133-1156.

[200] KRACKHARDT D. Entrepreneurial Opportunities in an Entrepreneurial Firm: A Structural Approach [J]. Entrepreneurship Theory and Practice, 1995, 19 (3): 53-69.

[201] LEUNG A, ZHANG J, WONG P K, et al. The use of networks in human resource acquisition for entrepreneurial firms: Multiple & fit & considerations [J]. Journal of Business Venturing, 2006, 21 (5): 664-686.

[202] HITE J M, HESTERLY W S. The evolution of firm networks: From emergence to early growth of the firm [J]. Strategic management journal, 2001, 22 (3): 275-286.

[203] WELCH M. Rethinking relationship management [J]. Journal of Communication Management, 2006, 10 (2): 138-155.

[204] 朱秀梅, 费宇鹏. 关系特征、资源获取与初创企业绩效关系实证研究[J]. 南开管理评论, 2010 (03): 125-135.

[205] 张春雨, 郭韬, 刘洪德. 网络嵌入对技术创业企业商业模式创新的影响[J]. 科学学研究, 2018 (01): 167-175.

[206] 马鸿佳, 董保宝, 葛宝山. 资源整合过程、能力与企业绩效关系研究[J]. 吉林大学社会科学学报, 2011 (04): 71-78.

[207] 辛琳. 关系嵌入、企业经营绩效与关系管理[J]. 中国管理科学, 2013

(S2): 563-569.

[208] GULATI R, NOHRIA N, ZAHEER A. Strategic networks [J]. Strategic Management Journal, 2000, 21 (3).

[209] 于淼. 网络关系与创新绩效: 动态能力的中介作用 [J]. 东北财经大学学报, 2014 (03): 19-25.

[210] 邓新明, 王惠子, 朱登, 等. 动态竞争环境下高管团队社会网络、行动进攻性与企业绩效 [J]. 经济与管理研究, 2017 (02): 125-137.

[211] ZIMMER C, ALDRICH H. Resource mobilization through ethnic networks: Kinship and friendship ties of shopkeepers in England [J]. Sociological perspectives, 1987, 30 (4): 422-445.

[212] 吴晓波, 张超群, 王莹. 社会网络、创业效能感与创业意向的关系研究 [J]. 科研管理, 2014 (02): 104-110.

[213] 梁祺, 张纯. 社会网络影响个体创业意图的传导机制研究 [J]. 管理评论, 2017 (04): 59-67.

[214] 苗莉, 何良兴. 草根创业者社会网络对创业机会识别的影响及机理 [J]. 财经问题研究, 2015 (08): 117-123.

[215] 吴俊杰, 王节祥, 耿新. 企业家社会网络总是有助于提升创新绩效吗? [J]. 科学学研究, 2015 (12): 1883-1893.

[216] 冯军政, 刘洋, 金露. 企业社会网络对突破性创新的影响研究——创业导向的中介作用 [J]. 研究与发展管理, 2015 (02): 89-100.

[217] 马鸿佳, 侯美玲, 宋春华. 社会网络、知识分享意愿与个人创新行为: 组织二元学习的调节效应研究 [J]. 南方经济, 2015 (06): 100-113.

[218] AKçOMAK S, TER WEEL B. Social capital, innovation and growth: Evidence from Europe [J]. European Economic Review, 2009, 53 (5): 544-567.

[219] 袁勇志, 李佳. 企业家社会网络与初创企业绩效关系的实证研究 [J]. 科技管理研究, 2013 (04): 175-179+85.

[220] 李正卫, 高蔡联, 张祥富. 创始人前摄性个性对企业创新绩效的影响——社会网络的中介作用 [J]. 科学学研究, 2013 (11): 1752-1759.

[221] LIANXI Z, WEI-PING W, XUEMING L. Internationalization and the performance of born-global SMEs: the mediating role of social networks [J]. Journal of International Business Studies, 2007, 38 (4): 673.

[222] RATAJCZAK-MROZEK M. Network Embeddedness: Examining the

Effect on Business Performance and Internationalization [M]. Cham: Springer International Publishing,2017.

[223] 边燕杰,丘海雄.企业的社会资本及其功效[J].中国社会科学,2000 (02):87-99+207.

[224] 储小平,李怀祖.家族企业成长与社会资本的融合[J].经济理论与经济管理,2003(06):45-51.

[225] 钱海燕,张骁,杨忠.企业家精神与中小企业国际化——基于企业家社会资本的分析[J].南京大学学报(哲学人文科学社会科学版),2009 (06):63-70+140.

[226] 曹鑫,黄晓治.中小企业国际化导向、社会网络与企业绩效:研究综述与研究展望[J].学术论坛,2015(08):75-79.

[227] 袁喜娜,薛佳丽.企业社会网络对新产品开发绩效的影响——兼论不正当竞争的调节效应[J].厦门大学学报(哲学社会科学版),2016(06):106-115.

[228] YANG H, LIN Z, PENG M. Behind Acquisitions of Alliance Partners: Exploratory Learning and Network Embeddedness [J]. Academy Of Management Journal,2011,54(6):1097.

[229] ECHOLS A, TSAI W. Niche and performance: the moderating role of network embeddedness [J]. Strategic Management Journal,2005,26 (3):219-238.

[230] 张君立,蔡莉,朱秀梅.社会网络、资源获取与新创企业绩效关系研究[J].工业技术经济,2008(05):87-90.

[231] 彭伟,周晗鹭,符正平.团队内部社会网络对团队创新绩效的影响机制——以企业 R&D 团队为样本的实证研究[J].科研管理,2013 (12):135-142.

[232] 陈逢文,张玉利,蔡万象.社会网络与创业型企业经营绩效关系研究——基于中国民营经济的证据[J].科技进步与对策,2015(12):99-103.

[233] 俞园园,梅强.组织合法性中介作用下的产业集群关系嵌入对新创企业绩效的影响[J].管理学报,2016(05):697-706.

[234] 刘东,郑鑫,周小虎,等.创业乐观中介下社会网络对新创企业绩效的影响[J].科技进步与对策,2016(15):68-75.

[235] 黄艳,陶秋燕,孟猛猛.社会网络、资源拼凑与新创企业的创新绩效

[J]. 技术经济, 2017 (10): 31-37+106.

[236] BOUNCKEN R B, FREDRICH V. Business model innovation in alliances: Successful configurations [J]. Journal of Business Research, 2016, 69 (9): 3584-3590.

[237] BEN LETAIFA S, GOGLIO-PRIMARD K. How does institutional context shape entrepreneurship conceptualizations? [J]. Journal of Business Research, 2016, 69 (11): 5128-5134.

[238] 陈钦约. 基于社会网络的企业家创业能力和创业绩效研究 [D]. 天津: 南开大学, 2010.

[239] 吴绍玉, 王栋, 汪波, 等. 创业社会网络对再创业绩效的作用路径研究 [J]. 科学学研究, 2016, 11: 1680-1688.

[240] 杨隽萍, 于晓宇, 陶向明, 等. 社会网络、先前经验与创业风险识别 [J]. 管理科学学报, 2017 (05): 35-50.

[241] CEPEDA G, VERA D. Dynamic capabilities and operational capabilities: A knowledge management perspective [J]. Journal of Business Research, 2007, 60 (5): 426-437.

[242] WANG C L, AHMED P K. Dynamic capabilities: A review and research agenda [J]. International Journal of Management Reviews, 2007, 9 (1): 31-51.

[243] WINTER S G. The Satisficing Principle in Capability Learning [J]. Strategic Management Journal, 2000, 21 (10-11): 981-996.

[244] HOOPES D G, MADSEN T L. A capability-based view of competitive heterogeneity [J]. Industrial and Corporate Change, 2008, 17 (3): 393-426.

[245] DRNEVICH P L, KRIAUCIUNAS A P. Clarifying the conditions and limits of the contributions of ordinary and dynamic capabilities to relative firm performance [J]. Strategic management journal, 2011, 32 (3): 254-279.

[246] COLLIS D J. Research note: how valuable are organizational capabilities? [J]. Strategic management journal, 1994, 15 (S1): 143-152.

[247] WINTER S G. Understanding dynamic capabilities [J]. Strategic Management Journal, 2003, 24 (10): 991-995.

[248] O'REILLY C A, TUSHMAN M L. Ambidexterity as a dynamic capability: Resolving the innovator's dilemma [J]. Research in Organizational Behavior, 2008, 28: 185-206.

[249] TEECE D J. Strategies for Managing Knowledge Assets: the Role of Firm Structure and Industrial Context [J]. Long Range Planning, 2000, 33 (1): 35-54.

[250] SIRMON D G, HITT M A, IRELAND R D. Managing firm resources in dynamic environments to create value: Looking inside the black box [J]. Academy of Management Review, 2007, 32 (1): 273.

[251] SIRMON D G, HITT M A. Managing Resources: Linking Unique Resources, Management, and Wealth Creation in Family Firms [J]. Entrepreneurship Theory and Practice, 2003, 27 (4): 339-358.

[252] DANNEELS E. Organizational antecedents of second-order competences [J]. Strategic Management Journal, 2008, 29 (5): 519-543.

[253] DANNEELS E. Trying to become a different type of company dynamic capability at Smith Corona [J]. Strategic management journal, 2011, 32 (1): 1-31.

[254] DEEDS D L, DECAROLIS D, COOMBS J. Dynamic capabilities and new product development in high technology ventures: An empirical analysis of new biotechnology firms [J]. Journal of Business Venturing, 2000, 15 (3): 211-229.

[255] DANNEELS E. The dynamics of product innovation and firm competences [J]. Strategic Management Journal, 2002, 23 (12): 1095-1121.

[256] MCKELVIE A, DAVIDSSON P. From resource base to dynamic capabilities: an investigation of new firms [J]. British Journal of Management, 2009, 20 (S1).

[257] KRAATZ M S, ZAJAC E J. How organizational resources affect strategic change and performance in turbulent environments: Theory and evidence [J]. Organization Science, 2001, 12 (5): 632-657.

[258] WILLIAMSON O E. Strategy research: governance and competence perspectives [J]. Strategic Management Journal, 1999, 20 (12): 1087.

[259] WANG L, ZAJAC E J. Alliance or Acquisition? A Dyadic Perspective on Interfirm Resource Combinations [J]. Strategic Management Journal, 2007, 28 (13): 1291−1317.

[260] THOMAS H, POLLOCK T. From I-O economics' S-C-P paradigm through strategic groups to competence-based competition: reflections on the puzzle of competitive strategy [J]. British Journal of Management, 1999, 10 (2): 127−140.

[261] DRNEVICH P L. Clarifying the conditions and limits of the contributions of ordinary and dynamic capabilities to relative firm performance [J]. Strategic management journal, 2011, 32 (3): 254−279.

[262] 孟晓斌, 王重鸣, 杨建锋. 企业动态能力理论模型研究综述[J]. 外国经济与管理, 2007 (10): 9−16.

[263] TEECE D J. Competition, cooperation, and innovation: Organizational arrangements for regimes of rapid technological progress [J]. Journal of economic behavior & organization, 1992, 18 (1): 1−25.

[264] IANSITI M, CLARK K B. Integration and Dynamic Capability: Evidence from Product Development in Automobiles and Mainframe Computers [J]. Ind Corp Change, 1994, 3 (3): 557−605.

[265] WU L-Y. Entrepreneurial resources, dynamic capabilities and start-up performance of Taiwan's high-tech firms [J]. Journal of Business Research, 2007, 60 (5): 549−555.

[266] ELLONEN H-K, WIKSTRöM P, JANTUNEN A. Linking dynamic-capability portfolios and innovation outcomes [J]. Technovation, 2009, 29 (11): 753−762.

[267] KUULUVAINEN A. Dynamic capabilities in the international growth of small and medium-sized firms [J]. 2011.

[268] PAVLOU P A. Understanding the elusive Black Box of dynamic capabilities [J]. Decision sciences: DS, 2011, 42 (1): 239−273.

[269] PROTOGEROU A, CALOGHIROU Y, LIOUKAS S. Dynamic capabilities and their indirect impact on firm performance [J]. Industrial and Corporate Change, 2012, 21 (3): 615−647.

[270] JANTUNEN A, ELLONEN H−K, JOHANSSON A. Beyond

appearances-Do dynamic capabilities of innovative firms actually differ? [J]. European Management Journal, 2012, 30 (2): 141-155.

[271] WANG C L, SENARATNE C, RAFIQ M. Success Traps, Dynamic Capabilities and Firm Performance [J]. British Journal of Management, 2015, 26 (1): 26-44.

[272] AUGIER M, TEECE D J. Dynamic capabilities and the role of managers in business strategy and economic performance [J]. Organization science, 2009, 20 (2): 410-421.

[273] 焦豪, 魏江, 崔瑜. 企业动态能力构建路径分析：基于创业导向和组织学习的视角 [J]. 管理世界, 2008 (04): 91-106.

[274] 葛宝山, 董保宝. 基于动态能力中介作用的资源开发过程与新创企业绩效关系研究 [J]. 管理学报, 2009 (04): 520-526.

[275] 王菁娜, 王亚江, 韩静. 企业动态能力的概念发展与维度测量研究 [J]. 北京师范大学学报（社会科学版）, 2010 (06): 123-133.

[276] 冯军政, 魏江. 国外动态能力维度划分及测量研究综述与展望 [J]. 外国经济与管理, 2011 (07): 26-33+57.

[277] 李彬, 王凤彬, 秦宇. 动态能力如何影响组织操作常规？——一项双案例比较研究 [J]. 管理世界, 2013 (08): 136-153+88.

[278] 吴航. 企业国际化、动态能力与创新绩效关系研究 [D]. 杭州：浙江大学, 2014.

[279] 吴航. 动态能力的维度划分及对创新绩效的影响——对 Teece 经典定义的思考 [J]. 管理评论, 2016 (03): 76-83.

[280] LIAO J, KICKUL J R, MA H. Organizational Dynamic Capability and Innovation: An Empirical Examination of Internet Firms [J]. Journal of Small Business Management, 2009, 47 (3): 263-286.

[281] WU L-Y. Resources, dynamic capabilities and performance in a dynamic environment: Perceptions in Taiwanese IT enterprises [J]. Information & Management, 2006, 43 (4): 447-454.

[282] WILHELM H, SCHLöMER M, MAURER I. How Dynamic Capabilities Affect the Effectiveness and Efficiency of Operating Routines under High and Low Levels of Environmental Dynamism [J]. British Journal of Management, 2015, 26 (2): 327-345.

[283] PAVLOU P A, SAWY O A E. Understanding the Elusive Black Box of

Dynamic Capabilities. (Report) [J]. Decision Sciences, 2011, 42 (1): 239.

[284] DAY G S. The capabilities of market-driven organizations [J]. the Journal of Marketing, 1994: 37-52.

[285] ERIKSSON T, NUMMELA N, SAARENKETO S. Dynamic capability in a small global factory [J]. International Business Review, 2014, 23 (1): 169-180.

[286] NEWEY L R, ZAHRA S A. The Evolving Firm: How Dynamic and Operating Capabilities Interact to Enable Entrepreneurship [J]. British Journal of Management, 2009, 20 (Special): 81-100.

[287] LIN Y, WU L-Y. Exploring the role of dynamic capabilities in firm performance under the resource-based view framework [J]. Journal of Business Research, 2014, 67 (3): 407-413.

[288] AMIT R, SCHOEMAKER P J H. Strategic assets and organizational rent [J]. Strategic Management Journal, 1993, 14 (1): 33-46.

[289] LAVIE D. Capability Reconfiguration: An Analysis of Incumbent Responses to Technological Change [J]. The Academy of Management Review, 2006, 31 (1): 153-174.

[290] 龚一萍. 企业动态能力的度量及评价指标体系 [J]. 华东经济管理, 2011, 09): 150-154.

[291] HELFAT C E, PETERAF M A. The dynamic resource-based view: capability lifecycles. (Why Is There a Resource-Based View? Toward a Theory of Competitive Heterogeneity) [J]. Strategic Management Journal, 2003, 24 (10): 997-1010.

[292] PRIETO I M, REVILLA E, RODRíGUEZ-PRADO B. Building dynamic capabilities in product development: How do contextual antecedents matter? [J]. Scandinavian Journal of Management, 2009, 25 (3): 313-326.

[293] ZHOU K Z, LI C B. How strategic orientations influence the building of dynamic capability in emerging economies [J]. Journal of Business Research, 2010, 63 (3): 224-231.

[294] ARTHURS J D, BUSENITZ L W. Dynamic capabilities and venture performance: The effects of venture capitalists [J]. Journal of Business

Venturing, 2006, 21 (2): 195-215.

[295] 李璟琰, 焦豪. 创业导向与组织绩效间关系实证研究: 基于组织学习的中介效应 [J]. 科研管理, 2008 (05): 35-41+8.

[296] 曾萍. 学习、创新与动态能力——华南地区企业的实证研究 [J]. 管理评论, 2011 (01): 85-95.

[297] 简兆权, 王晨, 陈键宏. 战略导向、动态能力与技术创新: 环境不确定性的调节作用 [J]. 研究与发展管理, 2015 (02): 65-76.

[298] JANTUNEN A, PUUMALAINEN K, SAARENKETO S, et al. Entrepreneurial orientation, dynamic capabilities and international performance [J]. Journal of International Entrepreneurship, 2005, 3 (3): 223-243.

[299] 胡望斌, 张玉利, 牛芳. 我国新企业创业导向、动态能力与企业成长关系实证研究 [J]. 中国软科学, 2009 (4): 107-118.

[300] ROTHAERMEL F T, HESS A M. Building Dynamic Capabilities: Innovation Driven by Individual-, Firm-, and Network-Level Effects [J]. Organization Science, 2007, 18 (6): 898-921.

[301] PISANO G P. In search of dynamic capabilities: the origins of R&D competence in biopharmaceuticals [M]. 2002.

[302] PETERAF M A. The cornerstones of competitive advantage: a resource-based view [J]. Strategic Management Journal, 1993, 14 (3): 179.

[303] 姜骞, 唐震. 组织间网络、资源整合与 SMEs 战略适应能力 [J]. 技术经济与管理研究, 2016 (09): 62-66.

[304] 董保宝, 李白杨. 新创企业学习导向、动态能力与竞争优势关系研究 [J]. 管理学报, 2014 (03): 376-382.

[305] 葛宝山, 谭凌峰, 生帆, 等. 创新文化、双元学习与动态能力关系研究 [J]. 科学学研究, 2016 (04): 630-640.

[306] ZOTT C. Dynamic capabilities and the emergence of intraindustry differential firm performance: insights from a simulation study [J]. Strategic Management Journal, 2003, 24 (2): 97-125.

[307] 焦豪. 企业动态能力、环境动态性与绩效关系的实证研究 [J]. 软科学, 2008 (04): 112-117.

[308] 刘井建. 创业学习、动态能力与新创企业成长支持模式研究 [J]. 科

学与科学技术管理,2011(02):127-132.

[309] 曹红军,赵剑波.动态能力如何影响企业绩效——基于中国企业的实证研究[J].南开管理评论,2008(06):54-65.

[310] WU L-Y. Applicability of the resource-based and dynamic-capability views under environmental volatility [J]. Journal of Business Research, 2010, 63 (1): 27-31.

[311] 马鸿佳,董保宝,葛宝山.创业能力、动态能力与企业竞争优势的关系研究[J].科学学研究,2014(03):431-440.

[312] 江积海,刘敏.动态能力重构及其与竞争优势关系实证研究[J].科研管理,2014(08):75-82.

[313] 赵凤,王铁男,王宇.开放式创新中的外部技术获取与产品多元化:动态能力的调节作用研究[J].管理评论,2016(06):76-85+99.

[314] 林萍.企业资源、动态能力对创新作用的实证研究[J].科研管理,2012(10):72-79.

[315] 黄俊,李传昭,张旭梅.动态能力与自主创新能力关联性研究[J].科学学与科学技术管理,2007(12):50-54.

[316] 曾萍,李明璇,刘洋.政府支持、企业动态能力与商业模式创新:传导机制与情境调节[J].研究与发展管理,2016(04):31-38+137.

[317] 马文甲,高良谋.开放度与创新绩效的关系研究——动态能力的调节作用[J].科研管理,2016(02):47-54.

[318] 谭云清,马永生,李元旭.社会资本、动态能力对创新绩效的影响:基于我国国际接包企业的实证研究[J].中国管理科学,2013(S2):784-789.

[319] 蒋勤峰,田晓明.企业动态能力对企业创业绩效作用的实证研究[J].心理科学,2008(5):1094-1099.

[320] 杜建华,田晓明,蒋勤峰.基于动态能力的企业社会资本与创业绩效关系研究[J].中国软科学,2009(02):115-126.

[321] MAKADOK R. Toward a synthesis of the resource-based and dynamic-capability views of rent creation [J]. Strategic Management Journal, 2001, 22 (5): 387-401.

[322] DESARBO W S, ANTHONY DI BENEDETTO C, SINHA I. Revisiting the Miles and Snow strategic framework: uncovering interrelationships between strategic types, capabilities, environmental

uncertainty, and firm performance [J]. Strategic Management Journal, 2005, 26 (1): 47-74.

[323] 陆愚, 焦豪, 张夷君. 新兴市场中跨国公司的战略选择研究——基于动态能力理论的视角 [J]. 科学学与科学技术管理, 2008 (11): 127-134.

[324] 邓少军, 焦豪, 冯臻. 复杂动态环境下企业战略转型的过程机制研究 [J]. 科研管理, 2011 (01): 60-67+88.

[325] 黄海艳, 武蓓. 交互记忆系统、动态能力与创新绩效关系研究 [J]. 科研管理, 2016 (04): 68-76.

[326] 田晓明, 蒋勤峰, 王重鸣. 企业动态能力与企业创业绩效关系实证研究——以270家孵化企业为例分析 [J]. 科学学研究, 2008 (04): 812-819.

[327] 蒋丽, 蒋勤峰, 田晓明. 动态能力和创业绩效的关系：新创企业和成熟企业的对比 [J]. 苏州大学学报（哲学社会科学版）, 2013 (04): 120-125.

[328] CHILD J. Organizational Structure, Environment and Performance: The Role of Strategic Choice [J]. Sociology, 1972, 6 (1): 1-22.

[329] PORTER M E. The five competitive forces that shape strategy [J]. Harvard business review : HBR, 2008, 86 (1): 78-93.

[330] DUNCAN R B. Characteristics of Organizational Environments and Perceived Environmental Uncertainty [J]. Administrative Science Quarterly, 1972, 17 (3): 313-327.

[331] ALDRICH H E, PFEFFER J. Environments of Organizations [J]. Annual Review of Sociology, 1976, 2: 79-105.

[332] 王益谊, 席酉民, 毕鹏程. 组织环境的不确定性研究综述 [J]. 管理工程学报, 2005 (01): 46-50.

[333] MILLER D. Relating Porter's business strategies to environment and structure analysis and performance implications [J]. Academy of Management Journal, 1988, 31 (2): 280-308.

[334] SCHILLING M A, STEENSMA H K. The Use of Modular Organizational Forms: An Industry-Level Analysis [J]. The Academy of Management Journal, 2001, 44 (6): 1149-1168.

[335] RICHARD O C, MURTHI B P S, ISMAIL K. The impact of racial diversity on intermediate and long-term performance: The moderating

role of environmental context [J]. Strategic Management Journal, 2007, 28 (12): 1213-1233.

[336] 唐国华. 不确定环境下企业开放式技术创新战略研究 [D]. 武汉: 武汉大学, 2010.

[337] SMIRCICH L, STUBBART C. Strategic management in an enacted world [J]. Academy of Management Review, 1985, 10 (4): 724-736.

[338] LAWRENCE P R, LORSH J W. Organisation and Environment [M]. Boston: Havard University Press, 1967.

[339] MILLER D, FRIESEN P H. Strategy—Making and Environment: The Third Link [J]. Strategic Management Journal, 1983, 4 (3): 221-235.

[340] MILLIKEN F J. Three types of perceived uncertainty about the environment: state, effect, and response uncertainty [J]. Academy of Management Review, 1987, 12 (1): 133.

[341] MACCORMACK A, VERGANTI R, IANSITI M. Developing products on "Internet time": The anatomy of a flexible development process [J]. Management science, 2001, 47 (1): 133-150.

[342] BOYD B K, DESS G G, RASHEED A M A. Divergence between archival and perceptual measures of the environment: causes and consequences [J]. Academy of Management Review, 1993, 18 (2): 204.

[343] 项保华, 李绪红. 管理决策行为 [M]. 上海: 复旦大学出版社, 2005.

[344] MARCH J G. Organizations [M]. New York: Wiley, 1958.

[345] MILES R E. Organizational strategy, structure, and process [J]. The Academy of Management Review, 1978, 3 (3): 546-562.

[346] DESS G G. Dimensions of organizational task environments [J]. Administrative Science Quarterly, 1984, 29 (1): 52-73.

[347] TAN J, TAN D. Environment-strategy co-evolution and co-alignment: a staged model of Chinese SOEs under transition [J]. Strategic Management Journal, 2005, 26 (2): 141-157.

[348] TAN J J. Perceived environment, strategic orientation, ownership effect and performance implications in a transition economy: An empirical study in the People's Republic of China [D]. Blacksburg:

Virginia Polytechnic Institute and State University, 1993.

[349] ROBERT MITCHELL J, SHEPHERD D A, SHARFMAN M P. Erratic strategic decisions: when and why managers are inconsistent in strategic decision making [J]. Strategic Management Journal, 2011, 32 (7): 683-704.

[350] 马鸿佳. 创业环境、资源整合能力与过程对新创企业绩效的影响研究 [D]. 长春: 吉林大学, 2008.

[351] 唐国华, 孟丁. 环境不确定性对开放式技术创新战略的影响 [J]. 科研管理, 2015 (05): 21-28.

[352] 李文亮, 赵息. 外部学习、环境不确定性与突破性创新的关系研究 [J]. 研究与发展管理, 2016 (02): 92-101.

[353] 龙思颖. 基于认知视角的企业动态能力及其绩效研究 [D]. 杭州: 浙江大学, 2016.

[354] 李浩, 胡海青. 孵化网络治理机制对网络绩效的影响: 环境动态性的调节作用 [J]. 管理评论, 2016 (06): 100-112.

[355] JANSEN J J P, BOSCH F A J V D, VOLBERDA H W. Exploratory Innovation, Exploitative Innovation, and Performance: Effects of Organizational Antecedents and Environmental Moderators [J]. Management Science, 2006,

[356] JAWORSKI B J, KOHLI A K. Market Orientation: Antecedents and Consequences [J]. Journal of Marketing, 1993, 57 (3): 53-70.

[357] TOSI H. On the measurement of the environment an assessment of the Lawrence and Lorsch environmental uncertainty subscale [J]. Administrative Science Quarterly, 1973, 18 (1): 27-36.

[358] KHANDWALLA P N. The Design of Organizations [J]. Harcourt Brace Jovanovich, 1977.

[359] JANSEN J J P. Exploratory innovation, exploitative innovation, and ambidexterity the impact of environmental and organizational antecedents [J]. Schmalenbach Business Review, 2005, 57 (4): 351-363.

[360] 李召敏, 赵曙明. 环境不确定性、任务导向型战略领导行为与组织绩效 [J]. 科学学与科学技术管理, 2016 (02): 136-148.

[361] 赵红, 杨震宁. 环境不确定性、研发管理与技术创新绩效间关系的实证

分析[J]. 技术经济, 2017 (08): 9-17+47.

[362] 潘临, 朱云逸, 游宇. 环境不确定性、内部控制质量与会计信息可比性[J]. 南京审计大学学报, 2017 (05): 78-88.

[363] 陈熹, 范雅楠, 云乐鑫. 创业网络、环境不确定性与创业企业成长关系研究[J]. 科学学与科学技术管理, 2015 (09): 105-116.

[364] 俞仁智, 何洁芳, 刘志迎. 基于组织层面的公司企业家精神与新产品创新绩效——环境不确定性的调节效应[J]. 管理评论, 2015 (09): 85-94.

[365] 胡海青, 王兆群, 张颖颖, 等. 创业网络、效果推理与新创企业融资绩效关系的实证研究——基于环境动态性调节分析[J]. 管理评论, 2017 (06): 61-72.

[366] 李德强, 彭灿, 奚雷. 动态能力对双元创新协同性的影响：环境竞争性的调节作用[J]. 运筹与管理, 2017 (09): 183-192.

[367] AMBROSINI V, BOWMAN C. What are dynamic capabilities and are they a useful construct in strategic management? [J]. International Journal of Management Reviews, 2009, 11 (1): 29-49.

[368] TEECE D J. Dynamic Capabilities: Routines versus Entrepreneurial Action [J]. Journal of Management Studies, 2012, 49 (8): 1395-1401.

[369] PORTER M E. Clusters and the new economics of competition [J]. Harvard Business Review, 1998, 76 (6): 77.

[370] DONER R F. From Silicon Valley to Singapore : Location and Competitive Advantage in the Hard Disk Drive Industry [M]. Stanford: Stanford University Press, 2000.

[371] PARK S H, LUO Y. *Guanxi* and organizational dynamics: organizational networking in Chinese firms [J]. Strategic Management Journal, 2001, 22 (5): 455-477.

[372] ARREGLE J L, BATJARGAL B, HITT M A, et al. Family Ties in Entrepreneurs' Social Networks and New Venture Growth [J]. Entrepreneurship Theory and Practice, 2015, 39 (2): 313-344.

[373] SIMSEK Z, LUBATKIN M H, FLOYD S W. Inter-firm networks and entrepreneurial behavior: A structural embeddedness perspective [J]. Journal of Management, 2003, 29 (3): 427-442.

[374] LIN J L, FANG S-C, FANG S-R, et al. Network embeddedness and technology transfer performance in R & D consortia in Taiwan [J]. Technovation, 2009, 29 (11): 763-774.

[375] MORAN P. Structural vs. relational embeddedness: Social capital and managerial performance [J]. Strategic management journal, 2005, 26 (12): 1129-1151.

[376] 周中胜, 罗正英, 段姝. 网络嵌入、信息共享与中小企业信贷融资 [J]. 中国软科学, 2015 (05): 119-128.

[377] 任胜钢, 吴娟, 王龙伟. 网络嵌入与企业创新绩效研究——网络能力的调节效应检验 [J]. 研究与发展管理, 2011 (03): 16-24.

[378] GULATI R. Does familiarity breed trust? The implications of repeated ties for contractual choice in alliances. [J]. Academy of Management Journal, 1995, 38 (1): 85.

[379] MCEVILY B, MARCUS A. Embedded ties and the acquisition of competitive capabilities [J]. Strategic Management Journal, 2005, 26 (11): 1033-1055.

[380] 窦红宾, 王正斌. 网络结构、吸收能力与企业创新绩效——基于西安通讯装备制造产业集群的实证研究 [J]. 中国科技论坛, 2010 (05): 25-30.

[381] BATJARGAL B. Social Capital and Entrepreneurial Performance in Russia: A Longitudinal Study [M]. 2003: 535-556.

[382] ASTLEY W G, SACHDEVA P S. Structural Sources of Intraorganizational Power [J]. Academy of Management Review, 1984, 9: 104-113.

[383] 朱晓红, 陈寒松, 张玉利. 异质性资源、创业机会与创业绩效关系研究 [J]. 管理学报, 2014 (09): 1358-1365.

[384] 张妍, 魏江. 研发伙伴多样性与创新绩效——研发合作经验的调节效应 [J]. 科学学与科学技术管理, 2015 (11): 103-111.

[385] 张一博, 何建民. 酒店联盟网络规模对酒店绩效的影响——资源整合过程的中介效应 [J]. 经济管理, 2017 (10): 128-141.

[386] 李纲, 陈静静, 杨雪. 网络能力、知识获取与企业服务创新绩效的关系研究——网络规模的调节作用 [J]. 管理评论, 2017 (02): 59-68+86.

[387] TAKAHASHI N. The Emergence of Generalized Exchange [J].

American Journal of Sociology, 2000, 105 (4): 1105-1134.

[388] AHUJA G. Collaboration Networks, Structural Holes, and Innovation: A Longitudinal Study [J]. Administrative Science Quarterly, 2000, 45 (3): 425-455.

[389] ZHAO L, ARAM J D. Networking and growth of young technology-intensive ventures in China [J]. Journal of Business Venturing, 1995, 10 (5): 349-370.

[390] BAUM J R, LOCKE E A, SMITH K G. A Multidimensional Model of Venture Growth. [J]. Academy of Management Journal, 2001, 44 (2): 292.

[391] SHIPILOV A V. Network Strategies and Performance of Canadian Investment Banks [J]. The Academy of Management Journal, 2006, 49 (3): 590-604.

[392] DE NOOY W, MRVAR A, BATAGELJ V. Exploratory social network analysis with Pajek [M]. Cambirdge: Cambridge University Press, 2011.

[393] BURKHARDT M E, BRASS D J. Changing patterns or patterns of change: The effects of a change in technology on social network structure and power [J]. Administrative Science Quarterly, 1990: 104-127.

[394] 罗吉, 党兴华, 王育晓. 网络位置、网络能力与风险投资机构投资绩效: 一个交互效应模型 [J]. 管理评论, 2016 (09): 83-97.

[395] 张公一, 郄玉娟, 郭鑫. 企业网络对突破性创新的影响研究 [J]. 经济纵横, 2017 (09): 75-82.

[396] DYER J H, SINGH H. The relational view: Cooperative strategy and sources of interorganizational competitive advantage [J]. Academy of Management Review, 1998, 23 (4): 660-679.

[397] WATSON J. Modeling the relationship between networking and firm performance [J]. Journal of Business Venturing, 2007, 22 (6): 852-874.

[398] COLEMAN J S. Foundations of social theory [M]. Cambridge / Mass: Belknap Press of Harvard University Press, 1990.

[399] WALKER G, KOGUT B, SHAN W. Social capital, structural holes

and the formation of an industry network [J]. Knowledge and social capital, Elsevier, 2000: 225-254.

[400] KREISER P M. Entrepreneurial Orientation and Organizational Learning: The Impact of Network Range and Network Closure [J]. Entrepreneurship Theory and Practice, 2011, 35 (5): 1025-1050.

[401] SALMAN N, SAIVES A L. Indirect networks: an intangible resource for biotechnology innovation [J]. R & D Management, 2005, 35 (2): 203-215.

[402] 刘学元,丁雯婧,赵先德.企业创新网络中关系强度、吸收能力与创新绩效的关系研究 [J]. 南开管理评论, 2016 (01): 30-42.

[403] 张涵,康飞,陶春.科技创业孵化成员关系强度、知识共享对联盟绩效的影响——成员能力的调节作用 [J]. 科技进步与对策, 2017 (18): 107-112.

[404] CHEUNG M-S, MYERS M B, MENTZER J T. Does relationship learning lead to relationship value? A cross-national supply chain investigation [J]. Journal of Operations Management, 2010, 28 (6): 472-487.

[405] VELEZ M L, SANCHEZ J M, FLOREZ R, et al. How control system information characteristics affect exporter-intermediary relationship quality [J]. International Business Review, 2015, 24 (5): 812-824.

[406] PARK J E, KIM J, DUBINSKY A J, et al. How does sales force automation influence relationship quality and performance? The mediating roles of learning and selling behaviors [J]. Industrial Marketing Management, 2010, 39 (7): 1128-1138.

[407] CHEN T Y, HUNG K P, TSENG C M. The Effects of Learning Capacity, Transparency and Relationship Quality on Inter-Organizational Learning [J]. International Journal of Management, 2010, 27.

[408] 宋喜凤,杜荣,艾时钟. IT外包中关系质量、知识共享与外包绩效关系研究 [J]. 管理评论, 2013 (01): 52-62.

[409] CHANG M-L, CHENG C-F, WU W-Y. How Buyer-Seller Relationship Quality Influences Adaptation and Innovation by Foreign MNCs' Subsidiaries [J]. Industrial Marketing Management, 2012, 41

(7): 1047-1057.

[410] 沙颖, 陈圻, 郝亚. 关系质量、关系行为与物流外包绩效——基于中国制造企业的实证研究 [J]. 管理评论, 2015 (03): 185-196.

[411] 马鸿佳, 马楠, 郭海. 关系质量、关系学习与双元创新 [J]. 科学学研究, 2017 (06): 917-930.

[412] 徐建中, 李奉书, 李丽, 等. 企业外部关系质量对低碳技术创新的影响: 基于知识视角的研究 [J]. 中国软科学, 2017, 02): 183-192.

[413] MORGAN R M, HUNT S. Relationship-Based Competitive Advantage: The Role of Relationship Marketing in Marketing Strategy [J]. Journal of Business Research, 1999, 46 (3): 281-290.

[414] BøLLINGTOFT A. The bottom-up business incubator: Leverage to networking and cooperation practices in a self-generated, entrepreneurial-enabled environment [J]. Technovation, 2012, 32 (5): 304-315.

[415] PENG M W, HEATH P S. The growth of the firm in planned economies in transition: Institutions, organizations, and strategic choice [J]. Academy of Management Review, 1996, 21 (2): 492-528.

[416] BURT R S. Structural holes: the social structure of competition [M]. Cambridge/ MA Harvard University Press, 1992.

[417] 章威. 基于知识的企业动态能力研究: 嵌入性前因及创新绩效结果 [D]. 杭州: 浙江大学, 2009.

[418] 杜健, 姜雁斌, 郑素丽, 等. 网络嵌入性视角下基于知识的动态能力构建机制 [J]. 管理工程学报, 2011 (04): 145-151.

[419] TEECE D, LEIH S. Uncertainty, Innovation, and Dynamic Capabilities: An Introduction [J]. California Management Review, 2016, 58 (4): 5-12.

[420] 周键, 王庆金. 创业企业如何获取持续性成长? 基于创业动态能力的研究 [J]. 科学学与科学技术管理, 2017 (11): 128-141.

[421] 韩莹, 陈国宏. 多重网络嵌入与产业集群知识共享关系研究 [J]. 科学学研究, 2016 (10): 1498-1506.

[422] 刘力钢, 刘建基. 大数据背景下科技型中小企业社会资本对动态能力的影响 [J]. 科技进步与对策, 2017 (21): 64-72.

[423] TANG J, KACMAR K M, BUSENITZ L. Entrepreneurial alertness in

the pursuit of new opportunities [J]. Journal of Business Venturing, 2010.

[424] TRACEY P, CLARK G L. Alliances, Networks and Competitive Strategy: Rethinking Clusters of Innovation [J]. Growth and Change, 2003, 34 (1): 1-16.

[425] DING H-B. Innovation and network: The impact of initial conditions on interfirm network formation of entrepreneurial firms. Foy: Rensselaer Polytechnic Institute, 2003.

[426] 谢洪明, 刘少川. 产业集群、网络关系与企业竞争力的关系研究 [J]. 管理工程学报, 2007 (02): 15-18+28.

[427] 谢洪明, 蓝海林. 动态竞争与战略网络 [M]. 北京: 经济科学出版社, 2004.

[428] HILLS G, LUMPKIN G T, SINGH R P. Opportunity recognition: Perceptions and behaviors of entrepreneurs [J]. Frontiers of Entrepreneurship Research, 1997, 17: 168-182.

[429] KIM W C, HWANG P, BURGERS W P. Multinationals & diversification and the risk-return trade-off [J]. Strategic Management Journal, 1993, 14 (4): 275-286.

[430] MASAAKI K, SRINI S S, PREET S A. Multinationality and Firm Performance: The Moderating Role of R & D and Marketing Capabilities [J]. Journal of International Business Studies, 2002, 33 (1): 79.

[431] WITT P. Entrepreneurs' networks and the success of start-ups [J]. Entrepreneurship & Regional Development, 2004, 16 (5): 391-412.

[432] STUART T E, HOANG H, HYBELS R C. Interorganizational Endorsements and the Performance of Entrepreneurial Ventures [J]. Administrative Science Quarterly, 1999, 44 (2): 315-349.

[433] BRüDERL J, PREISENDöRFER P. Network Support and the Success of Newly Founded Business [J]. Small Business Economics, 1998, 10 (3): 213-225.

[434] CROMIE S, BIRLEY S. Networking by female business owners in Northern Ireland [J]. Journal of business Venturing, 1992, 7 (3): 237-251.

[435] JOHNSON J L, SOHI R S. The development of interfirm partnering competence: Platforms for learning, learning activities, and consequences of learning [J]. Journal of Business Research, 2003, 56 (9): 757-766.

[436] BANTHAM J H, CELUCH K G, KASOUF C J. A perspective of partnerships based on interdependence and dialectical theory [J]. Journal of Business Research, 2003, 56 (4): 265-274.

[437] DANILOVIC M, WINROTH M. A tentative framework for analyzing integration in collaborative manufacturing network settings: a case study [J]. Journal of Engineering and Technology Management, 2005, 22 (1-2): 141-158.

[438] G B G, A Z. Geography, Networks, and Knowledge Flow [J]. Organization Science, 2007, 18 (6): 955-972.

[439] BAKER W E, SINKULA J M. The complementary effects of market orientation and entrepreneurial orientation on profitability in small businesses [J]. Journal of small business management, 2009, 47 (4): 443-464.

[440] DUYMEDJIAN R, RüLING C-C. Towards a Foundation of Bricolage in Organization and Management Theory [J]. Organization Studies, 2010, 31 (2): 133-151.

[441] FREEMAN L C. The gatekeeper, pair-dependency and structural centrality [J]. Quality and Quantity, 1980, 14 (4): 585-592.

[442] FREEMAN J, BARLEY S R. The strategic analysis of inter-organizational relations in biotechnology [J]. The strategic management of technological innovation: J Wiley, 1990.

[443] LARSON A. Partner networks: Leveraging external ties to improve entrepreneurial performance [J]. Journal of Business Venturing, 1991, 6 (3): 173-188.

[444] 秦剑, 杨永峰. 社会网络与市场信息对企业战略柔性的驱动机制——基于产品市场类型的差异比较研究 [J]. 南开学报 (哲学社会科学版), 2015 (04): 87-100.

[445] 董保宝. 基于网络结构的动态能力与企业竞争优势关系研究 [D]. 长春: 吉林大学, 2010.

[446] 韩炜,杨婉毓. 创业网络治理机制、网络结构与新企业绩效的作用关系研究[J]. 管理评论, 2015 (12): 65-79.

[447] SARASVATHY S D, DEW N, VELAMURI S R, et al. Three views of entrepreneurial opportunity [M]. 2010.

[448] 赵兴庐,刘衡,张建琦. 冗余如何转化为公司创业?——资源拼凑和机会识别的双元式中介路径研究[J]. 外国经济与管理, 2017 (06): 54-67.

[449] CAMISóN C, FORéS B. Knowledge creation and absorptive capacity: The effect of intra-district shared competences [J]. Scandinavian Journal of Management, 2011, 27 (1): 66-86.

[450] 汪蕾,蔡云,陈鸿鹰. 企业社会网络对创新绩效的作用机制研究——基于浙江的实证[J]. 科技管理研究, 2011 (14): 59-64.

[451] 王庆喜,宝贡敏. 社会网络、资源获取与小企业成长[J]. 管理工程学报, 2007 (04): 57-61.

[452] 何郁冰,张迎春. 网络嵌入性对产学研知识协同绩效的影响[J]. 科学学研究, 2017 (09): 1396-1408.

[453] 吴航,陈劲. 新兴经济国家企业国际化模式影响创新绩效机制——动态能力理论视角[J]. 科学学研究, 2014 (08): 1262-1270.

[454] HERNáNDEZ-ESPALLARDO M, SáNCHEZ-PéREZ M, SEGOVIA-LóPEZ C. Exploitation and exploration-based innovations: The role of knowledge in inter-firm relationships with distributors [J]. Technovation, 2011, 31 (5-6): 203-215.

[455] 方世建,黄明辉. 创业新组拼理论溯源、主要内容探析与未来研究展望[J]. 外国经济与管理, 2013 (10): 2-12.

[456] NEWBERT S L. New Firm Formation: A Dynamic Capability Perspective [J]. Journal of Small Business Management, 2005, 43 (1): 55-77.

[457] 林萍,谢弦. 不确定环境下动态能力构成框架的理论研究——基于资源管理过程视角[J]. 重庆工商大学学报(社会科学版), 2012 (02): 35-42.

[458] WERNERFELT B. A Resource-based View of the Firm [J]. Strategic Management Journal, 1984, 5 (2): 171-180.

[459] PARIDA V, PATEL P C, WINCENT J, et al. Network partner

diversity, network capability, and sales growth in small firms [J]. Journal of Business Research, 2016, 69 (6): 2113-2117.

[460] 李巍,周娜,丁超. 营销创新视野下营销动态能力的效用机制——基于"冷酸灵"的案例研究 [J]. 管理案例研究与评论, 2017 (02): 178-190.

[461] SHANE S. Prior Knowledge and the Discovery of Entrepreneurial Opportunities [J]. Organization Science, 2000, 11 (4): 448-469.

[462] BRUSH C G. From Initial Idea to Unique Advantage: The Entrepreneurial Challenge of Constructing a Resource Base [J]. The Academy of Management Executive (1993-2005), 2001, 15 (1): 64-80.

[463] CASSON M. Entrepreneurship and the theory of the firm [J]. Journal of Economic Behavior & Organization, 2005, 58 (2): 327-348.

[464] BARON R, SHANE S. Entrepreneurship: A process perspective [M]. Nelson Education, 2007.

[465] SHEPHERD D A, DETIENNE D R. Prior Knowledge, Potential Financial Reward, and Opportunity Identification [J]. Entrepreneurship Theory and Practice, 2005, 29 (1): 91-112.

[466] OZGEN E, BARON R A. Social sources of information in opportunity recognition: Effects of mentors, industry networks, and professional forums [J]. Journal of Business Venturing, 2007, 22 (2): 174-192.

[467] ALVAREZ S A, BARNEY J B, ANDERSON P. Forming and Exploiting Opportunities: The Implications of Discovery and Creation Processes for Entrepreneurial and Organizational Research [J]. Organization Science, 2013, 24 (1): 301-317.

[468] KYRGIDOU L P, HUGHES M. Strategic entrepreneurship: origins, core elements and research directions [J]. European Business Review, 2010, 22 (1): 43-63.

[469] LARRAñETA B, ZAHRA S A, GONZáLEZ J L G. Enriching strategic variety in new ventures through external knowledge [J]. Journal of Business Venturing, 2012, 27 (4): 401-413.

[470] ZAHRA S A. Emerging multinationals venturing into developed economies : implications for learning, unlearning, and entrepreneurial capability [J]. Journal of management inquiry, 2011, 20 (3):

323—330.

[471] LUMPKIN G T, LICHTENSTEIN B B. The Role of Organizational Learning in the Opportunity-Recognition Process [J]. Entrepreneurship Theory and Practice, 2005, 29 (4): 451—472.

[472] LUO X, HASSAN M. The role of top management networks for market knowledge creation and sharing in China [J]. Journal of business research, 2009, 62 (10): 1020—1026.

[473] GEDAJLOVIC E, CAO Q, ZHANG H. Corporate shareholdings and organizational ambidexterity in high-tech SMEs: Evidence from a transitional economy [J]. Journal of Business Venturing, 2012, 27 (6): 652—665.

[474] DIXON S E A, MEYER K E, DAY M. Stages of Organizational Transformation in Transition Economies: A Dynamic Capabilities Approach [J]. Journal of Management Studies, 2010, 47 (3): 416—436.

[475] YAMAKAWA Y, KHAVUL S, PENG M W, et al. Venturing from Emerging Economies [J]. Strategic Entrepreneurship Journal, 2013, 7 (3): 181—196.

[476] GRUBER M. Look before you leap market opportunity identification in emerging technology firms [J]. Management science : journal of the Institute for Operations Research and the Management Sciences, 2008, 54 (9): 1652—1665.

[477] MITCHELL J R, SHEPHERD D A. To thine own self be true: Images of self, images of opportunity, and entrepreneurial action [J]. Journal of Business Venturing, 2010, 25 (1): 138—154.

[478] HELFAT C E, PETERAF M A. Managerial cognitive capabilities and the microfoundations of dynamic capabilities [J]. Strategic Management Journal, 2015, 36 (6): 831—850.

[479] ANDERSSON S, EVERS N. International opportunity recognition in international new ventures—a dynamic managerial capabilities perspective [J]. Journal of International Entrepreneurship, 2015, 13 (3): 260—276.

[480] 郭润萍. 高技术新创企业知识整合、创业能力与绩效关系研究 [D]. 长

春：吉林大学，2015．

[481] 赵兴庐，张建琦，刘衡．能力建构视角下资源拼凑对新创企业绩效的影响过程研究[J]．管理学报，2016（10）：1518−1524．

[482] GILBERT C G. Unbundling the structure of inertia: Resource versus routine rigidity [J]. Academy of Management Journal, 2005, 48 (5): 741.

[483] GARVIN D A. Managing quality [J]. The McKinsey Quarterly, 1988, 61.

[484] CLARK K B. Product development performance strategy, organization, and management in the world auto industry [M]. Boston/Mass. Harvard Business School Press, 1991.

[485] PFEFFER J. The external control of organizations : a resource dependence perspective [M]. Stanford/California : Stanford Business Books, 2003.

[486] PATEL P C, FIET J O. Knowledge Combination and the Potential Advantages of Family Firms in Searching for Opportunities [J]. Entrepreneurship Theory and Practice, 2011, 35 (6): 1179−1197.

[487] ZAHRA S A, BOGNER W C. Technology strategy and software new ventures' performance: Exploring the moderating effect of the competitive environment [J]. Journal of Business Venturing, 2000, 15 (2): 135−173.

[488] 蔡莉，郭润萍．转型经济情境下新企业知识整合模型构建[J]．吉林大学社会科学学报，2015（03）：59−67+172．

[489] 祝振铎，李新春．新创企业成长战略：资源拼凑的研究综述与展望[J]．外国经济与管理，2016（11）：71−82．

[490] 易朝辉．资源整合能力、创业导向与创业绩效的关系研究[J]．科学学研究，2010（05）：757−762．

[491] 孙忠娟，谢伟．核心能力、整合能力及方向与并购绩效的关系[J]．科学学与科学技术管理，2011（08）：117−121．

[492] 庞长伟，李垣，段光．整合能力与企业绩效：商业模式创新的中介作用[J]．管理科学，2015（05）：31−41．

[493] 薛晓芳，霍宝锋，孙林岩．企业联盟中IT整合能力对IT关系能力的影响[J]．科研管理，2015（10）：104−112．

[494] SENYARD J M, DAVIDSSON P, STEFFENS P R. Environmental Dynamism as a Moderator of the Relationship Between Bricolage and Firm Performance [J]. Academy of Management Proceedings, 2015 (1): 14893.

[495] 薛捷, 张振刚. 外部知识整合能力对绿色企业竞争力的影响 [J]. 科学学与科学技术管理, 2016 (04): 106-116.

[496] 王浩宇. 资源整合、创业学习与新创企业创新的关系研究 [D]. 长春: 吉林大学, 2017.

[497] 张启尧, 才凌惠, 孙习祥. 绿色资源整合能力、漂绿行为与企业绩效——恶性竞争的调节中介作用 [J]. 工业技术经济, 2017 (01): 141-145.

[498] LANGLOIS R N. Capabilities and the Theory of the Firm; proceedings of the Paper for the colloquium in honor of G, F, 1994 [C].

[499] HOOPES D G, POSTREL S. Shared knowledge, "glitches," and product development performance [J]. Strategic Management Journal, 1999, 20 (9): 837-865.

[500] BROWN S L, EISENHARDT K M. The Art of Continuous Change: Linking Complexity Theory and Time-paced Evolution in Relentlessly Shifting Organizations [J]. Administrative Science Quarterly, 1997, 42 (1): 1-34.

[501] VAN DE VEN A H, POOLE M S. Alternative approaches for studying organizational change [J]. Organization Studies, 2005, 26 (9): 1377-1404.

[502] VAN DE VEN A H, POOLE M S. Explaining development and change in organizations [J]. Academy of Management Review, 1995, 20 (3): 510-540.

[503] HENDERSON R M, CLARK K B. Architectural innovation: The reconfiguration of existing product technologies and the failure of established firms [J]. Administrative Science Quarterly, 1990: 9-30.

[504] 黄俊, 李传昭, 张旭梅, et al. 战略联盟管理与联盟绩效的实证研究: 基于动态能力的观点 [J]. 科研管理, 2007 (06): 98-107.

[505] 耿新, 张体勤. 企业家社会资本对组织动态能力的影响——以组织宽裕为调节变量 [J]. 管理世界, 2010 (06): 109-121.

[506] 张钢, 胡辰光. 组织即兴的能力基础 [J]. 中国地质大学学报（社会科学版）, 2012 (06): 97-103+36.

[507] 唐孝文, 刘敦虎, 肖进. 动态能力视角下的战略转型过程机理研究 [J]. 科研管理, 2015 (01): 90-96.

[508] LEIBLEIN M J, REUER J J. Building a foreign sales base: the roles of capabilities and alliances for entrepreneurial firms [J]. Journal of Business Venturing, 2004, 19 (2): 285-307.

[509] 彭伟, 符正平. 联盟网络、资源整合与高科技新创企业绩效关系研究 [J]. 管理科学, 2015 (03): 26-37.

[510] 刘刚, 李超, 吴彦俊. 创业团队异质性与新企业绩效关系的路径: 基于动态能力的视角 [J]. 系统管理学报, 2017 (04): 655-662.

[511] 温忠麟, 侯杰泰, 张雷. 调节效应与中介效应的比较和应用 [J]. 心理学报, 2005 (02): 268-274.

[512] CHRISTIANA W, JAN K. Social entrepreneurship, social networks and social value creation: a quantitative analysis among social entrepreneurs [J]. Int J of Entrepreneurial Venturing, 2013, 5 (3).

[513] 杨俊, 张玉利, 杨晓非, 等. 关系强度、关系资源与新企业绩效——基于行为视角的实证研究 [J]. 南开管理评论, 2009 (04): 44-54.

[514] 蔡莉, 单标安, 刘钊, 等. 创业网络对新企业绩效的影响研究——组织学习的中介作用 [J]. 科学学研究, 2010 (10): 1592-1600.

[515] 林嵩, 姜彦福. 创业网络推进创业成长的机制研究 [J]. 中国工业经济, 2009 (08): 109-118.

[516] 孙中博. 创业者网络关系对新创企业绩效的影响机制研究 [D]. 长春: 吉林大学, 2014.

[517] MESSENI PETRUZZELLI A, SAVINO T. Search, Recombination, and Innovation: Lessons from Haute Cuisine [J]. Long Range Planning, 2014, 47 (4): 224-238.

[518] WUYTS S, COLOMBO M G, DUTTA S, et al. Empirical tests of optimal cognitive distance [J]. Journal of Economic Behavior and Organization, 2005, 58 (2): 277-302.

[519] SLOTTE-KOCK S, COVIELLO N. Entrepreneurship Research on Network Processes: A Review and Ways Forward [J]. Entrepreneurship Theory and Practice, 2010, 34 (1): 31-57.

[520] FAHY J, HOOLEY G, GREENLEY G, et al. What is a marketing resource? A response to Gibbert, Golfetto and Zerbini [J]. Journal of Business Research, 2006, 59 (1): 152-154.

[521] 刘烨, 孙凡云, 惠士友, 等. 企业家资源、动态能力和企业创业期的绩效——兼与台湾高科技企业的对比研究 [J]. 科学学研究, 2013 (11): 1680-1686.

[522] 张军, 张素平, 许庆瑞. 企业动态能力构建的组织机制研究——基于知识共享与集体解释视角的案例研究 [J]. 科学学研究, 2012 (09): 1405-1415.

[523] PAWAR B S, EASTMAN K K. The Nature and Implications of Contextual Influences on Transformational Leadership: A Conceptual Examination [J]. The Academy of Management Review, 1997, 22 (1): 80-109.

[524] SHAMIR B, HOWELL J M. Organizational and contextual influences on the emergence and effectiveness of charismatic leadership [J]. The Leadership Quarterly, 1999, 10 (2): 257-283.

[525] HOSKISSON R E, EDEN L, LAU C M, et al. Strategy In Emerging Economies [J]. Academy of Management Journal, 2000, 43 (3): 249.

[526] ISOBE T, MAKINO S, MONTGOMERY D B. Resource Commitment, Entry Timing, and Market Performance of Foreign Direct Investments in Emerging Economies: The Case of Japanese International Joint Ventures in China [J]. Academy of Management Journal, 2000, 43 (3): 468.

[527] FERRIER W J, SMITH K G, GRIMM C M. The Role of Competitive Action in Market Share Erosion and Industry Dethronement: A Study of Industry Leaders and Challengers [J]. The Academy of Management Journal, 1999, 42 (4): 372-388.

[528] CHRISTENSEN C M. The innovator's dilemma when new technologies cause great firms to fail [M]. Boston, Mass: Harvard Business Shool Press, 1997.

[529] HELFAT E, FINKELSTEIN S, MITCHELL W, et al. Dynamic capabilities: Understanding strategy change in organizations [M]. Blackwell: Oxford, 2007.

[530] WADE M R. Exploring the role of information systems in online success: a resource-based analysis [M]. The University of Western Ontario (Canada), 2002.

[531] PRIEM R L, RASHEED A M A, KOTULIC A G. Rationality in Strategic Decision Processes, Environmental Dynamism and Firm Performance [J]. Journal of Management, 1995, 21 (5): 913−929.

[532] WEICK K E. Sensemaking in organizations [M]. London: Sage Publications, 1995.

[533] 陈晓萍,徐淑英,樊景立. 组织与管理研究的实证方法 [M]. 北京:北京大学出版社, 2012.

[534] 王重鸣. 心理学研究方法 [M]. 北京:人民教育出版社, 1990.

[535] 马庆国. 管理统计:数据获取、统计原理、SPSS 工具与应用研究 [M]. 北京:科学出版社, 2002.

[536] MICHAEL R M. Diagnosing Measurement Equivalence in Cross-National Research [J]. Journal of International Business Studies, 1995, 26 (3): 573.

[537] CHURCHILL G A. A Paradigm for Developing Better Measures of Marketing Constructs [J]. Journal of Marketing Research, 1979, 16 (1): 64−73.

[538] SWEDBERG R. Book Reviews: Networks : Ronald S. Burt: Structural Holes: The Social Structure of Competition. Cambridge: Harvard University Press, 1992 [J]. Acta Sociologica, 1994, 37 (4): 426−428.

[539] BUCHKO A A. Conceptualization and Measurement of Environmental Uncertainty: An Assessment of the Miles and Snow Perceived Environmental Uncertainty Scale [J]. The Academy of Management Journal, 1994, 37 (2): 410−425.

[540] SRIVASTAVA M, MOSER R, HARTMANN E. The networking behavior of Indian executives under environmental uncertainty abroad: An exploratory analysis [J]. Journal of Business Research, 2018, 82: 230−245.

[541] KEATS B W, HITT M A. A causal model of linkages among environmental dimensions, macro organizational characteristics, and

performance [J]. Academy of management journal, 1988, 31 (3): 570-598.

[542] AUTRY C W, GRAWE S J, DAUGHERTY P J, et al. The effects of technological turbulence and breadth on supply chain technology acceptance and adoption [J]. Journal of Operations Management, 2010, 28 (6): 522-536.

[543] CHAVEZ R, YU W, JACOBS M, et al. Internal lean practices and performance: The role of technological turbulence [J]. International Journal of Production Economics, 2015, 160: 157-171.

[544] SONG M, DROGE C, HANVANICH S, et al. Marketing and technology resource complementarity: an analysis of their interaction effect in two environmental contexts [J]. Strategic Management Journal, 2005, 26 (3): 259-276.

[545] 尹苗苗, 李秉泽, 杨隽萍. 中国创业网络关系对新企业成长的影响研究 [J]. 管理科学, 2015 (06): 27-38.

[546] 陶秋燕, 李锐, 王永贵. 创新网络特征要素配置、环境动荡性与创新绩效关系研究——来自 QCA 的实证分析 [J]. 科技进步与对策, 2016 (18): 19-27.

[547] 李忆, 司有和. 探索式创新、利用式创新与绩效: 战略和环境的影响 [J]. 南开管理评论, 2008 (05): 4-12.

[548] 吴明隆. 问卷统计分析实务: SPSS 操作与应用 [M]. 重庆: 重庆大学出版社, 2010.

[549] 李怀祖. 管理研究方法论 [M]. 3 版 西安: 西安交通大学出版社, 2017.

[550] 曾五一, 黄炳艺. 调查问卷的可信度和有效度分析 [J]. 统计与信息论坛, 2005, 20 (6): 11-15.

[551] 王保进. 英文视窗版 SPSS 与行为科学研究 [M]. 北京: 北京大学出版社, 2007.

[552] 温忠麟. 调节效应和中介效应分析 [M]. 北京: 教育科学出版社, 2012.

[553] 陈劲, 李飞宇. 社会资本: 对技术创新的社会学诠释 [J]. 科学学研究, 2001 (03): 102-107.

[554] 吴冰, 王重鸣, 唐宁玉. 高科技产业创业网络、绩效与环境研究: 国家级软件园的分析 [J]. 南开管理评论, 2009 (03): 84-93.

[555] KIM, HOWARD E. ALDRICH P H. Social Capital and Entrepreneurship [J]. FNT in Entrepreneurship, 2005, 1 (2): 55-104.

[556] 马鸿佳, 董保宝, 常冠群. 网络能力与创业能力——基于东北地区新创企业的实证研究 [J]. 科学学研究, 2010 (07): 1008-1014.

[557] SAMUELSSON M, DAVIDSSON P. Does venture opportunity variation matter? Investigating systematic process differences between innovative and imitative new ventures [J]. Small Bus Econ, 2009, 33 (2): 229-255.

[558] 关士续. 技术与创新研究 [M]. 北京: 中国社会科学出版社, 2005.

[559] TSENG S-M, LEE P-S. The effect of knowledge management capability and dynamic capability on organizational performance [J]. Journal of Enterprise Information Management, 2014, 27 (2): 158-179.

[560] KLEINBAUM A M, STUART T E. Inside the black box of the corporate staff: Social networks and the implementation of corporate strategy [J]. Strategic Management Journal, 2014, 35 (1): 24-47.

[561] HAMEL G, PRAHALAD C K. Strategy as stretch and leverage [J]. Harvard business review, 1993, 71 (2): 75-84.

[562] 王晓辉. 企业社会资本、动态能力对企业成长影响研究 [D]. 沈阳: 辽宁大学, 2013.

[563] 彭学兵, 王乐, 刘玥伶, 等. 创业网络、效果推理型创业资源整合与新创企业绩效关系研究 [J]. 科学学与科学技术管理, 2017 (06): 157-170.

[564] MESCHI P-X, WASSMER U. The effect of foreign partner network embeddedness on international joint venture failure: Evidence from European firms' investments in emerging economies [J]. International Business Review, 2013, 22 (4): 713-724.

[565] YENIYURT S, CARNOVALE S. Global supply network embeddedness and power: An analysis of international joint venture formations [J]. International Business Review, 2017, 26 (2): 203-213.

[566] PENG M W, LUO Y. Managerial Ties and Firm Performance in A

Transition Economy: The Nature of A Micro – Macro Link [J]. Academy of Management Journal, 2000, 43 (3): 486.

[567] PACKARD G, ARIBARG A, ELIASHBERG J, et al. The role of network embeddedness in film success [J]. International Journal of Research in Marketing, 2016, 33 (2): 328−342.

[568] 陶秋燕, 孟猛猛. 在孵企业社会资本与创新绩效的关系——孵化器所有权性质的调节作用 [J]. 技术经济, 2017 (06): 53−58.

[569] 葛宝山, 陈小沐. TMT 功能异质性对创业型战略决策的影响——基于环境不确定性的调节效应视角 [J]. 技术经济与管理研究, 2015 (11): 40−44.

[570] 葛宝山, 陈小沐. TMT 异质性及其替换率与创业型战略决策——环境不确定性的权变效应研究 [J]. 南方经济, 2016 (09): 47−60.

[571] HALLEN B L. The Causes and Consequences of the Initial Network Positions of New Organizations: From Whom Do Entrepreneurs Receive Investments? [J]. Administrative Science Quarterly, 2008, 53 (4): 685−718.